影响世界进程的大科学家

爱迪生传

aidishengzhuan

陈俊喜 编著

长春出版社

全国百佳图书出版单位

图书在版编目（CIP）数据

爱迪生传/陈俊熹编著. —3 版. —长春：长春出版社，2009.4
（影响世界进程的大科学家）
ISBN 978-7-80664-966-4

Ⅰ.①爱… Ⅱ.①陈… Ⅲ.①爱迪生，T.A.（1847～1931）—传记 Ⅳ.①K837.126.1

中国版本图书馆 CIP 数据核字（2009）第 036732 号

爱迪生传

责任编辑：杜　菲
封面设计：王国擎

出版发行：长春出版社　　　总编室电话：0431-88563443
　　　　　发行部电话：0431-88561180　邮购零售电话：0431-88561177
地　　址：吉林省长春市建设街1377号
邮　　编：130061
网　　址：www.cccbs.net
印　　刷：长春市新世纪印业有限公司
经　　销：新华书店

开　　本：700毫米×1000毫米　1/16
字　　数：226千字
印　　张：14.75
版　　次：2012年6月第4版
印　　次：2014年2月第3次印刷
定　　价：19.80元

版权所有　盗版必究
如有印装质量问题，请与印厂联系调换　　　印厂电话：0431-87972223

引 言

休伦港开往底特律的早班列车上,一个挎着竹篮的少年一边闪身给旅客让道,一边吆喝着:"报纸,糖果!"

少年微笑着,不时向旅客递上刚刚出版的、还散发着油墨香味的《先驱周报》,麻利地找着零钱。他那讨人喜欢的灰色眼睛,透出一股聪敏劲儿。经常坐这班列车的旅客,似乎已经很熟悉这个少年报童,可他们并不知道,他们正仔细阅读的这份报纸,它的全部新闻的编写、排版、印刷和发行,都出自这少年一个人之手。他们更没有想到,这个12岁就踏上了人生征途的少年报童,会有着多么辉煌的一生。

他,21岁就取得了自己的第一项发明专利;25岁,发明了四通路电报机;32岁,发明了电灯,成为举世闻名的发明家。他那不知疲倦、没有停歇的发明之旅,拥有1098项发明专利,

为人类留下了难以估量的财富。在他弥留之际,这位84岁的老人说:"我走完了我的人生之路,我奉献了所能奉献的最好的一切。"

他,就是伟大的发明家托马斯·阿尔瓦·爱迪生。

爱迪生的一生,象征着人类智慧、文明、进步的理想。

爱迪生的一生,体现了人类不畏艰险、坚韧不拔的奋斗精神。

爱迪生的一生,蕴藏着一部感人至深的故事。

目　录

一、富于幻想的少年时代

1. 爱追根问底的"低能儿"……………………001
2. 列车上的小出版商……………………………010

二、踏上发明家的征途

1. 到处流浪的报务员……………………………019
2. 波士顿：发明家在这里起步…………………028
3. 纽约：创建自己的第一家公司………………035
4. 纽瓦克工厂：四通路电报机问世……………040

三、"门罗公园的魔术师"

1. 美国第一个工业实验室………………………051
2. 碳阻送话器：让电话走出实验………………057
3. 留声机：世界为之惊讶的发明………………064

目　　录

四、一个划时代的贡献

1. 目标：用电力照明取代煤气照明……………076
2. 第一盏实用白炽灯的诞生…………………084
3. 把光明带给人类……………………………095

五、"一生中最伟大的冒险"

1. 宏伟的计划：电照明系统…………………103
2. 伟大的冒险：中央发电站的建立…………110

六、寻找新的牵引力

1. "爱迪生效应"：擦肩而过的发现…………126
2. 交直流之战：因偏执而败北………………131
3. 试制电力机车：他纵身跳出车厢…………137

目 录

七、新的起点,新的事业

1. 告别门罗公园:昨日的辉煌……………………………143
2. 挥师西奥兰治:建立工业化发明中心……………………149
3. 创办精选矿厂:从不言败的人……………………………162
4. 发明碱性电池:无法可想的事是没有的…………………169

八、应该为眼睛做点什么

1. 会动的照片:创制活动电影放映机………………………179
2. "黑色玛丽亚":第一座电影摄影棚………………………183
3.《火车大劫案》:第一部故事片……………………………189

九、在动荡的战争年代里

1. 生产短缺物资:建立11座工厂……………………………197
2. 增强海军防务:提出45项发明……………………………200

目　录

十、"我能活多久，就工作多久"

1. 最后一项工作：从野草中提炼橡胶……………………207
2. 与世长辞：永不消失的光辉……………………211
3. 卓越的劳动：永远活在人们的记忆中……………………216

一、富于幻想的少年时代

一、富于幻想的少年时代

1. 爱追根问底的"低能儿"

伟大的发明家爱迪生,出身在美国中西部的俄亥俄州的麦兰。

爱迪生的祖先是荷兰人。大约在1730年,爱迪生家族和其他移民一起,从荷兰阿姆斯特丹来到美洲,在新泽西帕赛克河附近一个叫科尔杜维尔的村庄定居下来。爱迪生的曾祖父约翰·爱迪生是一个"王朝正统主义者",就是殖民地所属国的保皇党,在美国独立战争中(1775—1783),他参加了英国军队。英军战败后,约翰失去了全部财产,不得不带着全家跟着一大批被驱逐的保皇党人在毗邻加拿大西部边疆新斯科舍半岛的劳迪湾东岸登陆,在气候恶劣的处女林中开辟出一个农场,开始了新的生活。不久,约翰的儿子,即爱迪生的祖父老塞缪尔成了农场的顶梁柱。

19世纪初,英国

1775年,美洲大陆的居住者们不满英国人的殖民统治,开展了长达8年之久的独立战争。8年后,英国承认美国独立。从此,美利坚合众国跨入了主权国家的行列。

爱迪生传

加强对北美洲的殖民地化，向伊利湖北岸移民，把大批土地赐给正统主义者，于是在那里形成了一个叫做维纳的村镇。大约在1811年，年近80岁的老约翰率领他的一大家人，乘着牛拉大篷车走了几百公里，来到维纳村。约翰找到一个风景秀丽、但荒无人烟的谷地，山上是望不尽的松林，山下流淌着蜿蜒的奥特尔河。约翰一家获得了一大片土地，他们伐倒了树木，建筑房舍，开辟牧场，在这里安家落户了。由于英国的造船业和建筑业需要大量木材，加拿大的木材出口大幅度增加，维纳镇繁荣起来了，约翰一家也逐渐富裕起来，成为这一带远近闻名的殷勤好客的庄园。

爱迪生的父亲塞缪尔·爱迪生在俄亥俄州的米兰小镇上经营木材、木瓦的制造和贩卖，收入颇丰。他们的家就坐落在山脚下的一幢带有顶楼小屋的红色砖瓦平房中。

爱迪生的父亲小塞缪尔·爱迪生生于1804年。年轻的小塞缪尔在镇里开了一家旅馆，不久，爱上了镇里的女教师南希·埃里奥特，并向她求婚。南希是神父的女儿，受过良好的教育，在维纳镇学校里担任首席教师。她心地良善，富有同情心，很受市民的尊敬和爱戴。这对年轻人的感情与日俱增，1828年，他们结婚了。婚后，他们养儿育女，过着安宁的生活。然而，安宁的家庭生活却被激烈的政治事件破坏了。1837年，加拿大爆发了反对英国都督独裁的起义，加拿大的资产阶级企图通过实行立宪代议制来夺取政权。小塞缪尔参加了这次起义，他的旅馆成了本区起义者的司令部。但起义被英国殖民者镇压了。小塞缪尔家的财产被加拿大政府没收，他把家眷留在

爱迪生的母亲南茜。是苏格兰人，有着善良的品德和受人尊敬的口碑。

一、富于幻想的少年时代

加拿大，只身一人随着一群失败者逃到了美国。起先，他在伊利湖沿岸一些城市居住，后来定居在离休伦河流入伊利湖处不远的麦兰镇。1839年，多亏他的好友、伊利湖上著名的船长阿尔瓦·希雷德利的帮助，南茜才带着孩子搬到了麦兰，一家人得以团聚。

当时，俄亥俄州还不通铁路，休伦河通过运河连接莱克伍德码头，成了把产粮区的粮食运往东方的一条水路交通命脉，麦兰成为重要的小麦集散地，造船业也很发达，小镇很快繁荣起来。小塞缪尔在这里经营木瓦的生产和贩卖，同时，还做贩卖粮食的生意。小塞缪尔精力旺盛，从来不知疲倦。他兴趣很广，只要对一种事业有兴趣，就会执着追求，直到获得成功。塞缪尔总是喜欢探索新路子，他在一项事业上刚开始获得成功，便又立刻去从事另一件事。生意上的成功，使夫妇俩过着幸福的生活。他们坐落在山脚处的带有顶楼小屋的红砖住宅里，经常传出孩子们欢乐的笑声。

1847年2月11日，享誉世界的最伟大的发明家之一，托马斯·阿尔瓦·爱迪生在这座住宅里出生了。小塞缪尔的哥哥托马斯恰好在婴儿出世那天来到麦兰做客，便以客人的名字来命名新生儿，以表示对客人的尊敬。夫妇俩又给新生儿取了第二个名字阿尔瓦，这是为了表示对船长阿尔瓦·希雷德利的敬意和纪念。母亲则总是亲昵地叫他阿尔。

小阿尔出世后很少哭闹，总是笑。灰色的眼睛亮晶晶的，让人感到这是个聪明机智的小家伙。他的脑袋显得很大，头发却稀少，竖着长，像个小刺猬，很难看。父亲给他理了发，反而更难看，母亲也直皱眉头。

阿尔对周围发生的一切事情都非常有兴趣。

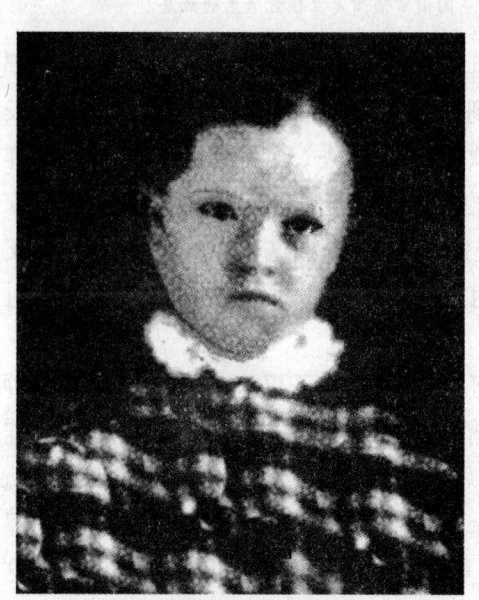

这是个与众不同的孩子。灰色的眼睛闪烁着晶莹的亮光，头发稀少，身体孱弱。他的脑袋中总是萌发着各种各样的奇想。

他常常同孩子们一起到运河边的大粮库附近玩耍,但他对小伙伴们的游戏似乎并不太感兴趣。他喜欢坐在码头上,观看来往不绝的轮船和驳船。他在想,这些船只怎么会在河里走动而不会沉到水下去呢?船上这么多的粮食、煤和矿石是从哪里来的,又运到什么地方去呢?他甚至会在路边的一个角落里静静地坐上几个钟头,细细地描摹仓库

位于美国俄亥俄州麦兰镇爱迪生的故居。

牌匾上的字。他还不会念这些字,但他却能记住它们;水手们和木匠们唱的歌词他也能记住不忘。他经常跑到父亲的工场去,看木匠们怎样把长长的圆木做成一片片的木瓦。他还喜欢到造船厂去,观看造好的船舶是怎样下到运河里去的。这个观察力很强的孩子,似乎对一切都感兴趣。阿尔家门前有一条大路,采金矿的工人乘坐的大篷车就从这条大路经过。只要工人们一停下来休息,阿尔就会静静地,甚至是贪婪地聆听他们讲述外面世界的故事。

好奇是孩子们共有的特性,但阿尔比一般孩子更为好奇,并且有一种将别人告诉他的事情付诸实验的本能。阿尔经常不断地向大人提出一连串问题,这些问题在大人们看来似乎不是什么问题,却又常常回答不出来。有一次,阿尔冷不丁地问父亲:"为什么会刮风?"父亲回答:"我不知道。"阿尔又问:"你为什么不知道?"在造船厂,他看到很多工具,他就问工人这个工具是干什么的?那个工具是怎么用的?他的问题太多了,好像他学会说话就是为了提问题的。他把大人们都问烦了,人们说,这孩子脑子里想的不该是孩子想的事情。阿尔不但好奇爱问,而且什么事都想自己试一试。

一、富于幻想的少年时代

他从造船厂和他父亲的工场拣来大大小小的木块,然后挑出大小形状合适的木块搭出粮仓、轮船来。他会不断地改动它们,直到他觉得很像了,才满意地欣赏自己的建筑物。有一天,他看到一只母鸡趴在一堆鸡蛋上,一群小鸡在母鸡周围跑来跑去,他发现小鸡都是母鸡孵出来的。有一天,到了吃饭的时间,仍不见阿尔回家。父母焦急地四处寻找,最后在场院边的草棚里找到了他。父亲见他一动不动地趴在放了好些鸡蛋的草堆里,就好奇地问他:"你这是在干什么?"阿尔不慌不忙地回答:"我在孵小鸡呀!"原来,阿尔看到母鸡会孵小鸡,觉得很奇怪,于是自己也想试一试。父亲听了又好气又好笑,告诉他人是孵不出小鸡来的。阿尔通过体验知道了人是孵不出小鸡来的。但阿尔还是不明白,为什么母鸡能孵出小鸡,而我就不能呢?

阿尔这种强烈的求知欲和追根问底想试一试的愿望,经常给他带来危险。有一次,他到粮仓里,想看看麦囤里装的什么,不小心一头栽到麦囤里,麦子埋住了阿尔的脑袋。他差一点死了,幸亏工人及时发现,把他拉了出来。他看到篱笆上有一个野蜂窝,就想看看里边有什么奥秘,为什么那么多野蜂都往里钻。于是他找来一根棍子去捅,结果他被野蜂蜇得满脸红肿,连眼睛都睁不开了。有一天,阿尔在父亲的粮仓里玩,他忽然想,粮仓被火烧着后会发生什么状况?他真的点燃了粮仓,结果父亲的粮仓化为一堆灰烬。阿尔干的这件事太不像话、太危险了,于是遭到了父亲严厉的鞭打。但阿尔似乎并不生父亲的气,疼痛也没有改变他爱观察、爱思维、爱追根求源的本性。

阿尔经常到邻居塞缪尔·温切斯特的碾坊去玩。有一次,他看见塞缪尔正在用气球做一种飞行装置试验。阿尔被这种试验迷住了。他不禁想道:如果人的肚子里也充满了气,不也能飞到天上去吗?那该多美呀!于是,阿尔找来几种化学药品做实验。他叫来父亲的佣工迈克尔·奥茨,对他说,你吃了这些药就能升上天去。倒霉的奥茨吃了阿尔配置的药水后嘴唇抽搐,几乎昏厥过去。而阿尔还始终坚持,奥茨飞不起来是奥茨的失败,并不是自己的错。这件事不仅使阿尔的父母担心,也惊动了邻居,他们甚至把阿尔当成危险人物,警告自己的小孩子不要和阿尔玩!

阿尔7岁的时候,俄亥俄州已经通了铁路。运河无法同铁路竞争,麦兰已不再是粮食贸易的中心了。塞缪尔·爱迪生的生意也难以经营下去了。

爱迪生传

1854年,塞缪尔带着全家迁往密执安州的休伦港,住在北郊的格拉蒂奥特堡。他们的房子高耸在河边,有20个房间,周围是一片高大的松林。房前有个大花园和约有10英亩的菜园。塞缪尔在这里开办了经营粮食和建筑木材的买卖。

爱迪生的父母曾经居住的房间。

转眼间,阿尔已经8岁了,到了该上学念书的年龄。阿尔被送进了附近的一所小学。这个学校只有一个班级,一个老师。学校课程设置呆板,老师讲课枯燥无味,这些一点也引不起阿尔的兴趣。阿尔想知道的事,老师一点儿也不教,阿尔不想知道的事,偏偏又教起来。充满好奇心和爱追根问底的阿尔在这里陷入了困境。他从来没有好好听过老师讲课,他把别人丢弃的物品制成一些奇怪的东西玩,完全不注意老师在讲些什么。有时,干脆就跑到教室外面去。做作业时,只要有一个问题得不到解答,他就不会继续做下道题,这样他经常不能按时做完作业。他还常常在课堂上提出各种问题,问得老师下不了台。一次,老师正在讲一位数的加法,阿尔忽然举手提问:"二加二为什么等于四?"老师被问得张口结舌,无以回答。因此,对阿尔个性毫无了解的老师,便斥责阿尔是"糊涂虫"、"低能儿"。

阿尔在校学习不到三个月,老师便把他母亲叫来,对她说:"阿尔瓦这孩子实在太笨,留在学校只会妨碍别的学生,还是别上学了吧。"阿尔的母亲非常生气,她绝不承认自己的孩子是低能儿。她说:"我认为阿尔比同龄的大多数孩子聪明,我将教我的阿尔,他再也不会到这里来了!"

阿尔的母亲当时正在女子学校教书,是一个富有教育经验的教师。母亲平日留心观察自己的儿子,认为阿尔不但不是低能儿,而且时时表现出非常

一、富于幻想的少年时代

优秀的品质来。母亲决心全力教育阿尔,要使他成为世界上最优秀的人。她对阿尔说:"母亲已下了决心,无论如何要使你成为世界上第一等人物,你能不能发这个誓呢?"阿尔说:"妈妈,我愿意发这个誓,我一定要做番大事业,使现在说我是低能儿的先生听了寒心。"

幼年时与姐姐的合影。

年幼的爱迪生就这样永远地告别了学校,这位以自己的深邃智慧巨大地影响了人类生活方式的伟大发明家,一生中只上了三个月的学。从那以后,母亲就成了他的"家庭教师"。阿尔的母亲南茜熟悉现代教育理论,她知道她能采用的最好办法就是让阿尔按照自己的爱好和意志去发展,只是在必要的情况下去加以制止。她也很清楚孩子们都有爱玩的天性,于是她把家庭教育办得生动活泼。在母亲启发式教育下,阿尔受到了启蒙教育,这时的阿尔对知识充满了无比的渴望。在爱迪生走过的辉煌道路中,母亲对他的教育无疑是他人生中极为重要的阶段。成功后的爱迪生曾这样说:"当老师叫我笨蛋时,母亲来到学校为我极力辩护。从那时起,我决定要为她争脸不辜负她的期望。她实在是真正理解我的人。""我母亲使我成了这样一个人;她理解我;她让我能按照自己的志向去发展。"

在母亲的教导下,阿尔在学习英语、文学、数学、地理等一般课程的同时,开始阅读课外书籍。母亲教给他的不仅是知识,更重要的是方法。母亲认为,多思比简单的死记硬背更重要。因此,只要阿尔看得懂的书,不管多难的,都给他看。阅读打开了阿尔的视野,虽然书中很多地方他看不懂,但无疑的,他被书中展示的多彩的世界和深邃的思想深深地吸引住了,他在知识的海洋里遨游,如饥似渴地汲取人类先哲的智慧思想。8岁时，他读了英国文艺复兴时期最重要的剧作家莎士比亚、文学家狄更斯的著作。到9岁时，他已能读懂一些即便是中学生也深感难读的书，如1856年出版的里查继·格林·帕克写的《自然与实验哲学》。这本书包括了那个时代几乎所有科学技术知识——对于从蒸汽机到气球的叙述以及当时所熟悉的许多化学实验。这正是阿尔所需要的书，它为阿尔展示了一个崭新的世界。后来，他曾回忆说："《自然读本》是我第一次读到的科学书籍，那时我还不到10岁。"阿尔几乎做了书中指定的所有实验，他对化学开始产生了浓厚的兴趣。他家的地下室成了他的实验室，二百多个玻璃瓶里装满了化学制剂和试剂。实验中，常常险些发生爆炸。他的父母既因此而担惊受怕，又为自己年幼的儿子能做这些实验而自豪。母亲教育他，做完实验各种杂物不能零乱地放着，应该分类归整，特别是有毒的药品应该贴上"毒"字标签。她发现时常有孩子来试弄药品，就坚持要阿尔把有毒试剂随时锁起来。

阿尔在10岁时，吉朋的《罗马帝国衰亡史》、休莫的《英国史》、席尔的《世界史》，甚至包括自然科学巨人牛顿所著的《自然哲学的数学原理》，这些大部头的著作都成为他的涉猎对象。《自然哲学的数学原理》一书读起来自然很费劲，但阿尔从书中学到了重视实践的真理。当他读到托马斯·潘思的著作时，立即被书中的真知灼见所吸引，反复研读。后来他回忆起少年时代的学习时说："阅读那位伟大的思想家对政治与科学等问题的论述，我得到了启示。潘思使我了解了许多新的问题。我可以清楚地忆起读过潘思的著作后那种如见光明的感觉……对于潘思，我抱有极大的兴趣。看一遍不够，我就一遍又一遍、反反复复地研读。"

牛顿的《自然哲学的数学原理》。

一、富于幻想的少年时代

母亲的启蒙教育，使阿尔养成了阅读的习惯，使他终生受益。但对一个发明家来说，儿童时代的这些"系统"教育显然是远远不够的。在他以后的工作中，深感物理、化学、数学和电工学等理论知识的不足，给他的工作造成困难。当他需要解决一个问题时，他就集中时间和精力大量阅读和实验，来弥补自己所受教育的空白。在他后来回忆自己的人生时，深深地感到读书的重要，他说："读书对于智慧，也像体操对于身体一样。"

托马斯·阿尔瓦·爱迪生的童年时代，"电"作为一种新型的能源，已进入了普通人的生活。在人们纷纷开发电的实际用途中，最早将电作为一种信息传媒加以利用的是电报。

1858年，在纽约、芝加哥等几个城市之间架起了大约800英里长的电报线。报纸上还刊登了电报员用电报传递各城市的消息的传奇故事。那时，人们对于电和电报的兴趣，正如同我们现在对于宇宙旅行一样浓厚。对一切事物都怀有好奇感的阿尔通过电报对电产生了浓厚的兴趣。对阿尔来说，"电"无疑是一个充满着神奇与想像的字眼。阿尔暗暗为自己定下了计划，他要试一试这个神奇的领域。阿尔确信，他也要发明一种电报。

阿尔是个想干什么就立即动手干的孩子。然而，当他决定开始试验电的时候，需要购买各种电器装置，而那时阿尔的父亲生意不好，阿尔很少的零花钱应付他所热爱的化学实验已经很困难了，哪有钱去购买电器材料呢？阿尔犯愁了。

1859年，阿尔已经12岁了。那时，美国的铁路也有了很大发展。就在这一年，从休伦港到底特律的铁路线开通了。铁路为阿尔提供了机会。阿尔打听到需要一个

某些传奇故事中总是将爱迪生一家描述得一贫如洗，那并不是事实。爱迪生的亲密挚友、美国汽车大王亨利·福特写道："爱氏一家不能可算真正贫寒。换句话说，他们始终是丰衣足食，住宅也好。如果说爱迪生出生赤贫，那简直是无稽之谈。"1847年的一个寒冷的夜里，爱迪生就出生在这间温暖的房间中。

男孩在车上卖水果和饼子，铁路上不给任何报酬，但允许以低价买下食品，在车上用高一点的价钱卖出。阿尔喜出望外，决定争到这份工作，多挣些钱搞他的实验。

但是，当阿尔把自己的打算告诉母亲时，一向支持他的母亲却激烈反对。她想到了可怕的事情：火车相撞，甚至翻个底朝天怎么办？阿尔才12岁啊，他在底特律等车返回时遇见坏人怎么办？父亲倒想得开，他认为阿尔在车上得到锻炼，能学到很多东西。经过和母亲的讨价还价、起誓保证，执着的阿尔终于得到了母亲的同意，在从休伦港驶往底特律的早班列车上当上了报童。

就这样，托马斯·阿尔瓦·爱迪生在他12岁那年，结束了他的童年生活。

2. 列车上的小出版商

12岁的爱迪生，已是一个中等身材的男孩了。他有一对灰色的眼睛，一头蓬乱、稀少、褐色的头发。在爱迪生保留下来的照片中有这么一张，照片上的孩子手里拿着一叠报纸，头戴帽子，围着一条围巾，这个面目清秀的报童愉快而健康地微笑着。

爱迪生的勤奋、踏实和聪明，在他当报童时就显现出来了。

火车每天清晨7点驶离休伦港，10点抵达底特律，下午5点返回，晚上9点多回到休伦港。爱迪生就在这趟车上卖报兼售水果糖点。爱迪生很快掌握了工作规律并熟悉了铁路沿线各站的情况，他觉得自己有机会赚到更多的钱。他首先改变并且扩大了他的卖报业务。爱迪生在各站雇了一些小孩作为他的助手，车到底特律，他便去报馆批报，他自己只在车上卖报，车每到一站，他便把报发给小助

在火车上工作时，爱迪生已是一个中等身材的男孩了。他对于自己的穿着从不讲究。总是母亲强迫他洗净手脸，换上干净的衣衫。这种不修边幅的习惯伴随了爱迪生一生。

一、富于幻想的少年时代

手,由他们在车站售报。爱迪生还在新开通的列车上雇了一名男孩作为帮手。这样,报纸销售量增加了,他还能腾出手来经营新的营业项目。爱迪生从农夫手中收购新鲜的奶酪,运到底特律去卖;水果成熟季节,他用低价批发到大批浆果,再卖给底特律的果商;他在底特律挑选上好的蔬菜装上火车,每到一站,便由助手运到一个租下的由另一个孩子看管的小摊上去卖,由于这些蔬菜比当地出产的好,需求量很快增加。他还开始出售自己家菜园里父亲种的各种蔬菜。后来,爱迪生在回忆起这段生活时说:"在火车上跑了几个月之后,我在休伦港开了两个店铺——一家出售期刊,另一家卖蔬菜、黄油和适季的草莓。一个店铺一个伙计,他们与我分享利润。"少年时代的爱迪生全然是一个出色的商人了,凭着自己的努力,每天能收入好几元钱,相当于一个成人每天的收入。没多久,一星期就能赚到20美元了。他每天都拿出一元钱交给母亲以贴补家用;剩下的钱除了吃饭,全都用来买书和实验用品。他从不乱花一分钱。

爱迪生除了经营外,并没忘记学习。母亲的话经常在他耳边响起:"牛顿和瓦特在学校都不算是优秀的学生,可是他们并不灰心,仍然继续不断地努力,最后终于发明了对人类有用的东西。所以只要你好好用功,妈妈相信,你也可以发明东西。"

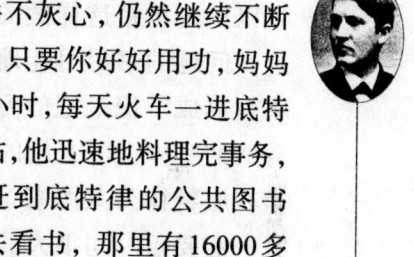

火车在底特律停留6个小时,每天火车一进底特律站,他迅速地料理完事务,便赶到底特律的公共图书馆去看书,那里有16000多部各种各样的藏书。他一进图书馆,便静静地看书,直到火车开车前才离去。在这里读书,是爱迪生十分开心的一件事,不论刮风下雨,不论有多么劳累,他都坚持不懈,从不间断。起先,爱迪生是按照书架上的次序读的,他想把图书馆的藏书全部读完,他已经读完了第

早期的蒸汽火车。

一架上的两层书了。图书馆的管理员已经很熟悉爱迪生了,他非常佩服这个年轻人的读书毅力,但他不赞同爱迪生盲目的读书方法。有一天,他对爱迪生说:"你的精神真令人钦佩,但读书要有个明确的目的,什么书都看,效果不好。你以后应该选定一个目标,围绕着这一目标看书才好。"这话使爱迪生深受启发。其实,爱迪

爱迪生设在行李车里的实验室和印刷车间。这是后来由大发明家福特亲自监督下重新布置的。

生以后也正是这样做的。他在设计工作中一旦碰上什么问题,便会把有关这一问题的书尽可能地全找来,然后关上门,夜以继日地研读。爱迪生从小就养成了记笔记的习惯,还喜爱画画。爱迪生一边快速地阅读,一边以秀丽的字体记下有用的观点,还时不时地用图画来表达他的想法。这时候,坐在底特律公共图书馆里的爱迪生,又为自己立下了一个志愿:"长大后,我一定要盖一间很大的研究所,里面有这么大的图书馆和这么多的藏书。"

除了读书,还有一件爱迪生从未忘记、也从未间断的事情,那就是他的化学实验。精疲力尽的爱迪生一回到休伦港家中的实验室,就忘了身心疲劳,埋头做实验。但他每天回家很晚,感到时间不够用。聪敏的爱迪生又为自己找到了办法。

那时,美国的铁路已经很发达,但火车仍是旧式的,一列火车由储藏室、抽烟室和载客室三节车厢组成。储藏室又分成三个房间,一间放货物和行李,另一间放邮件,剩下一间作休息室。休息室由于空气不好,并没有人来这里休息,它就成了一间空房。爱迪生发现了这间空房,高兴极了。如果把休息室改为实验室的话,就不等到回家做实验了。于是爱迪生寻找机会,向少言寡语的列车长提出了借房的要求。列车长爽快地同意了,只是叮咛他要

一、富于幻想的少年时代

小心使用，不能有损坏。第二天，爱迪生就开始从家里搬来实验器材，很快，列车上的这间空房就变成了完整的车内实验室了。然而，一开始做实验，就不能跑来跑去卖东西了。爱迪生又得想办法了。

爱迪生想，能不能找几个小学生来给自己当小帮手呢？孩子们听说后都非常乐意，因为可以不花钱乘车旅行，还能赚些零用钱。这个办法一实行，爱迪生至少有两个整天可以无牵无挂地做实验了。

1861年，爱迪生已经15岁了，这一年美国围绕解放黑奴问题，爆发了著名的南北战争。这时的报纸成为人们及早得知前方战事、了解亲人状况的惟一途径。刊载战争消息的报纸常常被一抢而空。爱迪生想，如果他能预先获得这类消息，再做一番宣传，一定能引来更多的人买报纸。于是，他找到一个《底特律自由报》的排字工人，爱迪生与他约定，在报纸付印前让爱迪生先看一遍清样。这样，爱迪生便提前知道了第二天报纸的内容，据此判断能卖出多少份报纸，再决定买进多少。

1862年春天的一个下午，爱迪生在底特律看到当地报纸编辑部前围着一大群人，争看一则有关夏伊洛战役的报道。报道中称这场战役死伤人数已超过2.5万人。爱迪生立即意识到这条牵动千家万户的消息的重要性，他急忙跑到铁路车站电信室，请值班电报员马上拍电报给休伦港和中间各车站，要他们在车站张贴夏伊洛激战的消息。没有站长的命令，电报员很犹豫，爱迪生急切地说："快拍吧，这样的消息，凡是有家人在战场上的，一

1860年，反对黑奴制的共和党人林肯当选为联邦政府总统。次年南部各州宣布独立，组成了"南部同盟"并发动了内战。历史上称之为"南北战争"，也叫"美国内战"。图为战争中的北方战舰。

定很关心，应该争取时间及早告诉大家。如果你拍了，以后我每天送一份报纸给你。"电报员听说每天有免费报纸看，马上拍发电报。爱迪生明白，如果他这一招奏效，报纸至少能卖1000份，而不是平常的一二百份。于是，爱迪生又立即跑到《底特律自由报》社，找到报纸发行人，要求赊给他1000份报纸。事后，爱迪生是这样叙述这件事的：

"一个孩子帮助我把报纸放进列车里。头一站是一个叫乌莱卡的小站，往常这里只卖两三份报。我看到一大帮人聚集在站台上，我以为这是什么参观团呢。我还没来得及走出车厢，他们就把我从四面八方团团围住，我在这里卖出35份报纸。从底特律到休伦港的其他各站情况也是这样顺利。……在距离休伦港不到半公里的地方……那个荷兰孩子迈克尔·奥茨骑马等候我。在我走近城市时，有一大群人朝我走来。于是，我喊道：'公民们，报纸一份25美分，报纸不多了，不够大家买了。'我把报纸一下子卖完了。收入十分可观，我觉得那是'一大笔钱'。"当天晚上，爱迪生给母亲的不是一美元，而是100美元。

这次成功，给爱迪生留下了深刻的印象。他说："由此，你可以理解我当时为什么会把电报看成是最好的发明了吧。因为正是各站站长在广告牌上写了电文，才有如此巨大的成功。"

爱迪生明白了：信息的轰动性和传播的迅速是多么重要。

爱迪生想到了：若能在列车内发行报纸，销路肯定不错。如果能自己发行报纸，一定能赚更多的钱。

爱迪生说干就干。

在底特律一家叫做路易斯的旧货店里，爱迪生发现一台用手工操作的小型印刷机，据老板说，这本是菜馆里印刷菜单用的。爱迪生谨慎地察看了一番，决定把它买下。在这儿，爱迪生还发现一盒使用过的铅字。爱迪生积攒了购买印刷机和铅字的钱，买下后把它们搬进了行李车，安装在靠近实验室的地方，于是，一个列车印刷厂建成了，他要出

> 《先驱周报》的读者们大都是在铁路上工作或者住在铁路附近的人们。但也偶有例外，据说一位英国工程师搭乘了这班火车，他对于爱迪生出版的《先驱周报》大加赞赏，并一次订购了1000份带回了英国。

一、富于幻想的少年时代

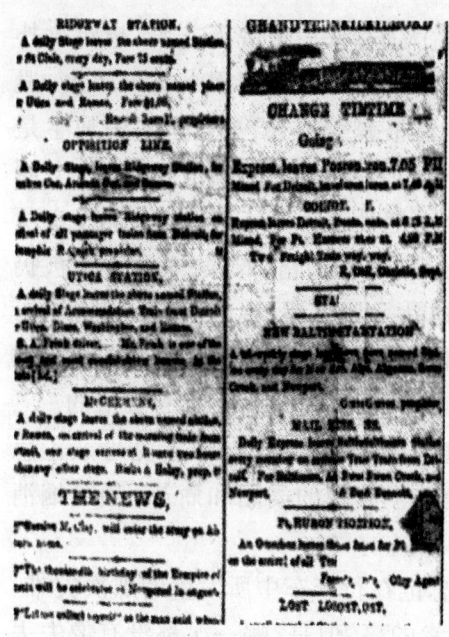

《先驱周报》1862年2月3日的第一版。

版第一份列车报了。

爱迪生把他的报纸命名为《先驱周报》，他包揽了办报全过程。社长、记者、编辑、出版者、发行人，又是排字工、印刷工和报童。这份报纸当然是很简陋而又原始的，版面比许多报纸都小，但内容却很丰富。报纸登载了有关铁路沿线和在铁路上工作的人和他们家庭所发生的事情。爱迪生回忆说："我的报纸纯粹是铁路新闻，出了车厢，大概没人发生兴趣。但是我对自己的创造感到十分自豪，把自己看成是地道的报人。我的新闻经常是'詹姆斯溪车站的行李长约翰·罗宾逊昨天摔下站台，一条腿受伤。他的同事都表示同情。'或者是：'柏林顿三号机车已进厂大修。'"他自己讲，也有一些更吸引人的新闻，如在"出生"栏下就有："A·得特尔的妻子在底特律枢纽站G.T.R休息室里生下了一个女孩，此为第二十二例。"这些内容保证了在铁路沿线各站有较固定的长期订户。同时，他把各地的主要消息收集起来，摘要刊登；有关战事的简讯，也是每期必有；附近各商场的物价，末尾的商业广告栏也是受欢迎的内容。爱迪生以每份8美分的售价出售，很快报纸的印数增加到400份。

这位年仅15岁的出版商，并没有让他的报务工作占去他的全部闲暇时间，在列车回到休伦港之前，他仍然要抽出时间在颠簸的列车中潜心做他的化学实验。他一会儿拿起德国大学教授弗瑞森斯的《定性分析化学》细细阅读，一会儿又忙着配制化学药剂，一遍一遍地试验。

似乎一切都按着爱迪生的心愿顺利地进行着。他没有想到，不幸的事情突然降临了。一天，在离休伦港大约还有10公里处，飞速前进的火车驶过不平整的路段，行李车倾斜了。只听得"砰"地一声，正埋头做实验的爱迪生回头一看，原来是放黄磷的瓶子从柜子里掉下，瓶子打得粉碎，黄磷因摩擦而起火,车厢的地板燃着了。爱迪生大吃一惊,忙脱下衣服,想将火扑灭,可是火愈烧愈烈。正在此时,乘务员推门进来,立即用水扑灭了火,避免了一场火灾的发生。那位乘务员是个性格暴躁的人,平日里对爱迪生是很友好的,这时火已扑灭了,却重重地打了爱迪生一巴掌。在下一个叫做斯米茨—克里克的车站上,他不由分说把爱迪生赶下了列车,实验室所有药品、用具,印刷间的印刷机、铅字、报纸,以及书籍、衣服、桌凳等全被扔了出来。爱迪生被震惊了,看到心爱的物品一片狼藉,他的心痛得紧缩了。他在站台上伫立了很久,然后默默地归整着他的实验和印刷器材,他得想办法把这些来之不易的宝贝运回家去,他是不会放弃他要做的事情的。

实验室着火的事已经传开了。当他走到家门口时,突然看见母亲正急切地在门前等他。回到母亲的怀抱,爱迪生心中的委屈和痛苦,顿时烟消云散了,爱迪生觉得浑身充满了力量。

半个多世纪过去了,爱迪生还没有忘记在行李车中所发生的那次灾难。他说:"从少年到老年,我遭遇了许多不幸的事,但是,哪一次都没有像失去第一个实验室时那样使我感到失望。"

这次灾难的严重恶果是,乘务员那一巴掌打聋了爱迪生的耳朵。爱迪生本人也曾一度默认了这种说法。但后来他又否认了这一说法,他说:"我从来也没有遇到有人打我耳光的事。"据爱迪生的挚友,后来的汽车大王,美国福特汽车公司的大老板亨利·福特回忆,爱迪生的耳聋完全是由于别的原因造成的。福特说:"他指给我看弗雷泽车站附近的那个地方……爱迪生说:'就在这儿我等着几个顾客来买报,在站上耽搁了时间,列车已开动,我跑过去,拉住车厢后边

汽车大王亨利·福特,他是爱迪生的好友。

一、富于幻想的少年时代

的梯蹬。我气喘吁吁,因为那时的梯蹬很高,自己没有力量往上爬。一个列车员弯下腰,拽住我的耳朵往上拉我的时候,我感到耳朵里喀嚓响了一声,从那以后,就聋了。……拽我耳朵的人是为了拯救我不致摔下去,才这么做的。'"还有人说,耳聋是爱迪生小时候得猩红热的后遗症,甚至有人说是遗传。真正的原因是什么,至今是个谜。但耳聋是事实。起初,爱迪生只感到耳部疼痛,后来感到微弱的听力受阻,渐渐地症状愈加严重,最后就听不清低微的声音了。但他一再指出,随着岁月的流逝,他已习惯于这个缺陷,并时常感觉到耳聋使他具有了某些优点,使他免受不必要的外界影响,有助于他埋头工作。他曾说:"耳聋,从某种意义上说,对我是有利的。我在电报局工作时,我只能听到我的工作台上的电报机,别的电报机并不能像干扰别人那样干扰我。"他甚至认为耳聋是自己的福气。他说:"走在百老汇的人群中,我可以像幽居森林深处的人那样平静。耳聋从来就是、而且现在也是我的福气。它使我失去了许多干扰和精神痛苦。我曾听人说:'爱迪生没有神经。'我的神经不比任何人少,而且同样灵敏,但却不受外界干扰。"

为了防止意外事故,母亲让爱迪生把实验室搬到了顶楼,印刷机则安放在地下室。爱迪生继续出版他的报纸。

爱迪生和一个他熟悉的同龄人商量如何增加报纸的发行量,那人认为,报纸应多刊载一些读者喜欢的杂谈、趣闻以及各式各样的市内消息,人们都喜欢知道他人的秘密,如果有这些内容,大家觉得有兴趣,就会买你的报了。爱迪生决定同那人合作办报,把周刊改名为《秘闻报》。报纸的发行量大大增加了,但那些认为报纸刊登了自己秘密的人却大为恼火。一天晚上,爱迪生从火车站回家,正走到荒无人烟的圣克莱尔河边,一个魁梧、健壮的家伙跟了上来。原来他的故事被登在了《秘闻报》上,爱迪生拒绝说出作者的名字。壮汉如同发了疯的无赖,抱起爱迪生走到河边,把他的头浸入水中使劲摇晃,最后,竟把他扔进冰凉的河中。爱迪生险遭灭顶之灾。

不久,爱迪生放弃了出版工作。毫无疑问,爱迪生在当时是最年轻的出版者和编辑,如果不是因为他被科技所吸引,也许他会终生热爱新闻事业,成为一个杰出的出版家。他的朋友福特曾这样评价他:

"我不是说青年的爱迪生能破天荒地在火车中印刷报纸,也不是说他能在这样幼年时候办成第一流的报纸,却是说他有一种不可遏止的意志去成为科学家。并能运用他的天才向各方面进展,使自己能够赚钱去实行他真正的工作。

"当时,他还不知道他的真正工作是什么,但他已知道一定要先把物质的性质弄清楚,才能够利用物质。"

二、踏上发明家的征途

1. 到处流浪的报务员

爱迪生15岁那年,发生了一件事,由此,他的生活发生了永久性的变化。那是1862年8月的一个早晨,列车停在蒙特—克利门斯站时,爱迪生拿着一叠报纸路过站台。他突然发现列车车尾一节刚摘掉挂钩的货车正向备用线滑去,一个小孩正在轨道上抛石子玩耍,全然不知危险正从背后向他袭来。爱迪生不假思索地扔下报纸,跳下站台,跨越路基,向前飞奔。那节列车滑行速度越来越快,在最后一瞬间,爱迪生奋不顾身冲了上去,抱起小孩跳出了路轨,狠狠地摔倒在路基尖锐的石子上。小孩得救了,他是克利门斯站站长麦肯齐的儿子,才3岁。麦肯齐站长早就认识爱迪生,也知道他喜爱电信,这时,他激动地表示,为了报答救命之恩,愿意免费为爱迪生教授电信知识,并让爱迪生到车站发报室,做个见习报务员。爱迪生非常高兴地接受了建议,第二天便开始了学习。

克利门斯火车站。它是休伦港到底特津的火车沿途停靠的车站之一。

爱迪生也许没有意识到,

爱迪生传

从此,他便与电这个神秘的新世界发生了关系,将走上辉煌的发明家的道路。当然,这时的爱迪生离辉煌还有很长一段路要走。不过,对于电报和莫尔斯电码,他并不生疏。早在阅读帕克的《自然与实验哲学》时,他便知道了莫尔斯的伟大发明。但是,电究竟怎样会传送音讯,他可真不知道。说起来,这里还有一段有趣的故事。

爱迪生有一个好朋友叫詹姆士·坎西,他对电报技术也特别感兴趣。于是,两人商量好在两家住宅之间架设一条电报线,互相拍发电报。他们收集了好些铜丝作为电线,在树上钉上钉子,然后再把小玻璃瓶固定在钉子上作为绝缘器。电磁细圈的外面包上破布,算作绝缘,用黄铜弹簧作为电报机的电键。似乎一切都具备了,然而,电源从哪儿来呢?他们首先想到了摩擦法。他们捉了许多只猫,想摩擦猫皮产生电流。那些可怜的猫忍受不了摩擦的痛苦,挣扎着从爱迪生的手中逃走了。爱迪生再去查书,便决定自己动手制造简单的电池。这对于经常做化学实验的爱迪生来说并不难。微弱的电流产生了,电报机开始了工作。长短不一的嗒嗒声,在爱迪生听来是那样的清脆悦耳。

一连几个晚上都工作得很晚,父亲干涉了,规定爱迪生在晚上11点必须睡觉。从底特律来的火车很晚才到达,11点睡觉,就没有多少时间试验电报了。爱迪生想出了一个办法。原来,他父亲每晚都要看爱迪生没有卖出的报纸。爱迪生故意说卖完了,但可以从电报上把报上的新闻传过来。于是,事先约好的坎西开始发报了,战争的消息、议会的新闻都传过来了。父亲既高兴又惊奇,父子俩一直忙到午夜。几个晚上后,父亲妥协了,只要爱迪

这是一台1846年莫尔斯制造的电报机。电报信号被接收机接收后,机器会在纸上写下点和画。这架机器的电磁继电器线圈中的铁芯,在通电后,吸上装有弹簧的水平设置的U型铁而实现接触。

二、踏上发明家的征途

生照常把报纸带回来,不再干涉儿子的工作时间了。

后来,曾经有人问这位发明家,用猫来生电究竟是真有其事,还是假的?

爱迪生笑着说:"我少年时代的事情,传说很多,有些事情,连我自己也不晓得。那时候,究竟有没有摩擦猫毛生电我不记得了。总之这是几十年前的事,不过,或许擦过也不一定。不管怎么样,那时候的我,确实是个很顽皮的孩子。哈哈哈……"

正因为爱迪生对电报并不生疏,所以,麦肯齐老师的讲课他一听就懂。而麦肯齐对自己这个学生的勤奋和惊人的理解力也称赞不已。很快,爱迪生就学会了各种电信技术,也能熟练地操作各种机器。4个月后,他成了车站的正式报务员。

1836年,库克和惠特斯通发明了指针电报机。这种电报机的中心装有一根指针,指针与齿轮相连,齿轮由电磁铁驱动。发报时,只要把指针拨到要发的字母或数字上即可。

爱迪生在车站当上报务员后做的第一件事,便是在车站到休伦港间加设了电报线。市内电报局设在市内主街上的一家药店内,天气好时,电报信号十分清楚。但是,生意并不好,不久就歇业了。之后,他去了一家私营电报局工作,由于他更操心他的化学实验,没多久便也离开了。

1863年,16岁的爱迪生告别家乡,经麦肯齐介绍,到斯特拉福特枢纽站当了一名电报员。他的任务是值夜班,负责接收所有夜间来电。每月工资25美元。他在街上找了一间寓所,白天就在寓所里看书、做实验。晚上值班时,除了应付少量的工作外,大部分时间是学习,然后就偷偷地睡觉。铁路局规定,值夜班是不准睡觉的,而且规定,每隔一小时发出一次电报信号,以证明值班员没有睡觉。为了应付这个规定,爱迪生设计了一种自动发出电报信号的装置:他制作了一个带缺口的轮,把它与闹钟连在一起,每隔一小时就接通一次电路,便自动发出电报信号,并且准确无误,甚至连一秒钟也不差。总局管电信的莫斯先生十分佩服爱迪生能严守时间,却不知道他已安然入睡。

爱迪生传

一天，莫斯先生因有急事呼叫爱迪生，连呼几次竟无反应。莫斯先生担心报务员会遇到什么不幸事情，于是急忙赶到斯特拉福特枢纽站，发现爱迪生正在睡觉。于是，他被赶出了枢纽站。但是，莫斯先生很欣赏他的才能，便在萨尼亚站替他找了个工作。

爱迪生到萨尼亚站就职没多久，又发生了一次事件，迫使他很快丢掉了工作。

有一天晚上，他收到本局发来的快报指示，要他截住一列货车，等迎面过来的火车通过后再放行。爱迪生马上找信号手，还没等他找到信号手，货车已飞驶通过车站。爱迪生马上回到电信室给本局拍电："货车已通过。""那会造成相撞事故的！"爱迪生惊慌失措地去追赶那货车，在黑暗中摔倒，掉到沟里失去了知觉。万幸的是两列列车都发现了对方的前灯而紧急刹车，才避免了一场撞车事故。第二天，爱迪生被召到多伦多本局，要他解释险些发生大祸的缘由。总局长斯派泽一见到他就大发雷霆。正巧此时来了两个英国人找总局长，总局长去迎接这两个英国要人，中断了对爱迪生的审问。爱迪生心知不会有好结果，便趁机溜了出去，一口气跑到车站，上了去萨尼亚的货车，尔后又改乘小船逃之夭夭。

爱迪生回到了休伦港父母家中。

1864年冬，天气奇冷，湖面冰封。隔湖相望的休伦港和加拿大萨尼亚两个城市间的交通中断了。铺设在湖底的连接两个城市的电报电缆又被流冰冲断，两座城市的联系完全中断了。

人们想了好些办法，但都失败了。这时，爱迪生提议，如果他有一辆火车头和一个司机，他便可以和对岸通讯。铁路局同意了，一辆蒸汽机车开到了靠近湖边的路段。爱迪生立即爬上机车，拉响了汽笛。长长的一声汽笛过后，爱迪生开始模仿莫尔斯电码发出长长短短的汽笛声。他一遍又一遍地发送着。这奇特的汽笛声传到了对岸，引起了人们的注意，终于被加拿大的一个电报员听懂了，不久，从对岸也传来了长长短短的汽笛声，两个城市的联系便这样恢复了。

有意思的是，在1929年申请爱迪生助学金的学生试题里，有这样一道题："如果您处在一个遭受灾难的城市里，当一切常规通讯手段均遭破坏时，您怎样才能和相隔一英里宽的河那边的人取得联系？"人们在谈论这

二、踏上发明家的征途

克利门斯火车站站长麦肯齐。

位发明家的少年时代时,总是忘不了他用机车汽笛声发送电文的创举,惊叹这个17岁少年的机敏和才智。

美国南北战争期间,大批报务员离开了他们的工作,被征入伍。这时美国电报事业刚刚问世,电报网的发展正方兴未艾,对报务员的需求大大增加。加之民营电信事业竞争激烈,电信公司争相以高薪聘请报务员,所以,报务员很容易找到高工资的职务。那时,报务员的流动性很大,他们常常随意"跳槽"。人们讽刺那些追逐高工资而目空一切的报务员为"电信骑士"。

爱迪生对那些"电信骑士"不屑一顾,他是一个雄心勃勃的有志者。虽然他需要很多钱来维持他不断的实验,但他决不因工作而中断实验。他需要寻找一个一面当报务员,一面能继续做实验的职务。这就为他寻找职务增加了难度。爱迪生不会为了一个职务去寻找门路,也拒绝别人要他做些送人情的事情。他做不到按职业需要井井有条地工作,当他认为自己收发的电报重要时,就占线收发自己的电报而不顾他人。尤其是他利用一切机会学习新知识、做各种实验,当他对一本书或某个实验感兴趣时,他会让待发送的电报等上若干小时。他的这些毛病,当然是顾主们不高兴的。因此,他很难在一个地方工作很长时间。事实上,爱迪生从1864年到1868年这4年时间,一直过着动荡的生活,居无定所,四处漂泊,生活没有保障。4年中,爱迪生

爱迪生的青年时代,电信人员被人们称为"电信骑士"。所谓"骑士",除了有骑马的意思外,另有形容武士的用意。这原本于报务员联系不上,但是由于他们的待遇高,其中一些人常常自以为是,目空一切,所以人们觉得他们与武士并无区别。在这时,"骑士"成为了具有讽刺意味的名词。

023

换了10个工作地点，其中5次被免职，5次是自己辞职的。

1864年，他在密执安州东南部一个小城市叫艾德里安的枢纽站找到了一个自认为合适的工作：值夜班的报务员。每月可以挣到75美元。他在市里租了一间房子，安置好实验室，下了夜班，白天就在这里做实验。当时，一条线路不能同时拍发两封电报。一次，他正在拍发一份必须紧急拍发的电报，而局长要爱迪生停下来拍发他送来的电报，爱迪生不予理睬，直到把那份重要电报拍完。于是，他被解雇了。

此后，他从艾德里安迁到附近的韦恩堡当白班电信技师。他不喜欢上白班，因为白天工作不利于他的实验。因此，三个月后他辞职了。10月初，他迁到印第安纳波利斯，年底，到西部联合公司就职，月薪75美元，做夜班报务员，收发新闻稿。有一个同事，还记得他当时走进公司办公室的情景：长长的头发竖着，颈间围了一个纸领，领带也没有，外套太大不合身，一副乡下人的样子。"你能收发得很快吗？"公司里的人问他，他却回答得含糊其辞。可是当他开始发报时，他的"发报速度之快如同闪电，甚至连公司的那些收电专家们也招架不住，他们常常不得不打断爱迪生的电文，叫他重复一遍。"

莎士比亚的著作是爱迪生最喜爱的作品之一。

他因此而获得了收发新闻稿这个公司里报酬最高的职位。

那时的收报机是把莫尔斯电码打印在接连不断移动着的纸条上。报务员必须在纸条没有移过去前迅速读完电文并把它记录下来。爱迪生已非常熟练地掌握了译电码的能力，但要赶上迅速转动的纸条译电文，就难了。爱迪生设计了一种装置，把它安装在收报机后边，收报机送出的纸条经过这个装置时立即放慢了速度，这样就可以看着纸条上的电码写出绝对准确的电文了。爱迪生的一手好字也帮了大忙，写出的电文字迹秀丽、工

二、踏上发明家的征途

莎士比亚的出生地。

整、干干净净。爱迪生很快成了一名最出色的报务员。他不仅能以超纪录的速度操作电键,而且通过顽强的锻炼学会了很快地捕捉每一行字的意思,几乎能记住整页整页的内容。这种快速捕捉文章意思和快速记忆的能力,使得爱迪生在很短时间内能阅读大量的书籍和资料。

1865年2月,19岁的爱迪生再次调换单位,到辛辛那提西方联合电报公司,月薪60美元。在他离开那里时,已成为一名头等报务员,月薪增加到120美元。

不久,公司答应他可以利用公司的地下室。于是他在这个很小的、气味难闻的地下室里做实验,研究如何在同时发送两个电报的方法。同时,继续练习自己的记忆力。他把白天收到的电报带回去,夜间躺在床上读这些电报,练习记忆。在这里,爱迪生认识了在同一电报局工作的米尔顿·亚当斯,这是一个无忧无虑、和善可亲的年轻人。他们的友谊保持了很多年。

不久,爱迪生又流浪到辛辛那提以南的纳什维尔,而亚当斯动身往北去了。在这里,爱迪生继续试验着同时能发送两封电报的方法。他衣袋里总带着一本记事本,有一次他正在接收孟斐斯的来电时,突然发电叫对方暂停,抽出记事本记了些东西,而后通知对方继续发电。有时,他让要发的电报堆积在一旁,在本子上画谁也看不懂的草图。巡夜的管理员发现后,他被撤职了。

> 想像力引发构想,而知识实现构想。
>
> 读书对于智慧,也像体操对于身体一样。
>
> 遇到困难时,我决不灰心……成功的三个条件是勤勉、努力和尝试。
>
> ——爱迪生

离开纳什维尔,他到了孟斐斯。他的月薪升到了125美元。他的收入几乎都买了书籍和仪器。在这里,他摆弄出一种自动转发机的装置,可以把一个电报接收机收下的电文输入到一台不同线路的发射机上。《孟斐斯广告商报》为他做了报道。也许,这个结果预示着他的智力已超越了上司,他被辞退了。

他在孟斐斯的突然失业,使他又身无分文。当他离开孟斐斯

爱迪生少年时代的报务员们工作的场景,这幅画完成之时,爱迪生早已把自己多年的梦想化为了现实。他已成功地制成了四通路电报机。

到达路易斯维尔时,正赶上一场暴风雪。他后来回忆说,他永远也不会忘记人们是如何奇怪地瞧着他的:只穿着一件单薄的白色外套,戴着一顶白色的夏天戴的帽子。他在这里逗留了两年,然后北去底特律,接着又回到了路易斯维尔。在这期间,他仍然寻找夜班工作,以便在白天学习和做实验。

那时,电报线路的架设技术没有什么改进,绝缘设备也很差,产生很大噪音,迫使报务员收报时每每需猜测电文内容。爱迪生与报馆谈妥,用报纸作部分酬劳。于是,他每天挟一大捆报纸回家详细阅读,因此,当时的许多大事,如俄国出让阿拉斯加,法军撤离墨西哥,以及黑奴解放等,他都十分了解。这样,在接收冗长的新闻电报时,他能准确无误地译出电文,"他的手指跳跃在电报键上,送字如此迅速,机键好像在唱歌一样。"同时,他还练就了一种独特的纵行书写的方式,那是一种字体小但很清晰的竖写字母,字母之间不相连,也不带任何花饰,书写的速度极快,他能在一分钟内清楚

二、踏上发明家的征途

法国科幻小说作家凡尔纳。

凡尔纳作品《从地球到月球》法文封面。

地写出55个词,这比一般报务员拍报还要快。

在这几年,爱迪生的兴趣非常广泛。他学习西班牙语、法语,到旧书店寻找旧书、旧杂志,阅读《美国独立宣言》的作者即美国总统托马斯·杰斐逊的传记。在这本《托马斯·杰斐逊生平》的书的扉页上,有爱迪生的亲笔签字:托马斯·阿·爱迪生,报务员,孟菲斯,田纳西;1866年3月11日。

爱迪生是维克多·雨果的崇拜者。儒勒·凡尔纳的科幻小说《乘气球旅行王国记》《船长加特拉斯历险记》也吸引了他,法国作家爱米尔·加博吕的侦探小说、大仲马的历史小说也都是他喜欢阅读的。

他酷爱读书,险些因此丧命。有一次,他在旧书店用两元钱买了20卷杂志《美洲评论》。他背着这一大包书往家走,突然,一颗枪弹呼啸着从他耳边飞过。接着,一个怒气冲冲的警察追上了他。原来,警察把他当成了窃贼,呼喊着让他站住时他又不予理睬。当警察弄明白包袱里装的是书并且这是一个聋子时,便不停地向爱迪生道歉,并把书分成两份,帮他送回了家。

他还喜欢戏剧,一有机会就去看戏。他非常崇拜莎士比亚。他说:

"这个人有了不起的思想。如果他把自己的智慧向发明方向倾斜,一定能成为惊人的发明家。"

当然,他的主要兴趣仍然是技术,实验仍然是他的第一需要。

他在电报局二楼的一间房子里做实验。一天,装硫酸的瓶子倒了。硫酸渗漏到楼下电报局局长办公室,烧坏了家具和墙壁。局长说:"局里需要的是报务员,而不是实验员。"爱迪生不得不返回辛辛那提,从那里回到休伦港家里。

爱迪生离开家乡、离开父母已经四年了,这四年里,他经常想念父母。可这次回家,正碰上父母遇到不开心的事。原来,地方当局借口军事需要,强迫父母举家离开庄园,迁往他处。失去以往住得很舒适的家园、当局的粗暴态度,使母亲精神上受到很大刺激,久别的儿子归来,也丝毫未能使她振作起来。

爱迪生在家住了几个月。没有工作,没有钱,爱迪生考虑再三,决定到波士顿去,他在辛辛那提结识的好友米尔顿·亚当斯正在波士顿。于是,爱迪生给亚当斯写了一封信,请他帮忙找份工作。爱迪生很快收到了回信。亚当斯说,他把爱迪生的信交给了西方联合电报公司的监察米利肯。"他抄电报时也能写得这样整齐吗?"米利肯见了这印刷般的书法,赞赏地说,"如果他能够的话,那么叫他来,我可以用他!"

爱迪生立即动身,前往波士顿。

2. 波士顿:发明家在这里起步

1868年3月,爱迪生在风雪中开始了他的旅行。他从休伦港出发,经过加拿大的多伦多,计划在蒙特利尔转车南下到波士顿。谁知列车在途中被暴风雪围住,到蒙特利尔已误了四天,等到了波士顿,他已身无分文,饿得精疲力尽了。爱迪生来到西方联合电报公司,接受招生职员的考试。他没有穿冬季的外套,只穿了一件破旧的帆布风衣,里边是一件领口油黑的农民穿的衬衫,皱皱巴巴的棉布裤,裤脚塞在满是泥巴的高腰儿皮鞋里。他的头发看上去大概有一个星期没洗了,随便地扣着一顶宽边的破帽子,那是他在孟菲斯留下的宝贝纪念品。他的这副土里土气的样子,引得所有接

二、踏上发明家的征途

波士顿,一座位于美国大西洋海岸麻省州的中心都市。它拥有笔直的街道、奇特的建筑以及浓厚的学术气氛。著名的哈佛大学和麻省理工学院就坐落在这座古老的港口城市郊外。对于爱迪生而言,这正是一块理想之地。

受考试者和公司职员一阵窃窃私笑:就是这个乡巴佬竟自称是经验丰富的报务员!几乎没人不认为他必定会名落孙山。

测试在晚上7点开始,爱迪生被指定接收纽约来的新闻稿。事前已约定,由纽约以发报速度著称的最有经验的报务员拍发电报。爱迪生是这样来描述他的这次测试

的:"等候了一小时,我被吩咐到一张特定写字台前,收接拍给《波士顿先驱报》的新闻稿。当时预谋者已约定由纽约一个最快的发报生来发报,想把我这个外省人难倒。我当时毫无戒备地坐在桌旁。那个纽约人开始拍得很慢,不久便加快了速度,但我很容易地跟着。这可能让他生气了,努力增加他的速度,但仍叫我追上了。

"我无意间举目一望,看见电报生们正环视着我,面上现出滑稽的兴奋的神气,我于是知道他们是在戏弄我,但我假装不知。

"纽约的'能手'开始用缩略语发报,我依然用全称写出;他甚至把字句含糊地滑过,有意混淆符号,但我练过这种收报方法,所以一点也不觉得困难。最后我觉得这样的戏弄也该够了,并且那冗长的电讯也接近拍完,我拿过电键,给纽约的报务员拍了一段话:'来吧!老兄,你可别睡着了!'"

围观爱迪生收录电报稿的报务员们都信服了,他们热情地欢迎这位新伙伴。

爱迪生被公司录取了。从此,他漂泊不定的生活结束了。

波士顿是美国大西洋海岸麻省州的中心都市。它拥有笔直的街道、奇特的建筑以及浓厚的学术气氛。著名的哈佛大学和麻省理工学院就坐落

在这座古老的港口城市郊外。特别是，在波士顿的公共图书馆里，有着极为丰富的藏书。波士顿对爱迪生有很大吸引力，是他的一块理想之地，在这里，他度过了青年时代最为愉快的一段生活。波士顿，是爱迪生踏上发明家征途的起点。

和以前一样，爱迪生夜间在电报局工作，白天在他租的小房间内学习，做实验。

电报局设在过去的饭馆里，饭馆为电报局留下了一大群一大群的蟑螂。在深夜，夜班职员吃夜宵时，墙上、桌上满是蟑螂。为了消灭这些恼人的不速之客，爱迪生在桌子前面的墙上钉了两块金属板，把电池的两极分别接在两块板上，在墙上乱爬的蟑螂一接触两块金属板就发生短路，于是"罪犯"就"化作了一股青烟"。有个记者把这项小发明的消息登在了当地的报纸上，电报局夜班主任显然是害怕此事被宣扬出去，禁止了对蟑螂的电刑。

一天，爱迪生在旧书店买到一本《法拉第电学研究》。迈克尔·法拉第是英国物理学家，电磁场学说创始人，被称做"电学之父"。和爱迪生一样，他几乎没有上过学。他相信实验，不知疲倦，有着顽强的创新精神。他创建了磁力线和磁力场概念。他的最大发明是现代电学的科学基础。他的这本著作浅显易懂，没有高深的数学推导，关于电的知识比爱迪生读过的所有书籍都翔实。他那非常清楚而又准确地叙述自己思想的做法，使爱迪生深深折服。爱迪生喜欢这位天才的科学家、

迈克尔·法拉第（1791~1867），被称做"电学之父"。出身贫苦，几乎没有上过学。他创建了大家熟悉的磁力线及磁力场等概念。现在物理学中电容的单位是法拉，以此纪念这位伟大的物理学家。

二、踏上发明家的征途

电子奠基人的著作,为买到这本书而感到骄傲,开始仔细地研读。据当时和爱迪生住在一起的亚当斯说,爱迪生上完夜班,于早上4时回家后,就坐下来读书,直到吃午饭时才停下。他说:"亚当斯,我还需要做很多的事,但觉得生命是短促的,我已经21岁了,应当抓紧时间工作。"《法拉第电学研究》成了爱迪生的好朋友,他随时将它带在身边,想到什么问题,就立即拿出来看看;读完一章,就立刻动手做实验。爱迪生研究法拉第著作及了解他的试验和推论,对爱迪生未来的工作,有着巨大的意义,书中阐述的电磁发展理论深深启迪着爱迪生。后来,爱迪生说:"一生中对我帮助最大的书,要算这本《法拉第电学研究》了。"

18世纪80年代和19世纪最初的几十年是资本主义生产中的工业改革时代。机器代替了手工劳动,资本主义工厂代替了资本主义手工工场。随着蒸汽机的出现,发生了第二次技术革命,蒸汽技术成了19世纪工业发展的动力基础。资本主义生产的大规模集中化,要求新的通讯工具,新出现的大城市要求新的照明方法和新的交通工具。电力能满足这些要求。在19世纪与20世纪交接时期,工业生产的动力和工艺方面已越来越广泛地采用电力,产生了第三次技术革命。爱迪生有幸生活在这个时代,并成为这次革命中的伟大人物之一。但是,在19世纪上半叶,电工技术还是占统治地位的机械技术和蒸汽技术的补充。电工技术的初级阶段是电报。在这之前,电化学和电镀电铸术是电能的来源,但是远距离输送电能,首先是电报线实现

爱迪生青年时代的肖像素描画。

作为一名报务员,爱迪生总是将收入的绝大部分用在购置科学仪器上,却总是住最便宜的宿舍。在辛辛那提的居所里,为了赶走猖獗的老鼠,爱迪生制作了一只电鼠夹,这也算是早期的发明之一吧。

的。

1820年，法国电动力学奠基人安培建议用电流传递消息。之后，俄罗斯科学家希林格制成了第一台适于操作的、只用一条线拍发信号的电报机。1837年，美国人莫尔斯发明了能打印的电报机。1855年英国休斯教授发明了能打出字母的电报机。电报技术在莫尔斯和休斯的发明以后，得到了迅速的发展，直到贝尔发明电话以前，电报一直是电信通讯的惟一手段。

美国在国内战争之后，资本主义蓬勃发展，电报网也得到了迅速的发展。1864年，一个西方联合公司就拥有3219个电报局，8万条电报线。

但是电报线的技术、设备还极其简陋，我们从爱迪生后来的回忆中可以略知一二。爱迪生曾经工作过的路易斯维尔电报局设在极不起眼的一座二层小楼里，值班室被冬天取暖的小炉子熏得漆黑，天花板和墙壁污迹斑斑，大部分灰泥已剥落。靠墙的小桌上杂七杂八地放着工具。电报机上铜制部件布满了氧化痕迹。由于绝缘很差，电报线杂音很大，以致电报员不得不靠猜测来填补听不清的电文，美国各地电报局的情况，与路易斯维尔电报局大同小异。这种新的技术应该继续发展、改进，并扩大其使用范围。电工技术的这一领域为那些对电报技术特别着迷的人开辟了广阔的前程。电报的诱人的魔力——电，早已深深地吸引了爱迪生。

1921年，爱迪生回忆说："我还是个小孩的时候，就想弄明白电是怎样和为什么工作的。一个维修电报线路的苏格兰老人给我做了一次很好的说明——这是我所听到的一次最好的说明。他说：ّ如果你有一只达克斯狗，身长相当于从爱丁堡到伦敦的距离，那么你在爱丁堡拽它的尾巴，就能使它在伦敦欢叫。'我对这是了解的，但还弄不清楚是什么东西通过了狗的身体，或什么东西通过了电线。"

之后，在到处漂泊的报务员生涯中，爱迪生直接接触过各种不同系统的电报机装置和拍发的手段，不仅弄清了电报技术中现有的各种方法和手段的细微情节，而且也懂得了应从哪个方向去改进。

爱迪生发明家的生涯，正是从电报方面开始的。

那个时候，在波士顿已涌现出一批电学方面的工作者，其中除了报务员，还有为学校制作教学仪器模型的工匠们。爱迪生经常和这些电学爱好者和实践者一起讨论问题。爱迪生最常去的地方，便是后来成为电

二、踏上发明家的征途

话发明家贝尔的助手、著名工程师查尔斯·威廉斯的电工实验室。威廉斯允许爱迪生在自己的实验室里做各种实验。1868年爱迪生在这里完成了他的第一个获得专利权的发明：投票计数机。

作为一个报务员，爱迪生在用新闻电报专线报道国会表决情况时，接触到国会的工作，他注意到为了统计议员们"是"与"否"的表决票数，要经过繁琐的程序，很浪费时间。爱迪生发明的这种计数机，每个议员只需按一下他座位前两个电钮中的一个，就会发出"是"或"否"的信号，在议长办公桌上放着一个四方形的框框，上面有两个标度盘，分别记录表决时"是"或"否"的信号，并自动进行计数。

爱迪生相信这台机器能加快国会的工作，节约宝贵的时间，一定会被国会采纳。然而，麻省的官员们并不太感兴趣。于是，爱迪生来到华盛顿，22岁的发明家给国会特别委员演示了自己的机器，热心地介绍了它的优点。委员会的主席看到机器迅速而完善的工作后感叹道："年轻人，如果世界上有什么发明是我们根本不需要的话，这恰是我们所不需要的东西。"

国会的拖拉作风对少数在野党来说，往往是延期通过某个不受欢迎的法案的绝好手段，而拖延表决战术，也正是这种拖拉作风的最好办法。至于多数党，他们知道有朝一日也可能成为少数党，所以他们也和少数党一样，不愿意有所改进。

1869年，爱迪生申请了他的第一项发明专利：电子投票记录器。但没引起任何组织的重视。

爱迪生第一个获得专利的发明被否决了。爱迪生明白了一个道理，任何发明都应基于人们的普遍需要之上。

投票计数机虽然没有产生社会效益，但从技术上说是成功的，报上的报道，使爱迪生出了名，波士顿人知道了有这么一个年轻的发明家。波士顿女子中学还邀请他去作有关电报技术的演讲。不善言辞的爱迪生面对那么多的女学生，竟是那样紧张，出了一身冷汗。

> 我既然在寻找世界上需要的东西，我就一直地寻找下去，并且试着创造它。我只希望把一件事做到成功，很少想到怎样从中获得金钱。
>
> ——爱迪生

投票计数机能使国会议员节省很多时间，但时间对他们来说并不珍贵。爱迪生想，如果把这项发明用于认为时间就是金钱的地方，比如说交易所，结果也许就不一样了。

那时，交易所和经济人之间的通讯都采用一种电信机，向各处报告交易所行情。爱迪生根据电报的原理设计了一种装置，利用这一装置，可以迅速、便利地记录交易所行情。他在波士顿向各办公室兜售，征得了三四十家订户，给他们安装了这种装置，并用电线与交易所连接起来。

爱迪生来到纽约，想在那里出售自动记录交易所行情的装置。但这个希望又因各种利益的矛盾和因循守旧的习惯势力而落空了。

爱迪生返回波士顿，继续试验他的二重发报机。自从拍发电报的距离延长、电报网扩大之后，便出现了提高线路使用率的问题，即用各种强度和方向的直流电在一条导线上多次地、同时拍发电报。爱迪生早就想发明一种可以同时在一条导线上发送两份以上电文的机器，爱迪生称之为二重发报机，在印第安纳波利斯和孟斐斯，他做过这方面的试验，都被上司发现而撵出了电报局。他的想法获得好友亚当斯的理解和支持，他对爱迪生说："你的这个发明很重要。要是能成功，等于铁路线铺上了双轨，一条线变成了两条线。"

爱迪生开始集中精力搞研究。他每天把自己反锁在屋里，夜以继日地试验，甚至一星期都不出门。饿了啃几块面包，喝点清水充饥。有一天，亚当斯敲开爱迪生的房门，见满屋子乱得像个鸡窝。似乎试验进行得并不顺利。"有成功的希望吗？"亚当斯关切地问。爱迪生苦笑了一下说："暂时还没有。"接着，他又执拗地说："不过，要是不成功，我就不出这个房门！"

1869年初，爱迪生申请在西方联合电报公司的线路上试验。但公司不相信这种方法的可靠性而拒绝了他。爱迪生转而与太平洋电报公司联系。该公司表示有兴趣，并借给他800美元，供他完善机器的最后部分。

二、踏上发明家的征途

4月初,爱迪生带着他的机器来到设在罗彻斯特的太平洋电报公司,以便在连接罗彻斯特和纽约的电报线上试验自己的发明。然而,纽约的报务员看不明白爱迪生拍发给他的详细指示,竟然置之不顾。爱迪生自信一定能成功的试验就这样毫无结果。

爱迪生借来的钱全部花光了,不仅无钱去专利局登记他的发明,连吃饭都成了问题,而且随时有被债权人控告的危险。于是,口袋里一文不剩的发明家勇敢而满怀希望地前往纽约,另谋发展。他的好朋友亚当斯送他上了船,然后动身去了旧金山。

3. 纽约:创建自己的第一家公司

"在1869年,一个深秋的早晨,法耳河的汽船把我从波士顿载到纽约,"爱迪生回忆起初到纽约时窘迫的情形时说,"那时,我刚满21岁。我带着我的毛毡捆成的背包,从跳板上走下来的时候,周身打量了一下自己,才知道我口袋里没有一文钱。我所有的钱都充作了旅费。

"我已经觉得很饿了。一个流浪的少年,怎样能得到一餐早饭呢?这是一个很难回答的问题。我在步行中抬头一看,我正经过一家制茶店。从门外一窥,我看见老板正在每口热气腾腾的锅里分辨茶的种类。我走了进去,问他可不可以给我一小杯。他很客气——这就是我在纽约城里怎样得到第一次早餐的情形。"

爱迪生来到了纽约的金融中心——华尔街。"我认识一个在波士顿和我同事的电报生,他在城中一个什么地方有点工作。于是我的第二步,就是去探访他。他是一个有趣的人,我确信,他会顾念我,直到我有了工作为止。我终于找着了他,不过他在一星期前,已经失了业,他能帮助我的,只是借一块钱给我。这一块钱我必须用到找着工作的时候。

"我想尽力把我的一块钱用到食物方面去。那时,城里有一个咖啡店,叫做史密斯·麦勒尔咖啡店,我知道他们一角钱卖一大碟橘子汤饼和一杯咖啡。我非常喜欢橘子汤饼,而且可以吃得很饱。确实,我有好几天都是用它作为我的主要食品。"

爱迪生在西方联合公司遇到了理查德·哈奇森,他就是波士顿电报公司测试爱迪生从纽约给他拍电报的那个一流报务员。但爱迪生企图在西方联合公司谋职的希望又落空了。哈奇森帮他找到了一个朋友，富兰克林·波普。爱迪生在罗彻斯特与纽约线路上试验二重发报机时，这个有经验的报务员曾经帮助过他。如今，波普在黄金行情指示器公司制造黄金行情信号机协会工作。由于波普的疏通，这个协会允许爱迪生在未找到工作以前暂时在协会内居住。"我放平屋角里的几个麻布袋，就成了一个很舒服的床铺。"

爱迪生在传送黄金行情的机器旁坐下来，仔细观察、揣摩机器的运转。很快他就掌握了机器的每个细节。"那个机器非常简单，很像街上电车里的一个车费登记机，一个小长方形的盒子，前面有一个长横闩，几排并列的数目字，被两个关键管着。这样的机器这个公司里大约有300个，都与一台总机相连，由总机控制。"

南北战争结束之后，美国国内的经济急需恢复。黄金交易已发展到了前所未有的高潮。

但是直到19世纪中期，这些变化频繁的交易信息还是由不断奔跑的通信员来传送。1865年，洛斯博士终于想到了用电气方式记录价格浮动的有效方法。通过电线与各个经纪人的办公室相连，这样输送的情报就会更快、更准。图为19世纪60年代纽约的证券交易所里的场景。

美国在国内战争结束后，发生了通货膨胀，黄金成为抢手的投机对象。华尔街交易所专门开设了"黄金屋"，成了黄金投机的中心。"黄金屋"里有块黑板，上面用粉笔写着黄金行情，由儿童通讯员把迅速变换着的行情分送到市内私人交易所。

交易所委员会副主席洛斯博士发明了按拍发电报的原理传送黄金行

二、踏上发明家的征途

今日的纽约已经成为世界上最大的城市之一,是联合国总部所在地,世界金融、商业和交通通讯中心。它位于美国最发达的东北部工业区的大西洋沿岸。由5个街区组成:曼哈顿、布鲁克林、布朗克斯、昆斯和里士满。总面积823.8平方千米,人口约1054万。尤其值得一提的是,华尔街股市已成为世界三大股票交易所之一。对美国乃至世界的经济起着重要的影响。

情的集中信号系统,并设立了专门的协会,取得了独家生产他发明的装置的权利。在纽约有300家左右银行和经纪人事务所安装了他的黄金行情信号机。

三天过去了,爱迪生找工作的事毫无进展。

"我靠着这一块钱能够过几天,我全不知道——可是,我的命运突然地转过来了。这个运气的到来,完全缘于那个黄金行情信号机。那时的金融行情非常紧急,金价的改变足以决定全市的物价。信号机如果稍有闪失,其影响是非常严重的。

"这时,总机骤然停止了。一个连接的弹簧断脱了,落在两个齿轮中间,卡住了。就像心脏停止了跳动,整个系统顿时陷于瘫痪状态。管理人员惊慌失措了,不知该怎么办。洛斯博士奔出来查找停机的原因,他更着急。这时,这地方渐渐站满了一些送信的仆役,是从各经纪人那里遭来的,他们见工作停止,几乎疯狂了。几分钟之内,那里便成了从来没有见过的疯人院。除非总机修好,否则别的机器都不能工作,而市面已经濒于崩溃了。

"在慌乱发生以前,我已挤着挨近机器了,我自信我已找出了那毛病在什么地方。洛斯博士束手无策,他紧张得简直一上一下地跳起来了,所以我很不容易引起他的注意。可是我使他明白我已找出了错处在什么地方时,他就命我立刻去修理。我脱下短衣,在两个小时内,我们使这架机器又转动起来了。"

洛斯意外地发现了身边这位具有丰富实践经验并且懂得科学原理的青年。第二天,幸免于破产的洛斯博士任命爱迪生领导技术运营工作,月

爱迪生传

薪300元。爱迪生两手空空到纽约,现在他一下子当上了总工程师。

"我做的头一件事,就是请那个让我在这屋里歇宿的朋友吃一顿最美的大餐。我在纽约城里找到了第一份的工作,我要怎样地感谢他啊!"

爱迪生着手改进了洛斯博士的机器,并申请了专利。改进后的金价指示器,足以与洛斯博士的竞争对手——电报传送黄金与股票行情公司的设备相媲美。不久,这家公司兼并了洛斯公司,拉佛茨接管了领导工作。

1869年9月24日,国库抛售国家黄金储备。黄金价格急速下跌,黄金投机被制止了。

爱迪生辞去了公司职务。他要独立自主地干一番事业。

爱迪生决定与波普合作开办自己的公司。一周以后,即1869

爱迪生发明的证券报价机,这是第一个被广泛关注的发明,订单达78000美元。

建于19世纪的纽约长街。

二、踏上发明家的征途

年10月1日,波普—爱迪生公司成立了。《报务员》报上刊发了公司成立的消息和广告,消息中有一句话说:"在电报业务领域,本公司已遥遥领先。"公司刊登的广告是:

波普和爱迪生公司电气工程师学会和电讯总社

百老汇78和80号,交易所大楼48室

波普担任业务领导,爱迪生担任发明工作,公司的任务主要是承办私设电信线工程。

爱迪生在新泽西伊利莎白市的波普家租了一间住房,在离住处很远的地方,一位医生的诊所里设了一间实验室。虽然省了些钱,但他每天"早上6点起床,7时乘车到纽约,在事务所工作到下午6点,然后和波普分手到实验室,在实验室从事发明的构想和实验,再乘凌晨1时的火车到伊利莎白站,行一公里回到住所。冬天,在途中常常差点冻死,上床睡觉往往是凌晨2点了。"他每天只有四五个小时的睡眠时间。

1869年,是爱迪生事业的起跑线。那年,他22岁。

这一年的冬天,他们的公司已有两项发明获得了专利,一个是金价印刷机,另一个是美国印刷机。这些发明很快被黄金与股票电报公司的利弗茨知道了,他以1.5万元的代价购得了金价印刷机的发明。

爱迪生和波普又对1867年洛斯博士发明的行情指示器做了改进,研制出全新的行情自动记录机,这是一种能自动记录的脉冲信号机,它能自动把通过电报拍来的行情打印在纸带上。机器的优点在于,如果机器一旦出现故障或塞机时,只要人工输入"不拥塞"的电讯号,它便可以恢复正常运转。

利弗茨决定购买这架机器:"爱迪生,无论如何,请你把这种发明让给我,你想要多少钱出售你的发明?"

发明家没有急于回答。他心想5000美元足矣,即使只给3000美元也行,但是担心对方可能会觉得这个数目太大,于是他建议利弗茨自己说个数。

"你觉得4万元如何?"利弗茨试探地问。

爱迪生在晚年回忆起这段往事,还清楚地记得当时的情景:"听到这个数目,我几乎要昏厥过去。我担心他会听见我的心跳。我尽量抑制着自己的感情,表示这个价钱是公道的。"

爱迪生立即在合同上签了字,拿到了支票。这是爱迪生第一次拿到支票,他马上到银行去兑现。但他从没进过银行,于是先看别人进入银行做些什么。他把支票递给银行出纳,请予付款。出纳把支票退还给他,请他在支票上签字。爱迪生因为耳聋,没有听明白,以为说支票不能用。爱迪生立即跑回来,以为利弗茨在欺骗他。利弗茨问清情况后笑着向他解释,并派人跟他一起去银行,爱迪生签了字,出纳付了款。这位银行出纳员故意给的是小票,可怜的爱迪生把4万美元塞进身上的所有口袋,弄得臃肿不堪。走在回家的路上,他生怕警察把他当强盗抓去。在家里他彻夜不眠,坐守在他的财富旁边。第二天早晨,利弗茨帮他把钱送到银行,开了活期存款账户。爱迪生这才放心地舒了口气。

4. 纽瓦克工厂：四通路电报机问世

在漫长的一生中,爱迪生曾反复强调,自己赚钱的目的在于筹措资金,进行深入实验,以做出更多的发明。

1870年,爱迪生用利弗茨付的这笔钱在新泽西州纽瓦克市的沃德街10号与12号建立了一个自己的工厂,开始制造交易所用的行情自动记录机。

他获得了大批订单,工厂的工人很快由18人增加到150人。1871年,他又开设了两个新工厂,有几个电报公司跟他订了合同,要他经常供应和维修电报机。

爱迪生成了他的工厂须臾不能离开的领导者。他经常是24小时内只能在工厂的板凳上睡

爱迪生在位于新泽西州的纽瓦克市的沃德街,建起了自己的第一座工厂。

二、踏上发明家的征途

爱迪生与他的工作小组。这是一群头脑灵活、富于创造的人们,他们几乎可以制造出爱迪生幻想中的任何机器。

上几次,每次超不过半小时。工人们已经习惯了他的这种超时工作。

有一次,爱迪生接到了差不多有3万元的订单。他把工人们召集在一起,他说:"不把这宗产品完成,谁也不能出去一步。"他甚至锁上了工厂的大门。

他们连续工作了60个小时,爱迪生和工人们几乎都没有睡觉,饿了就啃几口面包,然后继续工作。工人们的妻子站在厂门口哭叫,爱迪生没有心软,直到完成这批订货,门才打开。爱迪生对大家说:"回去好好睡一觉,睡醒后如果觉得在这儿工作不好,那就不必回来了。"可是,不到24小时,全部工人又回到了工厂。爱迪生的工厂实行计件工资,当完成某项主要工作时,他就会给工人们增加工资,或者开宴会,或者带全体工人去钓鱼。职工们打心里佩服这个有优秀才能、率先做职工们两三倍工作的年轻老板。他们相信,爱迪生的脑袋本身就是一台精巧的发明机器,只要人们预见到将会发生什么问题,爱迪生总能及时加以排除。据熟悉爱迪生的工人们说:"爱迪生的办公桌通常放在车间的墙角,每当他完成一项发明时总要立即站起来,开始跳一种类似于非洲大陆上班图人跳的那种原始舞蹈,借以表达他完成发明的喜悦心情,并且,嘴里还不停地咒骂埋怨这么简单的办法为什么当初就没想到。这似乎已成了一种信号,工人们一看到他跳舞便会围过来,接受这个老板的明确指示,先是绘图,接下来是制造。"

爱迪生锻炼出了知人用人的心计。起初，他自己掌管财务，他只管管工资账，浏览一下报表，一般是签字照付。随着经营业务的扩大，他把会计工作交给了一位把他的事业经管得井井有条的经理。爱迪生具有吸引他所需要的人来与他一起工作的能力。在他的工厂里，有一个人叫西格蒙德·贝格曼，他后来是柏林大电气企业"贝格曼"经理和首席股东。与贝格曼一起在工厂工作的亲密同事约翰·克鲁济，后来是斯克内克塔迪中央

1870年，32岁的爱迪生。

工厂（以后的通用电气公司）的总工程师。还有舒克特，他创办的企业与西门子公司合并，组成了著名的西门子·舒克特股份公司。

爱迪生24岁了，和童年时代一样，头发蓬乱，大大的头，一对灰色的眼睛。他的许多工人年龄都比他大，但他们都叫他"老人"。

爱迪生非常想念父母，很想回家看看父母，但苦于没有时间，只好经常写信问候。他告诉父母，他开了一家有150名工人的工厂。1870年10月30日，他给父亲的信中说："我现在成了你们民主党人所说的'肥胖起来的东方企业家'。"

爱迪生能有现在的成绩，得益于他的母亲。对于母亲给予他的教益，爱迪生有说不尽的感激之情。

有一天，爱迪生收到家信，得悉母亲病危，爱迪生立即放下手头工作，赶回家去。

母亲的头发已经全白了，被病魔折磨得极消瘦的母亲，无力地睁开眼睛，对爱迪生说："是阿尔吗？"爱迪生已经好久没有听见慈母亲昵的招呼了。"妈妈，你一定要好起来，我的工作才开始呢！"他紧握着母亲的双手，哽咽着说。

二、踏上发明家的征途

爱迪生的母亲南茜。她受过良好的教育,是一个虔诚的教徒。

母亲低声叹息着说:"阿尔,我不行了,我会在天上看着你工作的。"

爱迪生泪如雨下,泣不成声。对爱迪生来说,母亲比谁都重要,可是,现在这位他最敬爱的母亲即将离开人世了!

1871年4月9日,爱迪生的母亲与世长辞了,享年61岁。

参加完母亲的葬礼,爱迪生踽踽地回到了纽瓦克工厂。他知道,对母亲最好的纪念,便是加倍努力地工作。

纽约自动电报公司获悉爱迪生在电报领域所取得的多项发明,是电报行家,便建议他改进英国人乔治·利特尔发明的自动电报系统,并派铁路工程师爱德华·约翰逊带来了样机。约翰逊与打算在美国铁路电报局系统推广这种电报机的财团有密切关系。

在70年代初,电报网的扩建已不能满足对电报需求的迅速增加,而且,电报线的价格也极为昂贵。因此,提高电报通信系统效率的问题已成为电报学急需解决的新课题。爱迪生在实践中早已注意到电报传送的费用问题,也同时注意到应提高电报通信系统的效率,并且,几年前他在印第安纳波利斯当报务员时,就已经开始做这方面的试验。电报传送自动化,是提高电报通信效率的方法之一。因此,爱迪生接受了纽约自动电报公司的建议。

当时所理解的自动传送电报,仅仅是指电报线拍发信号的过程本身。电报线路拍发信号的方法要求用打孔机把组合好的电码在纸条上打孔,然后用手快速运转发报机(发射机)把信号从打好孔的纸带上拍发出去。在线路的另一端,在收报机上把拍来的信号记录成电文的过程则是在电路之外进行的。可见,在这些系统中只有拍发过程是自动化了。

利特尔自动电报系统的主要特征是:在纸条上打出与莫尔斯电码相应

爱迪生传

的小孔,然后纸带以大大超过手工拍发电报的速度经过发报机,电脉冲穿过小孔把信号传到电报线另一端的收报机。利特尔的电报机的性能不能令人满意,需加以改进。它只能在短距离内起作用,而在长途线路中,如在200~300里远的线路中就不适用了。

　　爱迪生对利特尔电报机进行了试验,认为利特尔系统能成为相当好的自动电报系统的基础。财阀们对爱迪生的答复非常满意,遂与爱迪生在1871年4月24日签订了改进利特尔系统的协议,并预付4万美元。约翰逊也参加了改进工作,两人的关系逐渐密切,在之后的20年中,约翰逊一直是爱迪生的助手。

　　1871年,爱迪生全力研究自动电报机。

　　在解决了利特尔系统在长途线路中不适用的缺点后,他发现,在加快拍发速度时,由于电路灵敏度不高,在收报时脉冲容易混淆,而且线路越长,混淆情况越严重。爱迪生认为是静电干扰的原因,于是他在收报机电路中加了一个自感线圈,显著地改进了远距离工作效率,而且每个脉冲传送得更快,并能与前一个脉冲清晰地分隔开来,不再有混淆现象。爱迪生还改进了接收器的针,电码不再有中断处或污点。对于打孔机,爱迪生也做了改进,用一种犹如打字机的装置来打孔,接收到的电文不是以洞显示,而是以打印形式显示出来。改进后的机器可以在250英里长的线路上,以每分钟200个单词的速度发报。

　　但是,又出现了新的问题,韧度不高的纸带承受不了高速度。

　　为了解决这个难题,爱迪生从纽约、巴黎和伦敦订购了大量化学、化工书籍,夜以继日地阅读这些书籍,吃饭也不离工作台,睡觉只是在椅子上靠靠。一连六个星期,他读完了这些书,并写下了一本厚厚的提要和公式,和助手一起做了大约2000次试验,制出了浸透铁盐溶液的高质量石蜡纸带。1872年8月16日,爱迪生递交了对利特尔自动电报系统进行各种改进和变动的专利特许证申请书。

　　1873年冬,改进工作获得圆满成功,成果要比预料的更为可观。新型机在纽约、华盛顿之间完成了每分钟1000字的收发,在纽约、费城间的收发速度达到了每分钟3000字。

　　在爱迪生成功地改制自动发报机以后,我们应该来关心一下爱迪生的

二、踏上发明家的征途

私人生活了。我们还得从他试制石蜡纸带时说起。原来,在参与爱迪生试制纸带的工作人员中,有一个勤奋的年轻姑娘,她后来成为爱迪生的妻子。他们是如何相识的,人们传说不一。但有一点是肯定的,玛丽·斯蒂尔韦尔1871年夏确实是在纽瓦克工厂做事。

有一天,爱迪生在中午吃饭时间从实验室出来,天突然下起了阵雨,爱迪生拿着伞下楼,看见门口有两个年轻女孩在躲雨。"伞借给你们好不好?"爱迪生爽快而关切地说。两位小姐有些害羞,也有些意外,不敢搭腔。她们认识眼前这位大名鼎鼎的发明家。还是那个年龄小些的姑娘勇敢些:"那么,谢谢了。"爱迪生很快就知道了,她们是两姐妹,姐姐叫玛丽·斯蒂尔韦尔,妹妹叫爱丽丝。他们就这样相识了。不久,玛丽与爱迪生相爱了。爱迪生每天忙于工作,不能经常和她相见。于是,他把她调来实验室工作。玛丽温柔、善良。两人对生活、家庭和工作有着相同的见解。爱迪生更喜欢玛丽的善解人意和勤劳。两人的感情更密切了。

1871的圣诞节,爱迪生与这位年仅16岁的浅色头发的姑娘举行了婚礼。

婚礼仪式一结束,爱迪生羞怯地把脸贴近新娘,轻声央求说:"亲爱的,我有点急事到工厂去一趟,一会儿就回来陪你吃晚饭。好吗?"

玛丽心想,在这种时刻,他是不会耽搁太久的,于是,同意了。谁知爱迪生一去就不见了踪影。宾客们不见了新郎,也就各自散了。只剩下

16岁的玛丽·爱迪生对爱迪生的照顾无微不至。为了使爱迪生的生活有规律,保持身体健康,玛丽经常做可口的饭菜,给爱迪生送到实验室;碰到爱迪生开夜车时,她又给他送去夜宵;半夜回家,玛丽就煮好咖啡,准备好面包等着他。

新娘一人，在新房孤独地苦苦等待。

原来，就在婚礼中，爱迪生脑海里突然浮现出一个改制自动发报机的方案。近日来他一直苦思冥想而毫无头绪，现在让喜事一冲，灵感来了，他等不及了，急于去做实验，也就顾不得陪新娘和宾客了。

爱迪生一进实验室，就脱下礼服，全神贯注地干了起来。除了实验，他什么都忘了。

他的朋友，工人约瑟夫·默里来到实验室，猛然看见爱迪生正在聚精会神地做实验，不禁大喊了起来："好啊，先生，人们到处找你，你却躲在这里，都快把新娘急坏了！"

> 失败也是我所需要的，它和成功一样对我有价值。只有在我知道一切做不好的方法以后，我才知道做好一件工作的方法是什么。不断地寻找自然的秘密，利用它来造福人类，一切都应当朝光明的一面迈进。
>
> ——爱迪生

"现在是什么时间？"爱迪生好似回过神来了。

"已经是晚上12点啦！"

"我必须回家，"爱迪生急了，"今天是我结婚的日子。我不能让玛丽一个人呆在那里！"

婚后，夫妇俩和爱丽丝一同搬入了新居，那是爱迪生在纽瓦克买下的一所单独的住宅。尔后，夫妇俩又去尼亚加拉瀑布作了一次短暂的蜜月旅行。当然，爱迪生与妻子是真诚相爱的。尽管经常是姐妹俩呆在家里，专心致志的发明家昼夜在工厂工作，但这并未损害夫妻感情，妻子的理解和勤快，使丈夫免去了事事都得自己动手的麻烦，可以将全部精力集中于发明工作上。两年半后，他们有了一个女儿，为了纪念爱迪生的姐姐，给她取名马里恩。又过了三年，生了一个儿子，取名小托马斯·阿尔瓦·爱迪生。在家里，都叫他们的爱称：女儿叫Dot（"点，句号"的意思），儿子叫Dash（"线，破折号"的意思）。那当然是爱迪生的杰作了。

新型电报机的成功，使爱迪生的名字传到了国外。英国邮电管理局邀请他赴英国演示他的新电报机。1873年，年轻的发明家带着一个小手提箱、三匣子机器和工具，由一个熟练的报务员陪同启程赴伦敦。那是他第一次出国。

二、踏上发明家的征途

尼亚加拉瀑布是世界上最著名的瀑布之一。它位于美、加两国交界处。景色壮观的尼亚加拉大瀑布以其磅礴的气势、瑰丽的景色吸引着无数的游客。此外,它还蕴藏着丰富的水力资源。后来,爱迪生的助手特斯拉与爱迪生分手后,从事交流电与远距离传输的研究。特斯拉就在尼亚加拉瀑布建立了自己的第一座发电厂。

至今为止,这里已建成了多座发电站,总计年发电180万千瓦。

爱迪生在伦敦——利物浦线上做了演示。他以罕见的顽强精神克服了演示时遇到的恶劣环境,顺利地进行了演示。当他试图用水底电缆试验自动电报机时,由于突然出现而查不出的原因,试验没有成功。

爱迪生在英国只做了短期的停留。回国后,开始致力于双工通报的研究并制定了"复式双工"即"四工制",因为用复式双工即四工,可以在同一根电线上双方同时能够拍发两封电报。这项研究,他实际上已断断续续地研究了四五年。现在,他把其他事都搁置一边,将全部精力投入到这项试验之中。

在四通路电报机的研制过程中,他面临的问题之一,是使电流保持绝对平衡。

不久,爱迪生发现一般的可变电阻器不适用于他的设备。那么,能不能利用某些半导体在不同的压力下改变电阻值的原理,设计出新型的电阻系统呢?他开始做试验。他在一块钢板上安装了一个用绝缘材料制成的圆筒,又在圆筒里装上50张胶料浸过的绸片,再用极细的石膏粉将圆筒填充起来。在绸片的上方,爱迪生装上一块金属板,借用螺旋装置按不同的刻度改变对金属板的压力。他把这一装置接在线路中,试验结果表明:当压力最小时,阻抗为6000欧姆;如果将金属板用力旋到底部,阻抗值竟能降至400欧姆。试验成功了!爱迪生终于找到了平衡电流的方法。这个发现,在他以后电话的发明中起了很大的作用。

电流平衡问题解决后,其他的也都顺利解决了。

1874年深秋,爱迪生带着他的四通路电报机,到西方公司的电报房进行试验。线路两端是纽约和阿尔巴尼。当时,气候恶劣,但爱迪生早有思想准备,并在纽约选用了最出色的报务员。

爱迪生发明的自动电报记录机。

在风暴侵扰下,试验照常进行。结果表明,他的四通路电报机性能良好。

爱迪生发明的四通路电报机,是他在电报方面的最伟大的发明,是继莫尔斯以后电报学上最重要的贡献。爱迪生的发明,对于电报事业的发展起了重要作用。截止1910年,由于采用了四通路电报机,仅仅在美国就节省了约2000万美元。

西方联合公司曾答应付给爱迪生5000美元,并出价2.5万美元购买有关专利。但西方联合公司最终拒付任何款项,声称将由杰伊·古尔德购买四通路电报机的专利。

古尔德,这个靠制造"恐惧和恐慌起家"的恶棍,攫取了爱迪生的专利权,一分钱也没有给。爱迪生说:"我白白顽强地工作了三年。在法院打了13年官司,但收效甚微。"而这个恶棍获得了多少好处呢?爱迪生在1892年发表于《科学美国人》杂志上的文章中说:"我的四通路系统中的每一英里电线都相当于以前的四英里电线的功用,他使用的这种四通路系统总起来就等于省去了价值1080万美元的21.6万英里长的线路。而且这些省去的线

二、踏上发明家的征途

路无须进行检修。假如按以往每年每英里4元检修费计算,每年共节约86.4万美元。此外,还省去了借贷1080万美元建造基金所要偿付的利息。"

1914年,爱迪生曾谈到过发明家的遭遇。他写道:"公司从来不想采用任何新发明,每一项新鲜事物都受到抵制。发明家花多年的时间听从别人的意见,还要花多年的时间加以运用;等你把这一切都做好了,我们美好的法律和诉讼程序,就用掠夺性的小商人讨价还价的手法使发明家破产,不给他留下足够的资金搞新的发明。"

爱迪生在现实中碰到的许多事情,使这位发明家越来越相信,发明家必须组织起来,组成发明公司。

1875年,爱迪生在一次实验中注意到继电器工作时衔铁间放出的电火花。于是他将导线的一端接在衔铁上,另一端对着附近的金属导体的尖棱顶角进行试验,发现在金属与导线之间有电火花发生。他把这一现象称之为"以太力"。可以这样说,他的这个实验,实际上发现了电磁波沿导线周围空间传播的事实,但是,他当时还不理解这一事实的意义,而且他当时正忙于其他实验,就放弃了对这种以太力的深入研究。他后来说:"我只是观察到了结果,然后就把它送给了别人。他们通过我的发现,取得了新的成果。"1888年,当赫兹的电磁波实验获得成功,爱迪生为自己当时没有利用这些感到十分惋惜。

在完成重大发明的同时,爱迪生还挤出时间来搞新的试验和发明。

一天,克利斯托弗·莱瑟姆·肖尔斯送来一部打字机模型,请他制造出售。但是它打出的字不能整齐成行。经爱迪生改进后的打字机,结构和现在使用的打字机几乎一样。1873年雷明顿兄弟购买了这个改进后的样机,后来成为名牌,方便实用的"雷明顿打字机"销路极好。

在创建门罗公园的两年内,爱迪生并没有停止他的发明。1877年爱迪生获得了三项专利:穿孔笔、气动铁笔和电笔。这种笔是油印机和复印机的前身。复印程序很简单:用铁笔在特制的蜡纸上书写,纸下垫着有密纹的钢板。铁笔在蜡纸上的笔画是无数个连续的小孔。将蜡纸铺在白纸上,用蘸满油墨的滚筒从蜡纸上压过,油墨漏过小孔印在了白纸上,清晰的字迹便出现了。以后,爱迪生又在铁笔上安置了气动装置和电动装置,气动铁笔和电动铁笔速度快,刻出的蜡纸字迹更清晰,刻出的蜡纸可以复印3000份。这种简便的油印机很快成为政府机构的办公工具，并且远销到俄国、中国等地。

　　爱迪生开办纽瓦克工厂这几年，他的天才在许多领域都有所表现。1872年，他取得了38项发明专利权，1873年到1876年之间，他到发明专利局去了45次，领取新发明专利证。专利局长钦佩地说："在通向我这里的道路上，年轻的爱迪生留下的足迹最多。"

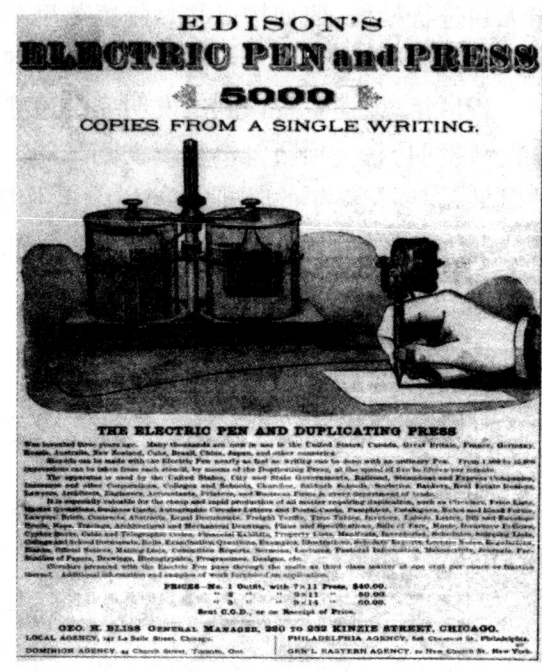

这是爱迪生发明的"电笔"广告。

三、"门罗公园的魔术师"

1. 美国第一个工业实验室

　　1875年11月1日,熙熙攘攘的纽约码头,出现一个身材魁梧的七十多岁的老人,手里提着一个装得满满的手提箱,矫健的步伐说明他并不感到吃力。开往新泽西的渡船随着一声长鸣,正徐徐离岸。这位老人大步跑了几步,毫不犹豫地猛地一跳,刚好跳上了渡船的甲板。船上的乘客和岸边的行人都惊呆了,随即又传来几声喝彩声。这时,偶然路过这里的一位记者,认出这位老人是塞缪尔·爱迪生,不用说,他准是去纽瓦克找他的儿子。第二天,纽约人就在报上看到了一则短讯:来自密执安探望大名鼎鼎的发明家的老父亲,大力士般地飞身一跃。

　　这位老人,确实是爱迪生的父亲。他是应儿子的一再邀请,到纽瓦克来定居的。爱迪生自从母亲去世后,经常给父亲写信。他请来父亲,不光是为了尽孝心,他需要父亲的帮助,有重要的事请父亲来做。

　　到1875年,爱迪生已开办了5个工厂,分散在纽瓦克的各条街道,工人人数和订货量已大大增加了。爱迪生日益感到,发明家的工作与企业家的工作结合起来,是十分困难的,即使是一个非常勤勉而又有超人耐力的人也无法做到这一点。亲自领导工厂,几乎要经常呆在工厂里,而且往往必须放下工作,去接待那没完没了的来访者。这时,爱迪生的名气大了,他的名字经常出现在学术性、科普性和一般性的报刊上。他经常受到记者的包围,要想限制记者对他的采访几乎是不可能的,因此他的工作总受到打搅。更重要的是,要专心致志地搞发明工作,需要有设备良好的实验室,纽瓦克工厂已不能提供他在新阶段所需要的那种按照计划合理布局的实验室和工厂的有机综合体。基于这些原因,爱迪生决定要在新的地方建造一座具有实验室、工厂、住房和辅助建筑物的发明中心。

爱迪生请来父亲,请他参加自己顺利发展起来的事业,爱迪生要托父亲组织和管理经济业务。爱迪生要他父亲办理的第一件事,便是为修建发明中心和生产工厂寻找一个地点。

塞缪尔老人坐着马车走遍了纽约四郊。两星期后,父子二人去察看在山丘草地中找到的一处美丽的地方。这里距纽约25英里,离铁路车站不远。爱迪生看中了这里清新的空气和幽静的环境,决定在这里——被称做门罗公园的地方建立他的中心。

1876年1月,开始动工。整个建筑都是由爱迪生亲自设计的,因为当时找不到类似的式样可以借鉴。为了节省资金,除了机器车间是石结构外,其余建筑物都是木质的。主

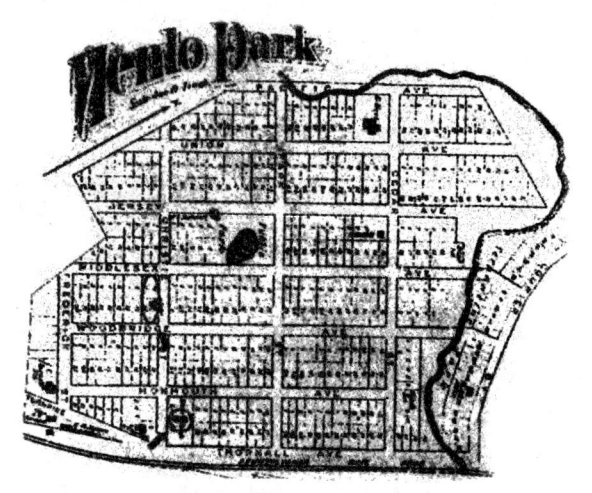

门罗公园的地图。

1876年之前,门罗公园还是个不为人知的地方。爱迪生看中的正是这里清新的空气与幽静的环境。实验室的建筑由爱迪生亲自设计。楼下有办公室、工作室和书房,楼上是实验室及工人的车间。宽广的庭院中有一大片整齐的草坪,还有风车与马棚。

三、"门罗公园的魔术师"

要的建筑物是一幢两层楼房,长100英尺,宽30英尺。一楼是图书馆、绘图室和办公室。有一间房子里放着只有爱迪生监督下才能使用的贵重器具,另一间房子里存放着爱迪生以前发明的样品。整个二楼是一间光线明亮的实验室,大约有200多平方米,四周都有窗户。爱迪生为实验室购置了最精密的工具、设备和仪表。靠墙放着高大的架子,里面摆着化学药品、试剂和各种容器,中间工作台上放着各种器具和仪器。墙边一个大玻璃箱里放着各种贵金属制成的叶片、细丝,还有贵重化学剂。

除了实验室、工厂和辅助建筑外,爱迪生还为职工们盖了膳宿公寓。宽广的庭院中有一大片整齐的草坪,还有风车和马棚。

爱迪生认为,"发明的最佳方法是充分网罗足智多谋的人才,然后把他们组织起来,顽强地去追求他们的目标"。他把能够研制一项发明的不同部件的人招集到一起。将原在纽瓦克的查尔斯·巴切勒、约翰·克鲁西、约翰·沃特以及其他一些出类拔萃的人物都带到了这里。查尔斯·巴切勒是最早从纽瓦克迁到门罗公园的,他聪敏能干,十分熟悉美国风俗习惯,能迅速解决各项事务,是爱迪生的得力助手。不久,第一批来门罗公园工作的有:吹制玻璃工路德维格·K·贝姆;前电报局局长

爱迪生的发明工厂是个地地道道的工厂。他要在这个工厂里把发明变成大规模的生产,以满足市场的需要。虽然这个工厂建在一个与世隔绝的村庄,但它的目的不是要成为一个研究所或者科学思考的退隐地。爱迪生是要把能够制造一项发明物不同部件的人招集在一起。

约翰尼·格里芬;爱迪生的朋友和私人秘书约翰·格森。继他们之后来的有:威廉·安德鲁斯和查尔斯·克拉克,后来担任斯克内克塔迪通用电气公司的高级工程师;约翰·利布,后来长期担任纽约爱迪生公司副总裁;爱德华·艾奇逊,用电化学方法取得金刚砂的著名工作者;爱德华·尼科尔斯,后来担任康奈尔学院教授;威廉·坎默和他的弟弟爱德华·坎默,威廉在美国和国外担任重要职务时曾任爱迪生的代理人。到1879年,门罗公园实验室的人员编制中又增加了数学家弗圣西斯·厄普顿,在亥姆霍兹那里修完数学物理学的普林斯顿大学毕业生。

爱迪生早就有把单干的科学家、发明家组织起来的想法,如今他把这些被他称之为"朋友兼同事"的能工巧匠招集在一起,并为他们提供最精密的实验设备和大批图书资料,个人的聪敏才智融汇在集体的创造发明之中,这一步,不但在爱迪生一生的事业中具有不可估量的意义,而且在美国科技史上也是一个创举。这无疑是美国第一个有组织的工业科学研究机构,它标志着集体研究的开端。

采用发明的可能性和获取最高利润,本是衡量发明价值的资本主义原则。爱迪生信奉的原则是不仅应该发明,而且要保证能从实际采用中得到最大的经济效益。他把力求使自己的发明用于生产中去的宗旨,看做是门罗公园总计划中的最重要部分。美国历史学家丹尼可·布尔斯廷在评论门罗公园的事业时,一语中的。他说:"爱迪生的发明工厂是地地道道的工厂,他要在这个工厂里把发明变成大规模的买卖,以满足市场的需要。"英国科学家梅森从科学发展史的角度来看门罗公园的创举,他十分赞赏美国的汽车大王亨利·福特说过的一段话。在《自然科学史》这本著作里,他引用了这段话:"爱迪生明确地结束了理论科学家同实用科学家的区别,使我们今天一想到科学上的发明时,总会想起这些发现可能在现在或将来应用于人类的需要。他以严密的科学知识代替工业上光凭老经验的方法,另一方面他又把科学研究引入有用的渠道。"显然,门罗公园的事业,对美国重视实用科学研究传统的形成是产生了重要影响的,它是美国许多大型工业研究机构的前驱。

爱迪生是门罗公司的动力、裁决者和评判者。他的思想,就是门罗公园的思想,他的方法也就是门罗公园的工作方法。爱迪生提供发明思想,

三、"门罗公园的魔术师"

进行设计,然后根据雇员们的专长分配工作,组织技术上的配合。

爱迪生的发明是一种个人直觉与严格科学原理的奇妙结合。他总是同时考虑着七八种设计。当某项工作一时难以进展时,他就暂时把它搁置一边,开始做另一项工作。到了一定的时候,有了解决问题的新方案或条件,他又放下这件工作,回到原来的工作上去,直到把它完成。他同爱因斯坦一样,从不因为失败而气馁。为了某种发明,他会进行上千次的试验,一种办法不行再换一种,直到将问题解决。与他合作的同事在他领导与影响之下,都有这种不怕失败、不怕挫折的坚毅精神。这就是门罗公园的精神。

爱迪生的全部生活,他的全部精力都集中于一个目的,这就是工作,就是专心致志地搞发明。那些来门罗公园找工作的年轻人只关心报酬多少、工时多长,他会不满地回答:"嗯,我们不给报酬,我们日夜工作。"然而,许多年轻人与他有着同样的兴趣爱好,他们高兴和他一起工作。他们之间的关系非常和睦。他的热情,他的能力,以及他那乐观主义的精神,使得门罗公园的成员无时无刻不处在最佳状态。他们有高昂的工作情绪。

爱迪生的工作方式,乃至生活没有规律可言。他既不在乎今天是星期几,也不在乎现在是几点钟。只要工作需要,他能一连几昼夜连续地干下去。他的多数发明工作是在夜间进行的,所以他宁可在白天也不在夜间睡觉。他感到疲倦时,便倒在一张实验台上,枕着几本书就呼呼大睡。久而久之,他的同事们也就适应了他的这种浪漫而无规律的习惯。有一位同事曾详尽地描述过他们的工作生活情况:

"我们在早餐结束时,一定要吸雪茄,我可以说,爱迪生在饮食上并不挑剔,却总爱吸好的雪茄,仿佛他从雪茄那里得到了慰藉和

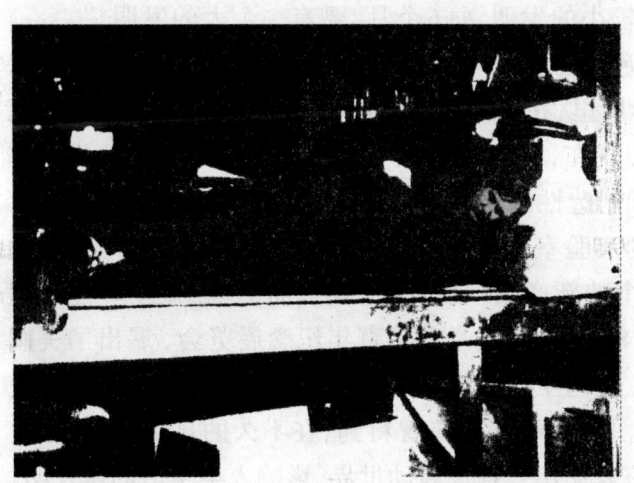
爱迪生常常枕书而眠。

休息。常常在我们吃完夜宵后吸雪茄时,会有年轻人奏起管风琴,我们就随着琴声唱起来。

"贝姆高兴时,就弹齐特拉琴或唱优美的法国歌曲给我们助兴。在这样的时候,往往有些爱看热闹好快活的熟人——大部分是爱迪生的老朋友——聚集到实验室来。办公室的职员们有时也来看看。在我们吃夜宵时来这里的都受到热情的接待。我们大家都喜欢这些娱乐活动。

"当我们感觉已经休息好,又能开始工作时,有人就发出上工的信号。

"偶尔也能看到实验室的个别工作人员在凌晨趴在桌上睡觉。如果他的鼾声妨碍了正在工作的人,就对他使用特殊的'镇静器'。它是一个没有盖子的肥皂盒,里面安装一个带曲柄的宽齿轮。轮齿紧紧挨着有弹性的木杆。把这肥皂盒放在趴着打鼾的人旁边,迅速转动曲柄,便能发出强烈噪音,使睡觉的人猛地跳起来,仿佛这时在实验室里刮起了台风似的。

"昔日的幽默虽然有些粗野,但是带来了使人感到愉快的时刻,给青年人以朝气和继续工作的新的力量。"

根据爱迪生的意图,门罗公园实验室还将大大发展,使它成为进行发明活动所必需的工业化发明和工业调查研究的一个中心,爱迪生的这种思想本身就是他最卓越的发明。他把门罗公园实验室称做发明工厂。

在门罗公园创建前后,爱迪生雄心勃勃地展望着他的事业,他说:"发明工厂每10天要有一个较小的发明,每6个月,要有一个大的发明。"

爱迪生在休伦港父亲家的地下室中,在列车行李车中建立过实验室,在首饰作坊,在医生的诊所里,在电报局黑暗的角落里做过实验,在纽瓦克狭小的房舍里做过发明,现在,终于能在设备良好的真正的实验室里工作了,他全身心地投入到了创造性的构思。

很快,从门罗公园的实验室里一个接一个地出现越来越新的发明,发明工厂研制出一个接一个的新产品。新发明、新产品的范围之广,远远超过了纽瓦克新街工厂。1876年,费城举办了百年纪念展览会,展出了美国百年来发明的多种成果,爱迪生的发明也陈列其中。在这次展览会上,爱迪生还未占有显著地位。那时候,人们未曾料到,在不久的日子里,爱迪生就在他的门罗公园实验室发明出一件件轰动世界、影响人类生活的新发明。

门罗公园,这个小小的不为人知的村庄,在以后的十年里为全世界所

三、"门罗公园的魔术师"

熟知。北美合众国的这个小小的角落,很快就成了吸引全世界的学者、发明家、艺术家、演员的中心。成千上万的人来这里观看科技的"奇迹"。

门罗公园这10年,是发明家爱迪生一生中最富有成果的时期,30岁的爱迪生已享有盛名,人们开始称他是"门罗公园的魔术师"。

2. 碳阻送话器:让电话走出实验室

对电话的研究,是爱迪生在门罗公园进行的第一项重大发明工作。

在人类科技发展史上,任何一项重大发明,都不能完全归功于一个人。电话的发明,也是如此。

资本主义工业化程度的提高,促使城市迅速发展起来,人与人之间的交往,机关企业之间的联系越来越频繁,人们迫切需要简便、迅速而又准确的通讯工具。电报的出现,解决了远距离的通讯,但使用电报,人们必须把需要传送的信息先译成符号才能发送,接收之后还要翻译回去,加上当时技术上的原因,电文传输速度迟缓,所以,电报的使用有诸多不便。

19世纪确实是一个传奇的世纪,新的发明层出不穷。当电报开始以电码传送信息时,发明家已开始大动脑筋,设想能否将人的声音直接转换成电讯号,再用电线传送出去。当电信号到达另一端后,再转换为原来的声音。这样,只要两端都有发话与收话的装置,那就可以使相隔两地的人们轻松自如地相互交谈了。这是一个伟大的设想。它的诞生预示着人类文明将进一步提高。这种设想使发明家们兴奋不已,激起他们无比的发明欲望。迈克尔·法拉第电磁感应原理的发现和应用,为发明这种新的通讯工具创造了条件。

法国物理学家菲利普·赖斯(1834—1874)最早从事这方面的研究。

赖斯用木头仿造人声制造了一个发话器。上面蒙上一张用猪肠做的薄膜,膜上附有一小块金属片,薄膜随着声音振动时金属片不断地和另一个触片接触,从而使电路随声音节奏而开闭。他的受话器是一个绕有绝缘线的勾针,勾针安放在两个小支架上,支架放在一个共鸣箱里,当断续的电流通过线圈时就会发出声音来。他的试验成功后,这种装置也就被称做电话机。但是,赖斯的电话声音很轻,电流间断时又会引起失真和产生干扰,无法实用。然而,作为赖斯装置基础的原理,在后来电话设计中得到了应用,为电话技术奠定了基础。

赖斯之后,几乎在同一时期,有三位科学家开始这方面的研究,他们是亚历山大·格雷厄姆·贝尔、托马斯·阿尔瓦·爱迪生与伊利夏·格雷。

亚历山大·格雷厄姆·贝尔(1847—1922)是英国人,他一生的大部分时间是在美国度过的,曾在波士顿任教授。他致力于声音研究和电光传声的研究,在1872年至1877年这五年间,经过顽强的工作,终于制成了可以实际应用的电话。他是公认的最早发明电话的人。

贝尔首先在自己的电话机里使用了感应电流。现代电话机就是以感应电流所起的作用为基础的。贝尔仿照人的耳膜,做成一个被称做膜片的薄钢片,它薄得能够随着声波振动,也能随电流的变化而振动。贝尔将线圈绕在磁铁芯上,当声波碰到送话器里的震动膜时,膜的运动便引起穿过线圈的磁场的变化,因此引起跟声音相应的电流变化。变化的电流通过受话器的线圈,引起磁场的相应变化,使受话器的薄膜发生相同的振动,于是便重新产生出了原来的声音。贝尔在1876年2月14日完成发明,正式申请发明电话机的专利许可

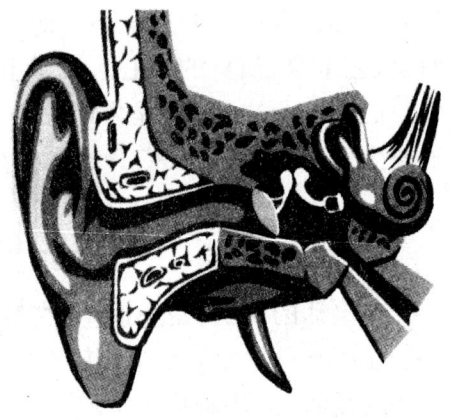

声音以振动的形式进入耳朵,敲击鼓膜并使其产生相应的振动。振动通过半规管传到耳蜗。在耳蜗中,振动被化为神经信号传到大脑。以相应的原理,贝尔想到,由电话中的膜片接收声音的振动,再将其转化成电信号。

亚历山大·格雷厄姆·贝尔(1847~1922)出生于爱丁堡。在医学院毕业后跟随父亲一起从事聋哑儿童的教育事业。除此之外,他还致力于声学研究和电学传声的研究。他是现在公认的最早发明电话的人。

三、"门罗公园的魔术师"

1892年贝尔在纽约至芝加哥的通话仪式上讲话。

证。但贝尔电话机当时还不完善,音量微弱,通话人的声音严重失真。贝尔电话机的另一个缺点是受话器也作送话器用,对着话筒说话,就不能听到对方说的话;听对方说话时,话筒就要紧靠耳朵,自己就不能说话了。贝尔继续改进着自己的电话机,同时,他成立了贝尔电话公司以宣传推销他的电话机。

就在贝尔提出专利申请的同一天,只是慢了两个小时,专利局又收到伊利夏·格雷同一发明的专利申请。1876年3月7日,贝尔和格雷之间发生了诉讼案,直到1888年,美国最高法院终于肯定了贝尔的新发明具有优先权。

爱迪生在加紧对四通路电报机进行研究时期,就已经对用电通过电线传送声音的问题感到兴趣。他最初研究的目的,是要采用有声的电报传送。爱迪生根据当时电报技术已经具备的条件,在1875年设计出"音叉电报"。在这一系统中,已可以清楚地看到磁性电话接收机(电话当时还未发明)的工作原理了。

爱迪生在检查了赖斯电话后,认为它的"缺点是断续电流,如果利用电流的强度使磁力变化,让铁板振动,一定可以传送人的声音"。

1875年末,爱迪生开始研究远距离传送人的说话声问题。当时,贝尔、格雷等许多科学家都在加紧研究,贝尔等已取得了专利。但这并不影响爱迪生的研究。他认为电话的发明并未完结,还有许多工作可做。他在给一位朋友的信中说:"我现在正在试验着那种电话,但还没有完全成功。然而,这比贝尔式的要完善得多了。他虽然已经得到了专利,但也不必恐慌,他的机器有许多缺点,一时还不能供日常应用。"

西方联合公司的董事长威廉·奥顿购买了格雷的专利而拒绝了贝尔,但他又担心自己的事业将会受到贝尔公司的影响而渐渐衰退。于是他到门罗公园请爱迪生帮他改良电话:"爱迪生先生,能够对电话加以研究改良的人,除了你之外,再也没有其他的人能够担此重任,因此,无论如何请你务必要帮这个忙!"

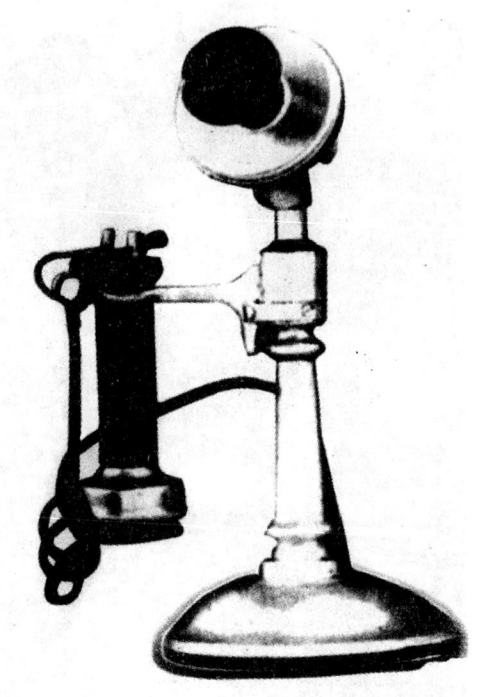

图为亚历山大·格雷厄姆·贝尔制造的一架早期电话。爱迪生对其做了极大的改进,使人们使用时可更加称心如意。

爱迪生考虑了一会,说道:"假如电话能够改良得更实用,且更普遍,那可真是一件好事情。抱有这种想法的人也并不是只有你一个人,事实上我也有同感。

"你害怕贝尔公司迅速发展,因而请我改良电话,我答应你改良电话,但是有一点必须先声明,那就是我改良电话的用意和贝尔先生是没有任何关系的。

"制造一些世界上所有的人都深感需要的实用物品,这是我多年来的愿望,所以我要照我的愿望去改良电话。我很高兴为电话的改良而尽力。"于是,爱迪生与奥顿签订了合同,规定西方联合公司有权采用爱迪生的发明,西方公司答应五年中每周付给他150元酬金。

爱迪生研究了贝尔、赖斯等人的发明,决定从送话器入手。于是,他开始进入了一个全新的研究领域。

三、"门罗公园的魔术师"

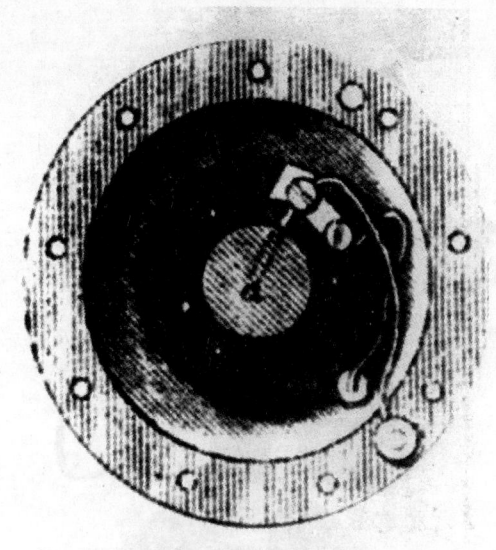

图为碳阻送话器的部件。送话器将声音转变成电信号,受话器再把电信号转化成可识别的声音。

为了成功地设计出可以实际应用的送话器,爱迪生付出了艰辛的劳动。

首先,他采用了一种完全不同的传送方法,爱迪生希望以改变电源的方法来产生更强、更清晰的信号。于是他想到了在试验四通路电报机时的一项发现:平衡电流法。他通过某种材料与电流的"对抗",使电阻减弱的原理来调节电流通过时的强弱。这样电阻就可以随压力的大小而产生相应的电流。这个想法无疑对贝尔的电话做出了实质性的改良。接下来,补充电力则成了主要问题。爱迪生使用一个双线圈设备,其中一个线圈接在电池的两极,另一个与电话机相连。当声音进入传话器时,第一个线圈就因振动而感应出电流,这股电流流入另一个细线绕成的线圈时,强度便可放大数倍。有了这足够的电流,声音就可以被送得更远。实验证明,改进后的电话音量增大了,但清晰度仍不理想。

爱迪生试着用水、海绵、湿纸、毡、石墨薄膜等作为送话器盒的填充料。但一次又一次的试验,结果均不佳。爱迪生转而用各种纤维进行试验,还是不成功。一连数月,爱迪生仍然进行着试验。一天晚上,他正在实验室做试验,忽然油灯不亮了。他发现一种被称做碳黑的物质把玻璃灯罩熏黑了。这种乌黑油腻的烟油像丝绒般在爱迪生的指尖上滑过。它引起了爱迪生的兴趣。他把这些碳黑涂在一个金属的轮状物上,做成类似纽扣的小盘。将这种小盘装在一个铁皮上,上面压上另一片铁皮,再上面是震动膜。接通电话后,话筒中发出了清晰、有力的声音。新的电话机通话距离由几英里一跃而提高到了数百英里。

爱迪生的改进使得长途电话通讯成为可能,并给电话技术的发展奠定了基础。

　　1877年4月,爱迪生申报了碳阻电话送话器的专利。西方联合公司以10万美元买下了爱迪生的专利权。爱迪生要求公司不要一次付清,而是在专利有效期的17年内分期付款,每年支付6000元。后来,爱迪生曾解释过自己的这个要求,他说:"我的雄心比我手中的钱多得多。我知道,如果这笔钱一次都交给我,我会一次全部都花在试验上。所以我要让自己无法做到这一点,这样,在17年内,保证在生活上不致遭到太大的困难。"

　　自从使用了爱迪生发明的碳阻送话器,电话事业迅速发展起

图为20世纪20年代的台式电话。

来了。贝尔的电话公司与西方联合公司展开了激烈的竞争。西方联合公司由于使用了性能更佳的碳阻送话器,所有新闻、旅馆、铁路和交通枢纽等均被它占领。贝尔电话的租户也要求获得这种高性能的设备。这样,贝尔与爱迪生之间也发生了争执,而且越演越烈。

　　1878年秋,爱迪生的碳阻送话器送到英国试验,并在英国皇家学院做了表演,都取得了成功。爱迪生在英国成立了爱迪生电话公司伦敦分公司。贝尔指控爱迪生在试验时用了贝尔的电磁系统收话器,侵犯了专利权。爱迪生听到这一消息,决定要设计出一种绕过贝尔专利的电话接收机。于是,他立即停止对白炽灯的研制,与全体人员一起全力以赴地投入了技术攻关。用了不到三个月的时间,爱迪生绕过贝尔专利,拿出了新型的、声响更大的收话器,这就是爱迪生发明的扬声电话机。

　　1879年3月,这台机器和碳阻送话器一起到皇家学会表演。送话器装在皇家学会在阿尔比马勒街的试验室,收话器安在皇家学会的柏林顿馆,

三、"门罗公园的魔术师"

收听效果很好。爱迪生准备了六台扬声电话送往伦敦,立即被全部验收。爱迪生又送去100台。伦敦要求派20名年轻人去搞维修。当时,爱迪生与贝尔两家公司在伦敦斗得不可开交,在维修上进行较量,更是重要的方面。爱迪生对派往英国的技术人员进行了严格的考核。爱迪生在实验室旁开设了一个专门车间,在那里摆出10台扬声电话机。然后他把它们全部弄坏:或者割断电线,或者造成短路,或者损坏电极,等等。他说:"谁能在五分钟内连续找出10台机器损坏原因,就派谁去伦敦。"

1879年8月30日,爱迪生和贝尔都来到了萨拉托加溪市的市政厅,现场表演各自的电话设备。《纽约论坛报》评论说:"爱迪生的电话声压倒了一切。"

电话的发明人,究竟是贝尔还是爱迪生?这个问题被反复提出和讨论过。从1878年起,因为贝尔专利的争议而在美国和英国开始了一系列诉讼案。尽管有很多人提出反对意见,法院还是承认了格雷厄姆·贝尔是首先发明电话的人。

虽然,爱迪生败诉了,但是不可否认,使电话得以实用的是爱迪生。贝尔发明的第一台勉强发出声音的电话机,如果没有爱迪生经过极大的努力和所做的革命性的基础改良,电话也无法在世界范围内如此迅速地得到应用。

爱迪生对电话所进行的研究工作是十分繁重的,他为了试验曾制造出各种各样的送话器。而且,他并不是只局限于研究送话器,还试验了许多种以运用电磁原理工作的电话机,也可以说,他使电磁电话机有了完全新颖的别具匠心的结构。他制造

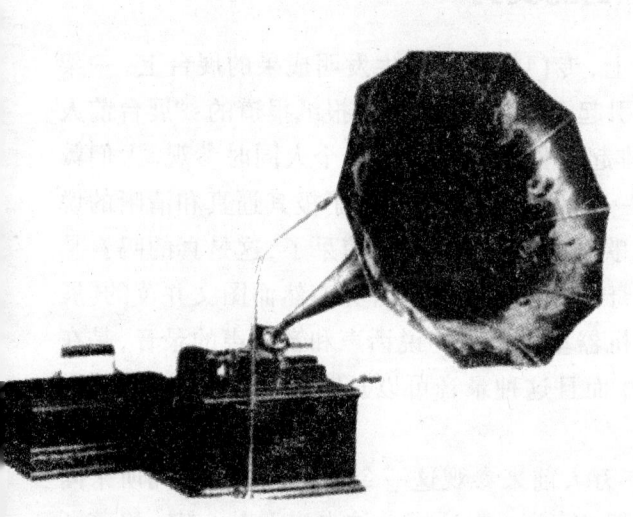

爱迪生以前,人们只能从文字的记载中看到对某些极负盛名的艺术家演出的记录。而留声机的问世将这一局面大大改观,艺术家们的演出重现已不再是神话。电话与留声机这两样奇妙的东西,使声音真正跨越了距离和时间来到了我们的面前。

的这些电话机有：电容式电话机、静电式电话机、机电式电话机、伏特电堆电话机。

爱迪生发明了碳阻送话器，使电话从实验走向了市场。但碳阻送话器并非爱迪生利用碳的特性的惟一机器。在试制四通路电报机时他就利用碳受到电压高低而改变对电流的阻力的特性制成碳质变阻器而获得了发明的成功。现在，爱迪生又一次巧妙地利用碳的特性，做成了"测微温湿计"。这架仪器有着极大的灵敏度，一个站在10米远的人所发出的热，就足以把刻度盘上的指针推开；它甚至能测出远方星星的光热。

爱迪生在研究电话机、扬声电话机、电报的自动转发时，对声波与膜片振动之间的关系引起了注意并进行了深入的研究，使他产生了一个想法：把声波引起的膜片振动记录下来，然后再把它重播出去。爱迪生想制造一个能记录人的说话声音并把它重播出去的机器。爱迪生的这一想法给世界献出了一个最出色的新发明，即被人们称做留声机的机械录声机。

3. 留声机：世界为之惊讶的发明

在1889年的世界博览会上，专门摆放爱迪生发明成果的展台上，一架架复杂而又特别精巧的机器引起了轰动，正像当时报纸报道的："展台前人山人海，乱哄哄的。"参观者排起了长队，每次可让6个人同时参观。人们戴上从机器中伸出的像听诊器一样的听筒，立即听到了极其逼真和清晰的说话声、交响乐队的演奏，以及歌唱家的歌声。人们惊呆了，这是真的吗？是不是在欺骗那些极易轻信稀奇古怪事情的幼稚者呢？然而图文并茂的《展览会指南》中明明白白写着：机器里播送出的说话声和音乐声的录音，是在博览会开幕前不久才录制的，而且这种录音可以长时间保存下来，直到录音辊的材料损毁为止。

消息一经传出，每天有三万人前来参观这一令人十分惊讶的闻所未闻的机器。听这架会说话的机器演示的，有法国总统卡诺及其全家，格莱斯顿及其夫人，威尔士亲王（未来的国王爱德华七世），威尔士公主，莫纳克斯基公爵及其他王公大臣。而在博览会闭幕后，又在柏林专门为威廉二世和在那里做客的亚历山大三世进行了演示。在维也纳又为法兰西士·约瑟

三、"门罗公园的魔术师"

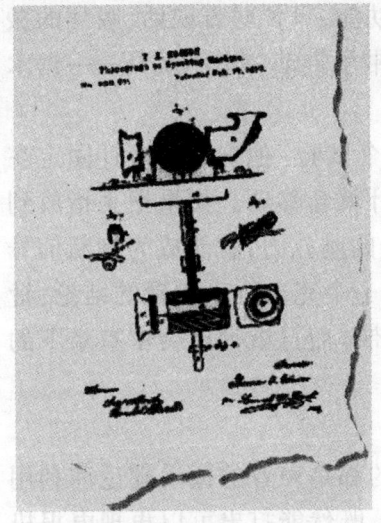

图为留声机研究初期的一幅草图。以后爱迪生不失时机地用新型留声机占领了商业领域。

参与留声机研制的人员。

夫皇帝做了表演。而俾斯麦则十分幽默地说："这机器对外交家来说是一种危险物品，但如果外交家说实话的话，那它就成为一件非常好的东西。"

这架会说话的机器，就是爱迪生的全新发明——留声机。

1877年夏季，爱迪生开始研制留声机。在这以前，爱迪生提出了"改进自动电报机"即电报自动转发机的专利申请。爱迪生的这项发明，无疑对他发明留声机是有启示作用的。这一发明的原理如下：按莫尔斯电码把"点"和"线"刻画到放在旋转圆盘的纸盘上；这样由于杆臂的尖随同电报机接收继电器的衔铁一起移动就制出了很小的齿状螺线纹痕。如果随后把该纸盘放到有触尖的同样机器中，那么用这些小齿状螺线纹痕就可以制造出能自动传往其他线路的电码。由此，就实现了把组合好的电脉冲灌到片子上去的过程，而电脉冲的再现就保证了电报的自动转发。不久，爱迪生又制作了一个"声动机"，这其实是个小玩具。爱迪生把钢针固定在送话器膜片上用来确定振幅,因为钢针的振动能产生出某种功能,只要对着说话,膜片的振动力就传送到一个轮子上,轮子又通过一条带子带动一个小玩具——锯木工人动作。

为了避开耳聋的影响,他还做了这样一个试验:他把一根短针固定在接收机的膜片上,而只要膜片振动,这根短针就会移动。如果把手指放到针尖附近,所感到的针的压力,有时甚至是针的刺扎力,就能成为判断信号传送的准确依据。这个试验使爱迪生得出了一个完全合乎逻辑的结论:针既然可以作用于手指,它也就可以作用于纸带,而且纸带也会留有录下的说话的痕迹。

爱迪生在寻找录音和放音的方法。

爱迪生说:"(这个时期)我的脑子里想的都是声音的振动理论和利用振膜传送声音的方法。所以我很自然地想到,既然能打出可以再现电报机声音的纸带,那么振膜的振动为什么就不能记录下来,再将声音复原呢?"

爱迪生架起一台设备,将一张纸条从中穿过,并在穿纸的过程中喊了一声:"你好!"然后又把纸条抽出,他与巴切勒屏息静听。"我们清楚地听到了机器发出了声响,"爱迪生说,"借助丰富的想像,就可将这声响译成'你好'。这样,我决定要进行下一步试验。"

爱迪生又开始用蜡纸做试验。实验室的记事簿上记下了7月18日那天用蜡纸试验的情况。"用带有凸凹纹的膜紧贴蜡纸,随着发音做迅速摩擦。于是我们发出的'斯——、波——、嗑——、哥——'的声音振动就被清楚地记录在蜡纸上。毋庸置疑,据此将来我一定会十分完满地储存和再现人的声音。"

爱迪生决定用裹着锡箔的圆筒来代替蜡纸。

1877年12月初的一天,爱迪生起得很早。他兴冲冲地走进办公室,拿出一卷设计图纸,交给他的机械师约翰·克鲁西,请他立即制作。克鲁西展开图纸一看,是一张草图:沿一金属滚筒刻出螺旋槽。将滚筒装在一个可以从一端用摇柄转动的轴上,滚筒亦可在轴上作平行移动。在滚筒的两端均装有振膜,每个振膜都伸出一支针可以移到滚筒的螺旋槽。图纸边上批着工价18元。

"这是一台会说话的机器,请你赶快照图样做出来。"看到克鲁西疑问

三、"门罗公园的魔术师"

1877年12月24日,爱迪生正式向华盛顿提出留声机的专利申请,1878年2月19日获得批准。爱迪生的老朋友、《科学美国人》的主编比奇先生用生动活泼的笔调向人们宣布,这项伟大的发明将为今后的科学研究事业,开辟更为广阔的领域。

的眼光,爱迪生把手一挥,急不可待地说。

"机器是不会说话的!"克鲁西不相信,他认为这真是荒谬绝伦。这时在场的卡门也不相信,他说他以一打雪茄打赌。克鲁西情愿出两元钱。

爱迪生说:"我没有带钱,克鲁西,可我愿和您赌一桶苹果。"

克鲁西去车间了,他几乎是废寝忘食地工作了30个小时才把它做好。爱迪生看到机器和设计完全一样,非常满意。

12月6日那天,工作人员都集中到了实验室,来观看让机器说话的实验。他们大都是怀疑的。就连爱迪生本人,对这次试验能否成功,心里也没有把握。他说:"我也不太相信这机器一定能成功。我期待着能听到人说的一两个词,也是我有待于将来能实现的一个希望。"

爱迪生将一片薄薄的锡箔卷在滚筒上,调好振膜上针的位置,对准缠在螺线起点的锡箔上。于是,爱迪生轻轻摇起轴柄,滚筒徐徐转动起来。爱迪生开始对着振膜讲话:

"玛丽有只小羊羔,她的毛发白如雪……"这是一首优美的抒情诗。

爱迪生从记录机振膜上退出针,将滚筒转回原位,然后将另一振膜的针头对准锡箔。

他再次摇动手柄。四周静极了。

就在这时,奇迹出现了,机器发出了微弱、然而无疑是属于爱迪生的声音:

"玛丽有只小羊羔……"

克鲁西惊叹道:"我的上帝!"

067

"我有生以来从未这样惊奇过。"爱迪生说,"大家也都惊呆了。对于一试就成的东西,我总是放心不下。因为长期经验告诉我,新制成的机器总是有一些缺点的,离定型的商品还有距离。然而,成功无疑是摆在了眼前,没有人再怀疑了。"

1877年12月24日,爱迪生在华盛顿发明专利局登记了他新发明的留声机。那年他30岁。

在申请专利的这段日子里,爱迪生与助手们对留声机做了多处改进,制成了一系列改进型留声机。但这些结构略有不同的留声机仍然显得粗糙,还有重大缺点有待改进。

如锡箔并非是最好的材料,压成的槽纹易磨损,如重复使用,音色愈来愈糟,且贴放与揭脱都不容易;用手操摇把,无论是录音还是放音,都不可能使圆筒作匀速运动,放音时的速度也很难与录音时的速度保持一致;话语虽然完全能听辨出来,但噪音使音色有些失真,由于转速不匀,音质的清晰逼真也很难保持稳定。因此,对留声机的改进,成为爱迪生日后的重要研究内容。

尽管如此,爱迪生还是决定把这一成功的发明快些公布于世。他把样机带到了《科学美国人》杂志编辑部,该刊主编比奇先生在他的专栏里写道:爱迪生先生"将一台小小的机器放在了我们的办公桌上,然后转动曲柄,机器就开始向我们问安,并问我们是不是喜欢留声机,告诉我们它一切都很正常,还友善地祝我们晚上好。这些话,不仅我们可以清楚地听见,连周围聚拢来看热闹的十几个人也能听见。"各报记者闻讯而来,以致编辑部担心楼被挤坍了。1877年12月22日出版的《科学美国人》详细叙述了这次演示,而纽约诸报也在这一天对此项新发明做了详细报道。报界开始称这位年轻的发明家为"门罗公园的魔术师"。直至爱迪生离开门罗公园,这一称呼仍沿用不废。

为了宣传和推广这一新发明,爱迪生在不断改进留声机的同时,成立了专门生产和推广留声机的"爱迪生留声机公司",并于1878年1月举办了留声机展览会。1878年5月,《北美评论》杂志刊登了爱迪生的一篇题为《留声机及其未来》的文章,罗列了在10个领域里可以使用留声机并能取得良好效果。他写道:"我们开列的清单只是一种初步设想。"这张清单是:

三、"门罗公园的魔术师"

（1）无需速记员帮助，进行各种听写工作；
（2）留声机"书籍"，辅助盲人学习；
（3）练习发音、朗诵、演讲；
（4）欣赏音乐；
（5）家庭记事簿；
（6）记录杰出政治家、科学家、社会活动家等名人的讲演、回忆录，临危者的遗嘱；
（7）制成会说、笑、唱、哭的玩具；
（8）报时；
（9）教学辅导，学生可随时播放老师的讲解，以加深记忆；
（10）与电话机相接，记下主人不在时打来的电话及转发或其他联络任务。

可见，爱迪生认为留声机的潜力是很大的，他为各方面的专家扩大留声机的用途留下了很大的空间。

留声机的发明，引起了广泛的关注，能发出声音的神奇机器引起人们极大惊讶。在此以前，爱迪生的任何一项发明都没有给人们留下这样深刻的印象。

1878年4月18日清晨，爱迪生第一次穿上一身全

在发明了留声机之后，爱迪生不断地对它加以改进。1909年，爱迪生推出一种密纹唱筒，容量由2分钟增加至4分钟；1914年，爱迪生唱片销量创造了1万张的纪录。

新的带条格的礼服,他要到国家科学院去演示新发明的留声机,并会晤一些科学家。当他在助手查尔斯·比奇勒的陪同下到达时,著名记者佩因特已在那里等候。他们先到史密斯研究院院长约瑟夫·亨利家里,在他的客厅里表演了那架机器。接着,来到著名政治家詹姆斯·G·布莱恩的侄女盖尔·汉密尔顿寓所,为国会议员、外交团及许多社会名人讲解留声机的功用。等到他去出席科学院的集会时,已经是傍晚时分了。

美国总统海斯。1878年4月18日深夜11点他接见了爱迪生。

一名新闻记者报道了这次被赞为"精彩绝伦"的表演。当主席把爱迪生介绍给大家后,助手把机器安置在演讲台上。爱迪生转动曲柄,听众们立即听到有说话声从那机器发出来,非常清晰,隐约地像是从远处传来似的:"今天,本留声机得以与美国科学院和诸位相见,觉得非常荣幸。"寂静的大厅里响起一片惊讶声,接着是一片掌声。当吟诗、唱歌、咳嗽、吹口哨、打招呼的声响不断从留声机传出时,听众席里响起阵阵赞美声。

当他回到汉密尔顿小姐的寓所时,还闹了一出笑话。当时,纽约的参议员罗斯古·康克林也在场。这位参议员曾在四通路发报机的诉讼案中严辞盘问过爱迪生。康克林几近秃顶的脑门上残留着一小绺头发,这绺头发经常遭到新闻界记者和漫画家们的取笑。所以,康克林对自己的这绺头发是特别敏感的。

留声机传出了爱迪生的声音:

有个小丫头,

脑门留着朝天椒,

三、"门罗公园的魔术师"

高兴时还好，

坏时坏透了。

在一阵哄堂大笑中，康克林的脸色变得非常难看，他认为爱迪生在借机报复。其实爱迪生根本就没有注意到这位参议员也在场，他只是为了表演，临时想到的这首童谣。

晚上11点，爱迪生接到通知，说梅斯总统要参观他的留声机。爱迪生立即带上机器，乘车前往白宫。爱迪生在总统面前足足表演了两个钟头，十分成功。总统夫人露茜和几个女客，以及内政部秘书卡尔·舒尔兹也都看了演示。爱迪生被大家包围着，不时回答着好奇的问题，直到清晨三时才离开。跟随采访的《华盛顿邮报》记者听说爱迪生只有31岁，表示十分钦佩。爱迪生说："我还能活很久，我希望自己还能拿出比这更新奇的东西让世界吃惊。"

爱迪生把留声机送到了伦敦，关于新发明的消息便从那里迅速传遍了全世界。

留声机第一次在伦敦演示时，格莱斯顿首相也出席了仪式并观看了演示。留声机里播出了爱迪生及他的实验室对首相、对伦敦各报刊的致词。格莱斯顿首相面对留声机向爱迪生致谢："……我十分感谢您给我这个机会让我能看到我们时代的奇迹之一……请允许我个人向您——贵国伟大的有名望的人士之——致以热烈的祝

从小孩到老人，无一不对这架会说话的机器感到惊奇不已。

愿,祝您健康长寿,成为由于您的天才和劳动给人类带来幸福的见证人。"

1889年,爱迪生把留声机送到了世界博览会上,于是出现了我们在前面写到的轰动场面。

当然,也有人认为留声机是一种骗局而大加反对的。

在不相信"会说话的机器"的人们中,有一位知名的牧师约翰·H·文森特,他公开说:"爱迪生是没有良心的骗子。"爱迪生邀请他到门罗公园去参观。爱迪生为他灌了英国诗人托马斯·格勒的一首名诗,并当场播给他听。牧师发出了惊叹之声:"不错,这真奇妙!"然后,牧师要求对留声机说几句话,爱迪生一口应允。牧师对着留声机以飞快的速度念出一连串《圣经》中的人名:"摩西、所罗门、亚伯拉罕、腓利门、帖撒罗尼迦。"爱迪生让滚筒复位,摇动手柄,牧师听到了自己的声音后不得不承认,他曾怀疑留声机里有鬼,今天他服输了。

德国著名物理学家德蒙塞尔在法国科学院召开的会议上演示爱迪生的留声机时,出席会议的院士布约突然从座位上跳起来大声喊道:"恶棍!骗子!你以为我们会容忍能腹语者欺骗我们吗?"所谓腹语者,是一种不动嘴唇而能说话的技巧,听起来好像由腹内或旁边的地方说出的。当重新讨论留声机时,布约仍然不相信对机器做过试验的专家们的结论,并且说:"难道能设想可鄙的金属会发出高尚的人的声音吗!"

一位剑桥公爵对留声机抱怀疑态度,当他看了留声机表演以后,竟瘫倒在椅子上,失声叫道:"里面有鬼。"

当留声机首次在俄国公开演示时,"会说话骗人的机器"的主人竟然被法庭判处三个月监禁和巨额罚款。

然而,留声机作为人类科学技术进步的产物,在欧美大陆被迅速推广,多种留声机研究、生产、推销机构如雨后春笋般出现,留声机的功能很快得到开发,爱迪生指出的十个方面的功能被一一实现了。

当新增设的特别列车把来自四面八方的好奇者拉到门罗公园的时候,蜂拥而至的人们看到这位"魔术师"正埋头工作着。他的两只手弄得污秽不堪,头发蓬乱,衬衫上的领扣也不知到哪里去了,鞋子上积满了尘土。有人问他问题时,他总是耐心、温和地解答。他会对着留声机唱起小儿歌、咳嗽着、高声大笑,或者吹着口哨,或者背诵几句诗,表演给众人看。

三、"门罗公园的魔术师"

到了20世纪40年代,美国的家庭已经普遍地使用了留声机。当时的人们为能拥有这样一台能播放音乐的机器而感到自豪。

"你已经得到了多少专利呢?"有人忽然问他。

"哦,我一时不能确切地告诉你。"他回头问卡门。

"连今天得到的一个,一共有157个。"

"你要知道在这些专利中真正有实用价值的还不到1/10,"爱迪生解释道,"其余的只是用作保护罢了。其中有十多种根本毫无价值,只是用来防卫旁人侵占别的专利而已。譬如拿这留声机来说吧,我将要取得12个专利来保护它。我要使我设计的多种不同式样的留声机都得到专利。"

他向大家说起他的一个设想:"你可以从会客室中的用特殊物料制成的签名册上取下一页来,把它放在留声机上,摇动机件,便会有交响曲发出。在欧洲有一个人已发明了一架机器,他能借这机器立即把东西拍摄下来。现在假定他摄取比彻的谈话神态,而我们则用锡箔留声机记录他的说话,那么演说者的姿态和他的声音就可以再度地传出了。听众能耳闻目睹演说者的声音姿态。这样整个的戏剧表演也可以搬至私人客室里来了。"爱迪生在1878年说的这段话,无疑是对以后的有声电影的一个启示。

爱迪生相信留声机的发明,必能改进电话机并能使电报领域发生重大变革。他说:"现在电话的使用范围还很有限……但是如果电话机能自动地把谈话记录下来,那它就能执行新的任务并变为做出准确记录的工具。"可见,爱迪生这时已有了一种明确的想法,要发明能记录谈话内容的电话机。他的这一设想在后来的传真系统中得到了实现。

爱迪生发明了这种能令人们享受到美好声音的留声机,真的使他成为了一位好像寓言故事中的术士。他那变幻无穷的魔力使声音跨越距离与时间，随时随地重现于人们面前。他的老朋友、《科学美国人》的主编比奇先生怀着无比激动的心情，用生动活泼的声调向人们宣布，这项伟大的发明将为今后的科学研究事业，开辟更为广阔的领域。

爱迪生本人对自己的这项发明更是极其热爱，他把它称之为"最心爱的东西"。爱迪生对来到门罗公园采访的记者说："我发明了许多机器，但这个机器才是我的最后一个孩子。"他把手轻轻地放在留声机上，流露出他的爱抚之情。"我，相信它会成长起来，成为我晚年的依靠。""最后一个孩子"，这就意味着是当时最好的一项发明。爱迪生在30岁之前发明的东西，大半是对旧的物体加以改良而使它实用，惟独留声机是他的独创。对这个"孩子"，就像母亲对他一样，特别关爱，盼望它很快成长。在第一台留声机诞生后，有一段时间他为白炽灯的研究所吸引，没有再顾上留声机，但他很快又抽出时间来重新研究留声机的改进问题。他曾为改进工作中碰到的困难而懊恼，但并没有削弱他最终要获得成功的信心。

爱迪生在化学家艾尔斯活斯的帮助下制出一种蜡的混合剂，涂在圆筒上，音槽分布得更密集，录音工具提高了硬度，改进后的浮动唱片也变得伸缩自如了。同时，音槽的录音深度不超过0.025毫米，刮去薄薄一层就可进行新的录音，一个辊子可多次使用。后来，他又研制出一种在真空中把金属膜片沉入到蜡上去的方法来制造留声片的底版，可以复制出任何数量的留声片。爱迪生用电动机来带动留声机圆筒旋转，为了使其达到最均匀的程度，安装了一个离心式调节器。到1888年末，爱迪生已把留声机改进得

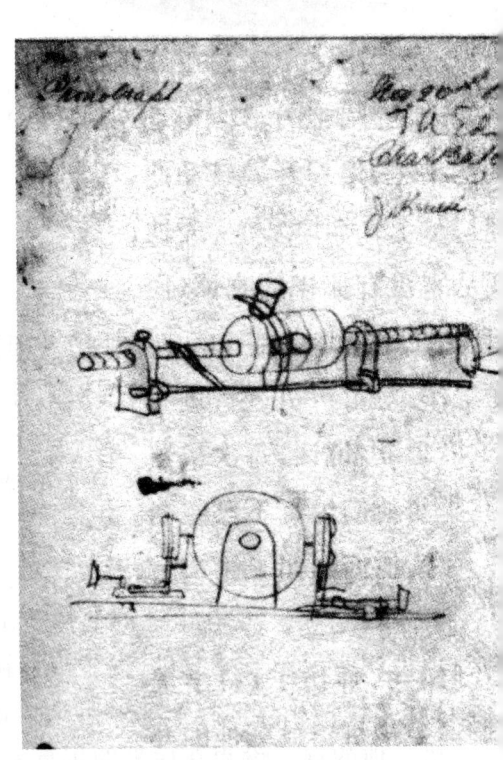

这是爱迪生改进留声机的设计草图。

三、"门罗公园的魔术师"

相当完善了。之后,他又做出了最成功的一次发明,改唱筒为平面唱片。他的唱片年销量达到了一万张。

爱迪生断断续续,不知花了多少心血,来提高留声机的质量。截止1893年,在改进留声机的过程中,他已获得了65项专利,而到1910年,已获得了100余项专利。直到他80岁那年,还在孜孜不倦地追求对唱片的改进。他完成了一种"长时间演奏"的留声机,每张唱片能保持40分钟之久。自爱迪生的留声机诞生后,世界上很多发明家也对留声机进行了多项改进,并取得了成功。但是,用机械方法进行录音的发明权,公认属于爱迪生。鉴于他在1889年制造出了完善的留声机,爱迪生获得了瑞典科学院颁发给他的一枚金质奖章。

四、一个划时代的贡献

1. 目标：用电力照明取代煤气照明

1878年7月的一天，一列杰伊·古尔德联合铁路公司的旅客列车，呼啸着穿行在雄伟的落基山山脉中。

靠窗坐着的托马斯·阿尔瓦·爱迪生挪动了一下身子，使自己坐得更舒适些。他望着车窗外闪过的树影、远处云雾朦胧中的山峰，不知在沉思什么。也许，他疲倦了。是的，长期的过于紧张的工作，爱迪生的确感到了疲乏，以致健康也受到了影响。于是，在夫人的支持下，他接受了宾夕法尼亚大学乔治·派克教授的提议，到美国西部风景秀丽的落基山休假旅行。原来，7月28日，有一次日全食。派克教授参加了一个天文观察队在落基山山脉的怀俄明

1879年，爱迪生（最右边双手抱于胸前者）与朋友们到怀俄明州观看日全食。

四、一个划时代的贡献

观察日全食。他趁机邀请爱迪生同行,作一次短期休整。爱迪生正好利用这次机会,在天文观察中用他发明的测微温湿仪来测量太阳周围气体的温度。

与爱迪生同行的,都是对太空和星球有专门知识和兴趣爱好的科学家,他们来自宾夕法尼亚大学、普林斯顿大学和哥伦比亚大学。科学家们聚到一起,总有说不完的话题。此刻,列车快要到目的地了。爱迪生需要静一静。他自信测微温湿仪仗队的良好性能,他担心的是那里的测试条件。

果然,最好的观察位置都被天文学家们先行占据了,爱迪生找不到架设机器的良好位置。他只好租了一间破旧不堪的鸡棚,充作观察室。日蚀开始的前一天晚上,爱迪生想先做一次试验。他把测微温湿仪对准了大角星,这颗遥远的恒星的亮光照到了测微温湿仪上,电流计的指针立即摆动,显示出测微温湿仪已吸收到热量。试验成功了,他得了5个读数。但是,第二天早晨,突然刮起了强风,轰鸣震颤的鸡窝似乎随时会倾塌。爱迪生不得不用铁丝、绳索来固定仪器。当日食在两点多开始出现时,他的仪器还在不停地摆动。月亮缓缓地遮住了太阳,三点刚过,天已全黑。突然降临的黑暗,使小鸡都回窝了。风仍在猛烈地刮着,摇摇欲坠的鸡棚嘎嘎作响,惊恐的小鸡窜到了仪器上,爱迪生不停地调整着他的测温机,几乎是在最后时刻,他才成功了。当整个太阳被遮盖,只有日冕放射出光线时,仪器显示出相当准确的读数。爱迪生把日冕放出的热量与大角星及其他恒星放出的热量成功地做了对比。聚集在怀俄明的天文学家无不赞美这精巧灵敏的测微温湿仪,更佩服发明家坚持不懈的毅力。

准备返回的时候,派克教授建议说:"爱迪生先生,何不顺便去美丽的加州约塞米提溪谷看看?"爱迪生欣然同意了。

在约塞米提溪谷,他看见很多工人淌着汗,用十字镐在挖矿。爱迪生对派克教授说:"你看,工人们那么辛苦,可他们是在浪费时间和劳力。附近不是有瀑布吗?利用瀑布的水力来发电,以帮助工作,工人们就不必那么辛苦,而效率却要大几十倍呢!"

"一点也不错。能成功地利用电气的人,才是人类的恩人!"派克教授感叹地答道。

"派克教授,我相信不久的将来,全美国的瀑布都会用来供做水力发电。电力不但可以供应工厂，也可以送到人们的家庭供取暖和炊事之用。"爱迪生为自己的设想兴奋起来，滔滔不绝地说道："还有，电的能量如能转变成光，作为照明的话，那么，现在我们所用的这种冒着臭气和黑烟的煤气灯就派不上用场了。"

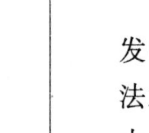

派克教授被爱迪生的想法感动了，他告诉爱迪生，康涅狄克州的华莱士先生正在做发明电灯的试验。

只需轻轻按下开关，就能在瞬间将黑夜变为白昼。这是一项科学史上的奇迹。从此，人类不再需要燃油灯或蜡烛，便可以享受到洁净的照明灯光。但是因为创建电缆、发电厂的艰难，所以直到20世纪30年代，电灯才开始真正普及。这是使用煤气灯照明的昏暗的伦敦街头。

爱迪生的滔滔不绝，并非随感而发。如何开发利用电能，始终是他的发明主题。如果说爱迪生真是一位魔术师，那么，他那神奇的、威力无比的法术，正是为了解开电，这个引起无数科学家、发明家着迷的神秘物的魔力，让它乖乖地为人类服务。当时，科学家们对电照明的研究状况、华莱士电弧灯的发明，爱迪生都了如指掌。爱迪生相信自己一定能发明一种全新的电照明设施，他的脑海里经常回旋着对这个问题的思考。在研制留声机的紧张的日子里，他硬是挤出时间来进行了一些照明方面的试验。爱迪生只觉着时间不够用，无论他是怎样地废寝忘食、夜以继日，甚至同时进行几项工作，也总是干不完他心中想干的事情。现在，留声机发明成功了，虽然繁重的改进工作还会占去他大量的时间和精力，但他已准备进行对电照明的研究。现在，经过短暂的休整，他的精力得到了充分的恢复，这位发明家

四、一个划时代的贡献

在研究所中,连续工作了72小时的爱迪生疲惫不堪。

感觉自己能投入新的战斗,尝试新的研究了。

8月下旬,爱迪生回到门罗公园,稍作安顿,9月初,便去访问华莱士,他要实地考察一下华莱士的电弧灯。

爱迪生参观了这位发电机和弧光灯发明者的电器工厂,他的发电机是当时美国普遍使用的名牌。华莱士为爱迪生点亮了弧光灯。爱迪生从发电机那里赶到弧光灯处,又从弧光灯处赶回发电机那里,详细地了解发电机和弧光灯的性能。他仔细地计算了发电机的电力和在传送电力时可能有的损失,估计发电机在一天、一周、一个月以至一年中所能节省的煤量,以及在制造时节省材料的影响。告别时,爱迪生坦率地说:"华莱士先生,我觉得我在电气照明方面会战胜您。我以为您走错了路。"华莱士非常欣赏这位发明家直率的性格,赠给爱迪生一台发电机和一组电弧灯,供门罗公园实验室照明用。

爱迪生回到门罗公园,觉得自己充满了无限干劲。爱迪生不禁回忆起1878年的巴黎世界博览会,电照明在博览会上所得到的轰动一时的成就,会上展出的电机制造业、电器制造业、安装技术和电工材料学的成就,说明电工技术已进展到一个重要阶段,使爱迪生深信电照明的前景是光辉灿烂的。这次博览会,对于爱迪生即将开始的工作,无疑是至关重要的。

在爱迪生眼前,又浮现出人们在先他之前,在电照明方面做的研究工作,亚布洛齐可夫电烛和弧光灯,安装和使用电力设施的某些经验,都深深地吸引了爱迪生。发明家敏锐的眼光,也注意到多种电照明系统的缺点,他明确了为使电照明更加完善需要做哪些工作。我们不妨随着发明家的思路,回顾一下先驱者走过的足迹。

爱迪生传

人类自从有了火以后,也就有了最初的光源。在远古时代,广泛使用的有芯子的照明灯代替了原始光源。之后,有了蜡烛,有了煤油,这就大大推动了照明的发展。

18世纪末,英国人麦尔多制造出了煤气。19世纪初,煤气通过埋在地底下的管道传输到一些街区,以供公共建筑的照明使用。到了爱迪生出生的年代,煤气照明开始被当做家庭照明普及开来。虽然这种昏暗的灯光无法提供足够的亮度,煤气燃烧时冒出呛人的臭气和乌黑的油烟,并且极具危险,但它仍然是人们日常生活中不可缺少的光源。

1800年,意大利物理学家亚历山大·伏打在制造第一个化学电池后不久,觉察到电流的热效应。1802年,彼得堡军事科学院物理学教授彼得罗夫对电池进行试验时获得了电弧,两个碳精棒之间出现了"极刺眼的白色亮光,把黑暗寂静的地方照得非常清楚。"

在研究电灯的先驱者中,首先应该提到的是英国化学家汉弗莱·戴维。1808年,戴维用一组电池和两根碳棍,制成了人类历史上第一盏弧光灯。但是戴维的弧光灯一则光芒刺眼;二则碳极之间的距离必须不断地加以调整;三是碳极打火后会冒出呛人的气味和黑烟。而且,因为缺乏充足的电源,它只能发出极短时间的光芒。1831年,英国科学家法拉第成功地造出了第一台发电机,从根本上解决了电源问题。后来伦敦的赖特为弧光灯设置了碳棒调节器。这样,

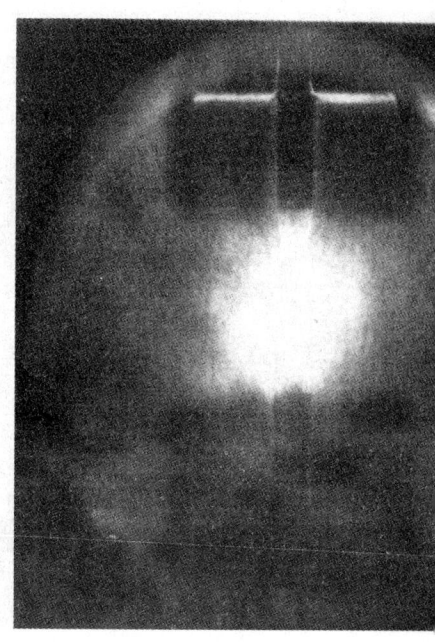

英国学者戴维发明的第一盏弧光灯。

> 不懈奋斗的人们在临终之际,若能把狂热的精神留给子孙,那就留下了无价之宝。人生太短暂了,事情是这样的多,能不兼程而进吗?
>
> ——爱迪生

四、一个划时代的贡献

尽管电弧灯仍有许多缺点,有些国家还是在灯塔、剧院和广场采用了弧光灯,并渐渐地用于街道照明。

1876年,爱迪生着手对电灯研究的前一年,俄国杰出的发明家巴维尔·尼古拉耶维奇·亚布洛奇科夫发明的"电烛"问世了。亚布洛奇科夫用绝缘物把两根碳棒隔开,电弧就像蜡烛燃烧一样,人们称之为"亚布洛奇科夫烛"。亚布洛奇科夫同时解决了一个电路可同时点用许多弧光灯的方法。由于电烛光度小,使电照明的应用大大扩大了。电烛开始用于街道、商店、旅馆、港湾、工厂以及住宅照明。但是,电烛的普及仍然受到很大限制:电烛从本质上说仍是电弧灯,也是火焰光源;它的价格昂贵;照明时间仅为两个小时左右,之后必须更换电极。因此,电烛离人们的实际要求仍然相去甚远。

与电弧灯的研究同时,许多发明家开始从事制造白炽灯的研究。人们利用电流的热效应,使连接两极的导线灼热烧红,以致发出白炽的光芒。

人们首先想到的是用一种金属作为电灯的白炽体。第一种采用的金属便是熔点高达1750℃的铂金,而且铂金在空气中的炽热温度下不变形。1809年,英国的德拉留首先制作了极为原始的电灯,它以螺旋形的铂金丝作为白炽体。但是极为昂贵的铂金在灯内电压超过一定界限时就熔解了。

发明家在多次试验失败后,开始寻找新的白炽体。碳的耐高温和不溶解的特性,引起了发明家们的注意。碳在3300℃的高温下才软化,在一定温度下碳能发出强大功率的光辐射,而且,碳在自然界比铂金容易找到。但是,用有机物质的碳化作用直接制成的碳充满了孔隙,必须寻找特种碳。而且,碳在燃烧时与氧化合并完全烧掉。这样,必须使碳在无氧的环境里灼热。

1846年,盖布尔用经过碳化的竹子的纤维丝作为白炽体,制成了第一只碳丝灯,为了碳丝不被烧毁,碳丝被放入抽出了空气的玻璃灯泡里。盖布尔在玻璃灯泡中注满水银,挤出空气,然后再排出水银。但是,这办法形成的真空度并不够,碳丝迅速被烧毁了。

自1809年至1878年近70年间,发明家们试制了无数个白炽灯。这些不同结构的灯泡,灯丝有金属的,也有碳质的;灯丝的形状有棒式的、片状的、条式的,有的则被制成环形的或螺旋形的。灯泡里的空气,有的被抽掉了,有的充满了惰性气体。许多白炽灯泡获得了专利特许证,但是多种型号的电灯中还没有一个被实际采用。白炽灯的研制,还没有走出实验室。

　　无数次的试验证明,白炽灯的研制遇到了两个必须解决的难题:必须寻找出最难溶解和在高温下不变形的物体充作白炽体;必须提供赤热的白炽体不被氧气破坏的条件。

　　想到这里,爱迪生知道,他需要化费巨大力气才能有所成就。但是,困难是吓不倒爱迪生的,他会勇敢地迎着他现在还完全没有想像到的困难朝前走去。他说:"进行惊人的发现是很容易的,但改进这些发现使之有实用价值就困难了。我就是正在致力于这一改进工作。"

　　爱迪生会竭尽全力,制造出一种仪器,使每一个人都能借助于它获得光源,而不需要为此设立特别的发电站。他给自己提出了下一个任务:借助于电气提供洁净的、平稳的、不熄灭的光源并使其价格低廉,足以和煤气竞争。爱迪生在他的笔记本中写道:"目标——爱迪生要用电力照明取代煤气照明。"

　　爱迪生借鉴了前人的研究成果,从两种可能的系统中——电弧灯和白炽灯——选择了后一种。整个照明的发展史和在电能生产中所获得的进步,使他深信对白炽灯设计的研究是正确的。

　　爱迪生认为,前人的研究遭到一系列失败的主要原因在于,他们没有研究整个照明系统的问题,只研究了个别电灯。爱迪生以他特有的专心致志的精神深入研究与制定了跟整个照明系统有关的多种多样的问题,他得出了广泛分散电光问题的可能性。他大胆地决定先把电流分路,再引到住屋点灯。这是一个完全新颖的思路。他说:"不仅要使电力照明具有煤

爱迪生电灯研究初期的一幅草图。

四、一个划时代的贡献

气照明的一切优点,而且还能给人们带来热能和动能。利用热能,可以烘烤面包、烧菜;利用动能,可以开动多种多样的机械……"亨利·福特在其对爱迪生的回忆中转述了爱迪生的一段话:"回家后,我就立即开始收集多种情报资料。这是瓦斯照明的时代。我弄到了瓦斯科技协会等团体出版的所有新杂志。我由于收集了所有这些资料,了解了纽约瓦斯输送网的瓦斯分配情况,并直接观察到这种情况,所以得出结论是,电光分散问题是能够解决的,而且在商业上也是适宜的。我认为,为实际推广白炽灯,白炽灯应至少在两个方面与瓦斯照明光源相同:1.白炽灯应制造出适中的照明度;2.每盏灯点燃都应完全不受其他灯的影响,它可以点燃可以熄灭,不干扰其他灯的工作。"

根据这些设想,爱迪生在试验后得出结论,为了解决电光分开使用问题,就必须要有阻抗强和发光面小的灯;电灯应并联接入电路,这样就可使每盏灯都能独立点燃。正是在这个实质性问题上,爱迪生之前的发明家们陷入了错误的道路,他们认为,为使电能在某些电源间分路,就需要有一种能串联的高压电网的低阻抗灯丝的电灯。所以他们至多只能获得局部的和有限的成功。爱迪生是设计白炽灯的众人中第一个提出强电阻灯丝和并联入网的观点,找到了通向成功的捷径。

"我对碳的属性很熟悉,而且也懂得,如果能用这种材料做成了像人的头发那样细的线,那么就可以得到一种发光面小而阻抗强的灯丝。"在福特的回忆录中,我们还看到了爱迪生这样一段话:"但这种易碎的灯丝是否能抵抗住机械的振动?是否能经受住1000个小时的华氏2000多度的炽热?其次是:怎样才能把这个已具有灯丝形状的导线装入已抽成真空的空间里,以便空气在灯丝的各种不同温度下的发光过程中,都不会进入这一真空内破坏灯丝?问题还不仅限于此!电灯应不仅要符合实验室的要求,而且也要成为可供经营的商品;生产成本要低,又可以大规模地制造,并能完整地运往远方。这些设想和其他不那么重要、但也并非不重要的设想,就形成了重大而又纵横交织的复杂问题。"

显而易见,爱迪生研制白炽灯的思路已经非常清晰了,这些观点成为他深入研究和周密设计的指导思想。

2. 第一盏实用白炽灯的诞生

从1879年9月开始，门罗公园成了研制白炽灯的战场。爱迪生当然是总指挥，7位有丰富经验的人作为他的助手。这时，实验室又增添了几位新人。弗兰西斯·厄普顿，是普林斯顿大学的毕业生，后来又在法国大科学家亥姆霍兹那里研究了一年数学。爱迪生说："对于数学，我简直一窍不通。"他正需要这样的数学家。波普说厄普顿是"促使爱迪生成功的一个特别幸运的条件"。厄普顿的计算证明了爱迪生直觉的正确：电灯丝必须有100欧姆以上的电阻，才可能成为煤气灯的对手。对分析化学极有经验的劳孙和被大家称做"博士"的化学家海德，也都是新到实验室的，他们负责检测运到实验室的全部矿石。

这时，对爱迪生来说，最重要的是资金。"发生了财务困难，"爱迪生在日记中写道，"我的个人资财已不敷支出。"爱迪生不得不寻找现金支持。意想不到的是，第一个向他伸出援助之手的，竟是他以前的"敌人"，西方联合公司的总律师格罗斯维诺·洛雷。多年前，因四通路发报机的专利归属案件，洛雷作为律师毫不留情地盘问过爱迪生。洛雷的帮助令爱迪生惊讶不已。洛雷建议爱迪生成立一家股份公司，以便为试验提供经济援助和申请专利。经过再三考虑，爱迪生接受了这个建议。他在洛雷的帮助下，吸收与该公司有关系的企业约翰·皮尔彭特·摩根银行和纽约地上蒸汽机铁路公司的投资，组织成立了"爱迪生电灯公司"。资本为30万元，投资人

爱迪生与助手们在实验室中（摄于1889年）。

四、一个划时代的贡献

先拨付5万元,作试验费用。

有了这笔资金,爱迪生立即增添了实验设备;在实验楼前加盖了办公室和图书馆,腾出原来所占的一楼以扩大实验和生产用房;又在实验楼后盖了一幢平房,安置了两台80马力的蒸汽机。工作人员也增加到200多人,现在,门罗公园气象一新,爱迪生要按大工业的原则组织发明工作,建立了全新的科学试验系统。

爱迪生准备制造白炽灯的消息虽然保密,但还是传了出去。人们热切地等待着这位著名发明家能在电照明方面取得成就。科技界更是认为爱迪生的研究工作具有极其重要的意义。假如爱迪生真的研制出一盏能供日常照明需要的灯,而这种灯又没有以前电弧灯和煤气灯所固有的那些缺点,假如新的灯电费便宜,易于控制,易于调节,便于使用,便于维修,那么那个时代里最重要的一个技术问题就得到了解决。

但是,并不是所有的人都相信爱迪生的努力会获得圆满成功。煤气工业以及与之有关的单位,已感到了竞争的威胁。而欧美许多杰出的物理学家和化学家则坚决否认"分散光能"的可能性。英国国会甚至指定由最著名的科学家组成特别委员会来讨论这个问题,他们的结论是:分散电光是人类无力解决的。于是,爱迪生的设想便招来了不少非议。

博学的科学家希格斯博士说道:"近来在白炽灯这一方面有很多无稽之谈。有某发明家宣称他能把电流分成无限的支路。他不知道,或许是忘了这种说法根本是和能量不灭定律相抵触的。"

"必须敢干,才有进展。我们的电灯系统并不是空想,也不是莽撞。"

——爱迪生

英国的著名电学家斯普拉格则认为爱迪生的设想是"空谈",甚至是"荒谬绝伦"。他说:"不论他是爱迪生,或是别人,他总不能超越那些公认的自然法则。他说从同一电线上能给你送来电光、电力和电热,这完全是空谈,决不能成为事实,他还说能够利用电热来烹煮食物,那更是荒谬绝伦了。"

《电光学》的作者,法国的名人方丹纳说得更绝:"电灯分路是不可能成功的,当灯丝白炽时炭质就会裂碎,所以小型的电灯简直无法制造。"

有一位智者挖苦爱迪生,说:"连数学都不懂的爱迪生,竟想解决为世界学者所苦恼的问题,真可谓愚不可及。"

爱迪生是不会屈服的。他相信的是事实,他童年起就学会了通过实验来鉴别是非。爱迪生研制白炽灯的信心,是以前人成功的、失败的经验和自己的亲自试验为基础的。对于种种非议,爱迪生明白,这里有商业上的利益,也有学者们一时的误解,所以他处之坦然,他微笑着对同事说:"我不反对人家的指摘,因为它能把冷酷的事实表现出来,因为它能鼓励大家讨论,而这又常是有益的。"

爱迪生在研究的第一阶段,首先寻找适合于制作灯丝的材料,并试图设计出最佳形状。

早在1877年,爱迪生就对白炽灯进行了一些试验。他曾试图用碳、铂金、硼、铬和其他物质来作灯丝。试验都没有成功。但试验告诉爱迪生,试验过的金属丝中,铂金似乎是最理想的一种。于是,爱迪生采用铂金丝开始实验。

爱迪生把铂金缠在石灰圆筒上作为发光体。后来他又试着在细细的铂金丝上涂一层由氧化物或其他物质,特别是稀土族和碳的氧化物所制成的膜。在试验中,他发现涂上耐熔的稀土族氧化物膜后,灯丝的赤热度大大增加了,这就能使光通量增加几倍。

爱迪生不懈地工作着,但成功似乎还是遥遥无期。他更换着多种不同的材料,制成许多不同直径、不同形状的灯丝。有些灯丝细得难以装进灯泡,有些一通电就立刻熔化了。他又改变灯泡的多种形状,而每一形状的灯泡,都要配合一系列不同的灯丝进行试验。要正确估计每种形式的效率,就必须严格掌握每种灯泡的容积。有一次,为了计算一个异形灯泡的容积,

四、一个划时代的贡献

熬了整整一个通宵,仍没有结果。秘书回忆说:"爱迪生一手接过盛了水的灯泡,一手拿起一只量杯,将灯泡里的水倒进杯里,一看量杯的刻度,爱迪生马上就得到了灯泡容积的准确数据。"

日日夜夜紧张的工作,爱迪生最终患上了眼疾。1879年1月27日,他在日记里写道:

"因为我一连7个小时在强烈的灯光下工作,眼睛隐隐作痛,不得不停止工作。"

到了第二天下午才有所好转,他在当天的日记中写道:"从昨夜10时到今晨4时,眼睛痛得要命。4时后借助于大剂量吗啡才得以入睡。到下午4时就不十分痛了,但是我失去了一个白天。"

1879年4月,爱迪生把铱、钌、铑、钛、锆以及其他难熔金属的扁平状、线状、棒状和小球状灯丝全试用过了。爱迪生用一根细小的锆质的线轴,外面绕上细的铂丝,再涂上一层耐熔的氧化物,然后制成螺旋形灯丝,第一盏高阻力电灯终于制成了。4月12日,爱迪生领到了第一个带有强阻抗螺旋形铂丝的白炽灯的专利特许证。这种灯丝与引入的电极是用特殊方法接起来的。灯泡是真空的,是通过灯泡圆顶上的专门管子把空气抽出来的。

但是,这种电灯还是不能完全令人满意,它的使用寿命很短,铂丝电灯由于过热,铂丝还是很容易软化或熔化。加之铂在美国当时还未采掘,电灯生产得依靠进口,价格太昂贵。

在这盏电灯的试验中,爱迪生又一次证实,真空起着决定性作用。他先在空气中使铂金丝白炽化,得到的光强度为4烛光。当他用同样长度的铂金在真空中白炽化时,光强度增加到25烛光。

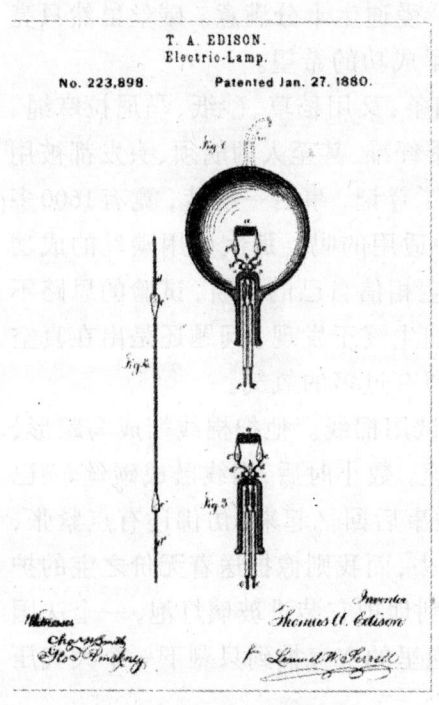

爱迪生发明电灯的专利照片。

爱迪生传

最初，爱迪生使用的是法国斯普林格设计的水银抽气机，那还是厄普顿从他母校普林斯顿大学勃拉克特教授那里借来的。使用这种抽气机，不得不在气温55℃上下的充满水银蒸气的环境下工做，工作人员有水银中毒的危险。尔后，改用经过克鲁克斯改进的抽气机，爱迪生又对它做了某些改进，灯泡的真空度明显提高，在1879年10月，爱迪生获得了大气百万分之一稀薄度的真空。在那个时代的技术条件下，这是一项极大的成就。

爱迪生解决真空问题后，得以继续集中精力寻找最适于做白炽灯丝用的材料。他放弃了铂丝，改用碳丝试验。

一天晚上，爱迪生正坐在实验室里思考问题，他随手拿起一块被压榨过的混有树脂的碳黑，漫不经心地在手中搓卷着，不知不觉地把手中的碳黑揉搓成细丝。他无意间看了它一眼，忽然心中一动，也许它能成为白炽灯灯丝。他将细丝裁下一小段，放在炉中熏了大约1小时，再把它放进玻璃泡中，抽去空气，然后接上电流。脆弱的细线立即释放出耀眼的亮光。爱迪生发现，碳化后的细丝变得非常坚硬。爱迪生十分满意。碳丝虽然只亮了很短的时间，但却给电灯的研究带来了成功的希望。

无数次的试验，用棉线、用木材的细条，又用稻草、砂纸、马尼拉麻绳、马鬃、钓鱼线、麻栗、硬橡皮、藤条、玉蜀黍纤维，甚至人的胡须、头发都被用来做试验。每用一种材料，爱迪生都做了登记，事后一统计，竟有1600多种！这1600多种材料中难道就没有一种适用的吗？那次试用碳丝的成功试验难道只是一次偶然现象？不，爱迪生相信自己的判断，试验的思路不会错。经过反反复复的试验、比较，爱迪生终于发现，问题还是出在真空上。碳丝被很快烧断，是因为灯泡里还留有过多的氧气。

立即从头开始！这次，爱迪生重新试用棉线。他把棉线摆成马蹄形，放进一个密闭的金属盒内，进行碳化处理。数小时后，棉线已成碳丝。"巴切勒极为小心地拿着这根宝贝，"爱迪生事后回忆起来，仿佛还有点紧张，他绘声绘色地说，"向吹制灯泡的车间走去，而我则像护送着无价之宝的护卫。"他取出一段完整的马蹄形碳丝，顺利地把它装进玻璃灯泡，一个法国籍的玻璃专家按照爱迪生的吩咐，把灯泡里的空气抽到只剩下一个大气压的百万分之一，封上了口。

爱迪生接通了电流，他们日夜盼望的情景终于出现在眼前，灯亮了，灯

四、一个划时代的贡献

1879年,爱迪生用新型抽气泵,制造出一种既经济又耐用的碳丝灯泡。它的出现,很快就照亮了整个欧美大陆。从此"电"这个字眼便与摩登两字紧密相连。

泡发生了金色的亮光!

这一天是1879年10月21日。19世纪最伟大的发明之一,第一盏碳丝白炽灯就这样诞生了。现代的白炽灯和爱迪生制成的第一只电灯相比有很大的不同,但是它的主要部件的构造原理基本上都保留到今天。

爱迪生和他的亲密助手查尔斯·比奇勒等人一连48小时坐在实验室里为新发明的电灯继续进行试验。发明家增加电流强度,测试脆弱的灯丝能否经受住灼热。灯更亮了。爱迪生继续增加电流强度,直至接近金刚石的熔点,电灯才熄灭。

我们来听听爱迪生是怎样来描述这次难忘的试验的:

"在我实验室的老记事簿上,有这样的记录:经过许多次失败的试验后,我于1879年10月21日成功地碳化了一团棉纱,并使它成为马蹄形。我把它放进了一个密闭的玻璃泡里,灯泡里的空气被抽到大气的百万分之一的稀薄度。我开了这盏电灯,并马上测量了电阻,电阻是275欧姆。我们要求做到的也就是这一点!后来我们就坐下来观察这盏电灯。我们很想知道,它能够亮多长时间。如果能证明电灯使用寿命长,那么问题就算迎刃而解了。我们坐着,观看着,而电灯继续亮着。它亮得时间愈长,我们就愈高兴……我们中没有一个人愿意去睡觉,我们就连续48个小时没合眼。我们大家的心情越来越振奋,坐在那里注视着电灯。电灯亮了45小时,因此我就确信,合乎实用要求的电灯终于诞生了……"

1879年11月4日,爱迪生向美国申请登记真空碳丝白炽灯。1880年1月

27日，他领到了专利特许证。

在这份专利申请书上，爱迪生写道："一根棉线在正确的碳化之后，置于百万分之一大气压的真空玻璃灯泡中，就可以对通过的电流保持100～500欧姆的电阻，在极高温度下也能保持绝对的稳定。"

1879年12月21日，《纽约先驱报》用了整整一版篇幅，以

1879年10月18日《科学美国人》刊登爱迪生的第一台发电机。

《伟大发明家在电气照明方面的辉煌成就》为题，叙述了电气照明的发展历史及前人的工作，详尽地报道了爱迪生制成白炽灯的过程，肯定了爱迪生的"伟大发明"和"光辉成果"。

爱迪生从他开始电气照明试验起，从未让一个闲人走进他的实验室，也从未在报刊上登过有关试验的任何重要阶段的消息。所以，《纽约先驱报》的报道立即引起了轰动，询问的电报和信件雪片似的飞来，闻讯赶来的记者和好奇的人们更是难以应付。于是，爱迪生决定在除夕公开展出他的白炽灯，也就是说，要在短短的10天内完成全部工作。事前已获得消息的《纽约先驱报》立即宣布："期待已久的爱迪生电灯第一次公开演示新年前在门罗公园举行，门罗公园将用新发明的电灯照明……科学和整个文明世界急切地等待这天晚上能获得良好结果。"

爱迪生并没有陶醉于试验的成功。他说："成功了一个实用白炽灯的发明，我不过踏进了一座大楼的门槛而已。我们一定会不断进行试验，使这盏灯更臻完美。"爱迪生立即着手改进碳丝以延长其寿命，赶制灯泡。门罗公园实验室的研究工作正夜以继日、热火朝天地进行着。爱迪生和他的

四、一个划时代的贡献

助手们,不论夜间还是星期日,都没有好好休息过,到1880年新年前,全部工作就绪。爱迪生的实验室、办公室、住所、几处住宅,都装上了电灯。门罗公园四周的街道上,也都树起了电杆,装上了电灯。这是世界上第一个白炽灯电照明设备,这个设备的电能,来自于爱迪生的装有发电机的自备发电站。门罗公园将以这神奇的"未来之光"迎接1880年的新年。

准备新年庆祝会使用的700盏电灯,寿命已达到170个小时,碳丝是由高级纸板碳化成的条状灯丝,短短两个月时间,爱迪生已做了如此大的改进!

1879年最后一个寒冷、大雪纷飞的晚上,宾夕法尼亚铁路公司开出几列专车,大约有3000多人来到了门罗公园,其中有官方人士、著名的社会活动家、科学家、新闻记者、工商界人士和观光者。他们赶来观看"用电线悬挂在树上的电灯放出奇异亮光"。

当第一班火车进站时,爱迪生开动了机器,从火车站到门罗公园一路上的电灯、装满门罗公园的电灯,霎时间同时点亮!700个白炽灯泡,犹如金色的花朵闪闪发光,把雪地照得通明。

火车上下来的人,先期到达门罗公园的人,一个个目瞪口呆。他们感到目眩,惊奇得都屏住了呼吸。使他们难忘的不仅是这些电灯本身,更多的是这些灯竟能随时开关。

爱迪生穿着一件旧工作服,一会儿守在机器旁,倾听着发电机运转情况;一会儿又与同事一起给观众讲解着。他并不引人注目,但他却听到了人们在议论什么。

"你曾见过这么漂亮的东西吗?"

"这可是大自然都办不到的啊!"

"看起来可真是漂亮,可我就是不明白,这烧红了的发夹是怎么装到玻璃瓶子里去的。"

这位老人可真有意思,爱迪生被逗乐了,把灯丝称做发夹,还是烧红了的!

人们挤满了实验室,他们等着爱迪生的出现,好一睹这位神奇的魔术师的风采。他们想,这位著名的发明家一定是一位德高望重、举止高傲、穿着整洁礼服的绅士。

该爱迪生致词了。人们大吃一惊,原来这个给观众讲解的和蔼可亲的年轻机械师模样的人就是爱迪生。

爱迪生说:"大家称赞我的发明是一种大成功,可是这尚在研究途中,在灯泡的寿命没有到达600小时以前,还不能算是成功。"

600小时!那电弧灯可只有数小时呀,人们又一次感到惊讶。

不该发生的事情,还是发生了。虽然事先已发出了警告,不准闲人走进发电室,但还是有不少人走了进去。结果他们佩戴的表被磁化不走了。一位服饰漂亮的小姐走

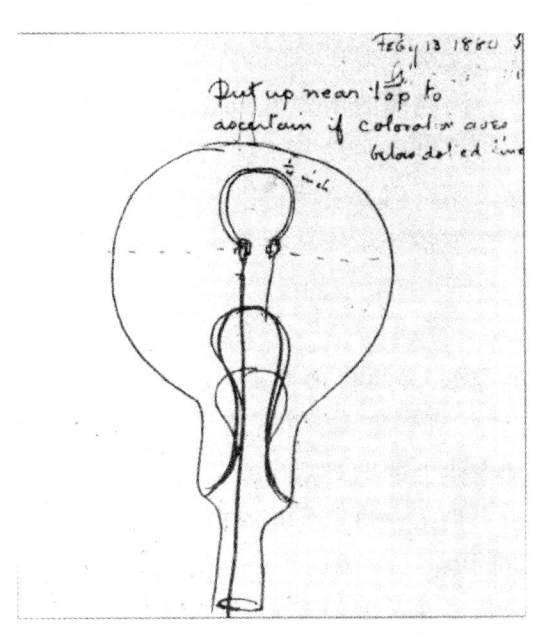

1880年2月13日,爱迪生在笔记本上画的电灯灯泡草图。

近"梅里—安"(人们都这样称呼发电机)俯身看时,她头上的发卡都坠落下来了。还有,工作人员发现几盏电灯被人悄悄摘走了。更有甚者,有人企图用一截导线引起短路,爱迪生温和地盼咐人把他撵走了。看来,并非所有的人都怀着善良的愿望,某些参观者并不掩饰他们希望看到有某种事故发生,以打消人们对电照明产生的兴趣,甚至要直接破坏,以造成人们对白炽灯的恐慌心理。

后来,当爱迪生谈起研制白炽灯经历时,就会回忆起一件不愉快的事。

"我想起有一位毕业于约翰·霍普金斯大学的著名电工学家参观实验室的情况。……他把一段绝缘电线缠在胳膊上,放在背后的衣服下面,而把线头抽出来拿在手里,以便不让任何人发现。他的目的是要把两个线头接到供电线上,造成短路,使灯熄灭。这样,他就能够散布流言蜚语,说电照明装置的性能可以轻而易举地被破坏,因而引起人们对电照明持否定的态度。他不知道,可熔保险丝已被制造出来了,并被加以使用,他也不知道,每组灯都有自己的保护装置。这位参观者用自己的电线同导线相接触,

四、一个划时代的贡献

这只不过使四盏一组的电灯熄灭了。我们的值班者发现他这样干后,就把他叫了出来,赏给他一个极不好听的外号。"

伽利略曾经说过:"光是惟一的来自其他星球的信使。"但是在1880年新年这个不平凡的夜晚,爱迪生却用他所造出的一种神奇的发光体照亮了整个门罗公园。此后几天的报纸纷纷刊载了门罗公园的盛况。但是,一片赞美声中也出现了一些不和谐音。

有一名记者写了这样一篇荒唐的报道:"爱迪生用特殊化学处理方法做成衬衣,这种衬衣有365层,但是很薄很薄。穿这种衬衣的人,只要每天剥掉一层,一年到头都可以穿着干净的衣服,爱迪生本人现在就穿着这样的衬衣。这种衬衣才是门罗公园研究所的珍奇发明品,定名为爱迪生衬衣。"这样荒唐的"新闻"居然会被众多美国报纸所采用,致使各地纷纷来函来电询问,甚至寄来汇票、现金。对爱迪生来说,这无疑是一场灾难,严重干扰了正常工作。

一些报纸则不断刊登怀疑、中伤等歪曲性报道。一天,伦敦《泰晤士报》驻纽约记者,费城地方电报公司总裁,《费城大众纪事报》副总编一行来到门罗公园。之后《泰晤士报》便报道说爱迪生"所有努力已彻底失败"。《纽约先驱报》刊出的一封读者来信说:"尽管传说爱迪生先生的电灯燃烧240个小时,但我仍然肯定,他的电灯如果能达到煤气灯所发出的光亮的一半(更确

爱迪生很会为自己的发明做吸引人的商业广告。他的创造性行为严重危及到了全世界煤气公司的利益。纽约《导报》上刊载了一段来自伦敦的电文:"爱迪生宣布其电灯发明后,煤气股票一落千丈……"

切地说就是红光),那么它连3个小时也坚持不下去。"一家受煤气公司操纵的报纸,竟以"爱迪生的惨败,新年夜欺骗大家"为题,歪曲报道新年夜的盛况:"在当时表演的数百盏电灯中,没有一盏比煤气灯稍稍亮些。参观者的失望情绪非常明显……观众悻悻而去的神态,已充分地预示着这种电灯的前途如何了。"煤气公司的老板们还雇用一批流氓到门罗公园来骚扰生事、破坏设备。

对于煤气公司老板们的气急败坏,爱迪生一点也不奇怪。1879年后,每股100美元的爱迪生电灯公司的股票曾惨跌到20美元。新年夜成功的展览之后,公司

漫画家们将爱迪生描绘成了一个穿着飘垂的黑袍、戴着中世纪炼金家锥形便帽的非常人物。他的身边摆满了奇形怪状的瓶瓶罐罐,他会从空中引出火花,他是一个玩弄戏法的术士……

股票开始暴涨,大股东们以每股3000~3500美元竞相收购,小股东们握住手中的股票,希望出现每股5000美元的市价。与此相反,纽约《导报》刊载的一则来自伦敦的电文说:"自爱迪生宣布其电灯发明后,煤气股票一落千丈。"这种情况,使煤气公司的老板们越来越感到白炽灯的威胁正在步步紧逼。

至于那些怀疑和中伤,爱迪生深信,只要制作简单、使用方便、价格便宜的灯泡一上市,一定会受到大众的欢迎。到那时,这些谣言、攻击自然会烟消云散。

四、一个划时代的贡献

3. 把光明带给人类

新年夜门罗公园的白炽灯展览进行得特别成功,之后,几千封请求帮助安装电照明的信件纷纷寄到了门罗公园。

实际上,工作才刚刚开始。白炽灯的试制成功,只是实现电照明的一个方面,电照明的实现,还有待于电能的来源即电力生产,以及整个照明系统的建立。为了叙述方便,我们在下一章节将专门记述爱迪生是怎样创建照明系统的,这里,我们继续关注白炽灯的进一步改进问题。爱迪生当时面临的繁重的研究课题是:灯泡能经久耐用、使用实惠和使用方便。

最初的白炽灯口是由石膏制成的;灯泡里引出的两个电极就直接固定在灯泡的颈端,因此这种灯泡是没有灯头的,灯泡的颈端直接置于石膏灯口里。这种灯泡使用者自己难以更换,必须请电工操作,很不方便。后来在灯泡颈端装了木制灯头,灯口也改成木制的,并且装上了旋转开关。改进后的灯泡使用方便多了。但木制灯头、灯口的生产以及与玻璃灯泡的牢固结合方面还有不少问题。后来,爱迪生从煤油罐的螺旋盖上得到了启示,研制出金属螺丝灯头和与灯头丝口配套的金属灯口,这种灯泡可随意调换,无须请电工帮忙,而且这种金属灯头和灯口便于按规格成批生产,灯泡的密封性也大为改观。这种"爱迪生灯头"和"爱迪生灯口"一直延用至今,爱迪

这是一只普通的灯泡。在爱迪生手中,他却变成了一把开启现代科学之门的钥匙。它为人类驱走了黑暗,点燃了希望,也加速了人类文明的步伐!

生提出的灯口螺纹刻度也成为国际通用刻度，至今也没有更改过。

为了提高灯泡的整体质量，爱迪生攻克了一个个技术难关：不断改进易熔玻璃制造工艺，使白炽灯泡封口简易、严密，保证了使用期内的高度真空。原来用铂丝作灯丝时，由于铂与玻璃的膨胀系数相近，所以铂丝的两端可以直接穿过玻璃。改用碳丝后就必须找到连接碳丝两端的两根电极的合适材料。如果电极与玻璃膨胀系数不一致，电极穿过玻璃处就会出现漏气孔。后来，爱迪生的工人们想出了解决办法，在穿过玻璃的两极与玻璃接触处，焊上一段铂金丝。1891年，德国的尔·兰格汉斯用镀了一层铂的铁和镍合金的金属丝代替铂，不仅制作简便，而且降低了成本。

爱迪生发现，残留在玻璃、电极和灯泡里的气体，对白炽灯的灯丝有害。但改进真空和清除残留气体有害影响问题，直到1894年意大利的马利尼亚尼才彻底解决了。

爱迪生在不断改进白炽灯的过程中，需要对白炽灯的物理特性、电特性和光特性不断地进行检测，为此，爱迪生制造了测量电流强度的电功率计，测量光度的光度计。用水的热量测定器来测定功率，用提高电压的办法来抽查灯泡的使用寿命。在安培表、电压表以及电的测量单位和这些单位的标准器还未发明、制定的条件下，爱迪生只能靠自己制造的最简单的仪器，甚至是使用原始的办法组织对产品进行颇有成效的检查，以便稳定产品质量，并尽可能地降低能量消耗。

爱迪生的一切工作，都是为了一个中心，那就是提高灯泡的耐久率。试验成功的碳化绵丝并不能使这位发明家满意，他总觉得碳化绵丝质地不匀称，发出的亮光仍不理想。为了延长灯泡寿命，爱迪生想尽一切办法寻找适合制作灯丝的材料。

一天，爱迪生在实验室捡到一把蒲葵扇。爱迪生翻来覆去看了又看，眼睛渐渐地盯住了蒲扇四周那一圈细细的竹丝上。同事们看到他迅速地拆下竹丝，知道新的试验马上又要开始了，便围了过来。没想到，试验效果空前的好。爱迪生高兴极了，原来竹丝是最合适的原材料。

爱迪生立即跑到图书馆，调查有关竹子的资料，当他了解到目前已知道的竹子就有1200种时，他决定把1200种竹子全部拿来做实验。他决心不惜跑遍全世界，也要找到最优良的竹子品种。

四、一个划时代的贡献

爱迪生的化学实验室。

爱迪生从研究所选出20人组成调查队,并准备了10万元费用,到全世界竹子产地去寻找竹子。

这20位寻竹英雄,进入中国、日本、南美各国、古巴、佛罗里达、牙买加、锡兰、印度和圭亚那,历尽艰险,甚至付出了生命。

塞格里多耳受命前往古巴,刚抵达哈瓦那便患上了黄热病,未及一周不幸身亡。弗兰克·麦克高恩行踪遍及秘鲁、厄瓜多尔、哥伦比亚南美三国的丛林荒野,寻找特殊的竹子。连续有98天时间,他不敢脱衣睡觉。历时15个月之久,受尽洪水猛兽的威胁,险遭土人的袭击,更有黄热病的威胁。

从世界各地采集来的竹子有6000种之多,爱迪生一一做了碳化试验。实验结果表明,日本的一种竹子所制的碳丝最佳,用这种碳丝做灯丝,寿命可达1200小时,达到了耐久的要求。于是,在之后的9年间,日本竹子一直是供应碳丝的主要原料。

但是,爱迪生的进取心永无止境,他从不认为已有的东西就是最好的东西。几年后,他又发明一种化学纤维代替竹子,把灯泡的寿命延长了一大步。再往后,他的试验工作重新转向耐热的金属丝,最后,终于找到了钨做灯丝,这就是我们现在仍在使用的钨丝灯泡。爱迪生坚持不懈的研究终于获得了最后的胜利。

在提高灯泡耐久率的同时,爱迪生也没有忘记他的产品必须是物美价廉的,公众必须能买得起。这样,这位发明家又面临着一位企业家必须解决的问题:既让广大用户买得起灯泡,又要对灯泡生产者有利可图。爱迪生把他的价格政策建立在不断扩大生产规模和改进生产工艺的基础上。他相信，随着灯泡生产规模的扩大和工艺的改进，一定会导致成本的迅速降低。爱迪生设想，灯泡的售价开始要低于成本，而且这个价格要保持多年不变，以后随着工艺的改进，成本就该大大降低，这时即便仍以初始价格出售生产也会有利润，而这些利润会抵偿以前的亏损。事实上爱迪生也正是按照这个设想做的。1881年，生产一只灯泡的成本是1.1美元，爱迪生规定每只灯泡的售价是40美分。也就是说，每卖出一只灯泡就要亏损70美分。第二年每只成本降低到70美分，出售价不变，由于销售量增大，亏损比上年还多。第三年，许多手工工序为机器所代替，工艺得到了改进，成本降低到50美分，由于制造和销售量迅速增多，年亏损量又增加了。到了第四年，成本降到37美分，在出售价不变的情况下，一年内收入完全补偿了头三年的亏损。第五年，成本降到22美分，灯泡年产量已超过100万只，"爱迪生电灯公司"获得了比上年更多的利润。

爱迪生的价格政策是成功的，既让广大用户获得了实惠，也保证了自己的利润。到1896年，已有36家生产白炽灯的公司。剧烈的竞争导致了灯泡售价的不断降低。这一年灯泡售价始终在12美分到18美分之间徘徊，由于生产大大改进和扩大了，以致这样的低价爱迪生还能获得巨额利润。

爱迪生明白，由于扩大生产白炽灯和多种复杂照明装置的需要，也由于白炽灯生产专利受到越来越多的侵权，激烈的竞争必须控制白炽灯的生产权，因此，他必须放弃不在自己的实验室下建立大规模生产和大量出售产品的企业这一原则。于是，爱迪生又成立了一个生产和出售白炽灯的商业公司——"爱迪生灯泡公司"。1880年10月1日，世界上第一座生产白炽灯的工厂在门罗公园投入生产。很快，灯泡厂的规模不能适应迅速增加的订户的需要。1881年，爱迪生把灯泡厂迁到新泽西州的哈里森城，在那里建立了一个相当大的生产灯泡的企业，即"爱迪生灯泡公司"。"爱迪生灯泡公司"极为迅速地发展起来，尽管有新的白炽灯生产者的激烈竞争，但在40年内这个企业的灯泡生产一直领先，美国的白炽灯几乎有3/4是这个灯泡公司生产的。到1883年，爱迪生灯泡公司拥有专利特许证215份，另有300多份专利补充申请正在审批中。

这时，爱迪生开始向欧洲寻求发展。1882年，爱迪生在巴黎附近的伊

四、一个划时代的贡献

夫里开办了一座制造电机、照明器材和白炽灯的电机厂,灯泡的日产量最初为500只。之后,爱迪生在巴黎组织了"巴黎爱迪生欧洲大陆公司",并把在整个西欧使用白炽灯的权利也给了这个公司。1883年,埃米利·拉捷瑞从该公司购买了在德国使用爱迪生专利特许证的权利,组织了"德国爱迪生电气公司"。1888年,爱迪生和斯旺在法国的利益,通过组织联合公司"白炽灯总公司"而联合起来。

爱迪生的白炽灯,开始在世界各地普及。

1881年8月1日,法国政府在巴黎举办了国际电气设备博览会。爱迪生送去了137箱展品。这次博览会,无疑是对19世纪80年代电工技术方面重大发明和成就的一次检阅,它表明一个电学占统治地位的科学与技术的新时代已经来临。

在谈及展览会的一篇文章中有这样一段话:"在举手向瓦特们、司蒂芬孙们致敬之后,我们现在还要举手向格拉姆们、西门子们、亚布洛奇科夫们、格雷厄姆·贝尔们和爱迪生们致敬。"

"托马斯·阿尔瓦·爱迪生发明展览"占用了两个大展厅,摆满了能显示出他最重要的发明成果的展品,在可容三百多人的大厅里,悬挂着480盏白炽灯,像星星一样从天花板向下照射,使大厅和正门楼梯一片灯火通明。安在墙上的电灯开关旁聚集了数百人,他们在排队等候亲手点亮或熄灭电灯。人们对电灯前景

爱迪生手持一个电灯泡。

极为关注。

著名的德国电气技师、慕尼黑博物馆创建人、首批大型巴伐利亚水电站设计师、年仅26岁的奥斯卡·米勒，在参观了展览会后，评述说："参观了博览会，令我大吃一惊。尤其是照明技术，更大大超出了我的预料。……给人以深刻印象的，是爱迪生发明的电灯。……并不是所有研究电灯的人都会取得成功。当时使德国一位著名学者深感惊异的，是爱迪生竟然深信有可能制造出一种'仿煤气灯'，而且这是在有了弧光灯之后，因为当时弧光灯曾被认为是所有可能实现的愿望的终极目的。"

整个法国新闻界异口同声地盛赞爱迪生所取得的成就，一致认为这位美国学者、发明家的照明系统的实用意义，并预言它将得到快速的、全面的发展。

8月28日《时代报》写道："就目前来说，一切争议都不复存在了。现在完全可以公正地认为：爱迪生已经实现了室内电力照明。这个问题已经脱离了学者在研究室中进行实验和探索的领域，转入了实际应用阶段。"

《超越报》的一篇文章认为，爱迪生的发明将使人们的日常生活习惯发生全面转变，"当我们把煤气照明和电力照明相比较时，我们的结论就得到了更加有力的确认。煤气照明的命运也将和一切落伍者的命运一样，将让位给更趋完善的竞争对手。煤气照明终将失败。"

《法兰西共和国》报的文章在详细介绍并分析了爱迪生发明电灯的过

白炽灯的研制是一项艰苦的工作。在光源领域，直到钨丝被采用之后，白炽灯在同煤油灯、煤气灯、汽油灯以及其他各种灯类的竞争方面才取得了决定性的胜利。钨丝的应用有力地促进了电力照明业的迅速发展。

四、一个划时代的贡献

程后,说道:"我们所以要详细地讲述爱迪生引人入胜的研究电灯的经过,正是想证明,为了取得一项简单而真正实用的成果,需要付出多少坚持不懈的辛勤劳动。"

正如爱迪生所预料的,那些曾经怀疑、否定白炽灯的人,在白炽灯的辉煌面前,很快消除了成见。曾经对爱迪生研制白炽灯进行过猛烈批评的法国著名电学技师杜·蒙塞尔,在他自己主办的权威性刊物《留米埃尔电学家》上,详细地分析了爱迪生的白炽灯后写道:1879年以前众多物理学家"所有的试验所获得的只不过是局部性的成功。因此,当爱迪生发明新式碳质白炽灯问世时,许多科学家,特别是我本人,对来自美国的传闻的可靠性表示怀疑。一块碳化了的马蹄铁形棉线,看样子不能承受住机械的冲击,任何时候都不会白热化的。正在这时,侯德·弗·斯旺也断言,他在试验类似灯丝时,从未获得过多少令人满意的结果。然而爱迪生并不服输。他也不管有人强烈地反对他的电灯,也不管他已成为激烈辩论的众矢之的,他没有停下来,而是为了实用的目的继续改进电灯,所以终于制造出了我们在这里的博览会上所看到的、受到世界赞赏的电灯。"在文章的结尾,他还写道:"所有心存疑虑的人,现在最好是拜倒在不容置辩的事实面前。"

爱迪生与亨利·福特(左)正在检验爱迪生发明的电灯泡。

参加博览会的电学家们,包括亚布罗奇科夫本人在内,已清楚地看到,爱迪生在电工技术方面已遥遥领先。10月21日,博览会评判委员会授予爱迪生最高奖赏。

1929年,为纪念爱迪生的白炽灯创制50周年,在美国举行了庆祝会,许多卓越的科学家都赶来参加庆祝会,他们当中有两次获得诺贝尔奖的居里夫人、飞机发明者奥维尔·莱特和一批著名的日本工程师。爱迪生收到了威尔士亲王和德国总统金坚布尔格的贺电,海军上将伯德从南极拍来的贺电,著名物理学家、光电效应定律发现者、诺贝尔奖获得者阿尔伯特·爱因斯坦和其他科学家的贺电。

电灯是19世纪末最著名的一项发明,是爱迪生对人类最辉煌的贡献。爱迪生的功勋影响了亿万人的生活方式,推动了人类文明的进程。人们赞美爱迪生:希腊神话说,普罗米修斯给人类偷来了天火;而爱迪生却把光明带给了人类。

从此城市夜晚一片灯火辉煌。

五、"一生中最伟大的冒险"

1. 宏伟的计划：电照明系统

我们已经知道，爱迪生在为自己定下用电气照明取代煤气照明这一目标时，爱迪生并未停留在白炽灯的研制上，他把白炽灯作为建立实现整个电气照明系统的基础。在爱迪生心中，有一个完整的宏伟计划：

（一）制定一个分配电流的广泛、彻底、正确的办法，它在科学理论和实践上都应该是令人满意的，在效率上、经济上应达到实用商品化。就是说，要建立一个与煤气照明相似的系统。导线应相互连接形成网络，应该有相应的措施，以保证城市多方面的供电，不因个别地段出现故障而中断。

（二）设计一种电灯，能与煤气灯一样发光，因为习惯上已把煤气灯的光量作为合用的标准。一盏电灯只要求少量铜导线来供电。每盏电灯应独立于另一盏电灯。电灯的生产费用和使用费用应十分经济，以便在商业上能与煤气灯竞争。电灯的寿命应长久耐用，公众使用时应简单、容易、安全。电能供应和发光的强度应长期保持平稳。

（三）要制造一种电表，安装在用户家中，使每个用户像使用煤气灯一样能算出用电量。计量应准确，费用应低廉。

（四）要设计一种系统或导线网，要在空中和地下都能安装，随地可与导线网连接并使从主导线分出去的导线通过街道与每层楼连接。在大城市里，通过地下的导线必须要有导线管来保护铜导线。导线连接处应有接线盒、绝缘物和其他零件。

（五）设法在广阔的供电网内的各处保持同样的电压，以使发电站

附近和远离发电站的所有电灯，不论接通的电灯有多少，都能有一样的亮度，并保护电灯不致因为电压的突然起伏或变化强烈而烧坏。在发电站应有一种装置用来调节整个电网的电压，并有仪表随时指出网区各处电压变化情况。

（六）设计一种目前尚没有的经济有效的发电机，能快速地把蒸汽机的蒸汽能转变为电能。要研究出发电站发电机和蒸汽机及辅助设备的总体布置，以保证高效率和不间断的工作；要有接通和切断个别用户电源的设备；要有调节负载并使其平衡的设备，要有根据中央发电站供电需调节发电机工作数量的设备。

（七）要发明一种能防止多余电流进入电网而引发火灾及其他意外的安全装置；制定实施内部布线的方法和手段，研制出电灯开关、灯架、灯头、灯口等配套设备，以便给电灯和室内其他装置接通电源。

（八）要设计高效率的商用马达，用中央发电站的电流和经过城市街道的主导线分配来的电流工作，以供升降机、印刷机、自动车床、通风机等使用。

这就是爱迪生为获得和分配电能而要建立的电照明系统，这是一个崭新的、复杂的系统。系统中的一切都是新东西：电流源、获取电能和分配电能的系统、光源和所有设备。爱迪生必须以惊人的智力和毅力去完成他面临的繁重的研制任务。

爱迪生照明系统中继白炽灯之后最重要的就是发电机，爱

1880年10月，门洛帕克灯厂开工庆典图。

五、"一生中最伟大的冒险"

迪生几乎在研制白炽灯的同时,动手研制改良型的发电机。爱迪生发明的这种发电机,是技术史上最重大事件之一。

发电机是以法拉第的电磁感应定律为基础的。1871年格拉姆制造了可实际使用的环形电枢直流电发电机。1874年,华莱士和法默在美国共同发明了为串联在电路上的弧光灯供电的发电机。而爱迪生需要恒压电流为并联起来的电灯供电。当时直流发电机构造中的重要问题是电枢加热和对主要磁场的反作用严重妨碍了电机的运转,换能效率最高的电机也只能达到40%。爱迪生首次对电机的电枢心结构制定了最正确的解决办法,并首次提出用多次断裂电弧来切断电流的方法。他建议的电枢有效铁叶的厚度为1/31~1/64英寸,这个厚度一直沿用到今天。爱迪生的电枢叠压法消除了对电枢有害的发热现象,提高了发电机的有效功率。爱迪生提出了自己的绕线图,研究出了一种整流子的结构,消除了整流中的打火花现象,也大大减轻了整流子片的磨损。经爱迪生独创性的改进后,发电机的电能转换率达到82%。

爱迪生的第一台发电机,诞生于1879年,这是一种用皮带转动的双极鼓形电枢发电机,可为并联电灯产生恒定电压为110伏的电流。这台发电机是在爱迪生指导下,在纽约布格尔克街一所旧房子里制造的。爱迪生派比奇勒负责领导这个大工厂。

爱迪生的助手克拉克回忆起试验第一台发电机的情况时,还十分激动,他绘声绘色地说:"我记得很清楚,那天晚上爱迪生、克鲁西、苏格兰工程师和实验室中的一群助手都在场,此外还有著名的蒸汽机发明家波特。那时波特站在节流器旁边,我拿着速度指示器,爱迪生拿着时针,计算发电机的速率。

爱迪生发明的第一台发电机,被人们称为"长腰的玛丽·安"。

"我们逐渐地把蒸汽机开快起来,电枢也逐渐地加快,最后,那节流器也转到了最高点,蒸汽机上一切转动着的机件好像苍蝇翼似的模糊而有些透明了。发出的声响一直传播到邻近的一家铁铲厂的锻铁场上。这种声音是非常可怕的。'好!'爱迪生大声地喊了出来,我于是把速度指示器插了上去。'好!'他又叫了一声,指示器也就拔了出来,速度每分钟750转。这时大家都跳出了蒸汽间,蹲在窗口外往里面探望着。"

爱迪生曾说:"我们在节流器上绕了一根链条,穿过窗口接到一个木棚中去。我们的机器厂是建立在新泽西的小丘上的,当蒸汽机的速率开到每分钟300转以上时,整个小山都震动起来了。

"我们关了蒸汽机,重新调整了一下,在经过许多困难后,我们终于把它开到每分钟700转。但是你必须看着它转动,因为那根连接杆不时会跳上来,它想把整个小山都举起来呢!后来我们把速度降至350转,才把它驯服了,这个速度也便是我们所需要的。"当时,白炽灯的研制工作已大功告成。"我们把所有的灯都点亮了。"杰尔也在日记中记下了当时的情景,他写道,"工作很顺利,爱迪生也很高兴。晚上12点停止了工作,我们下楼去喝了些酒,庆祝发电机的成功。到上床睡觉已是两点了。"之后,为了适应接入发电机电路的不同数量电灯的需要,爱迪生设计、制造了一批六种型号的发电机,分别可供60盏至数百盏电灯照明用。

1881年春,爱迪生开始设计供发电站使用的大功率发电机,这年夏天,试制成功。这台发电机与蒸汽发动机有一个共同的轴,结构更紧凑,在电厂里只需占一小块地方。专门为它制造的作为原动机的蒸汽机是200马力。发电机有一个特别强的磁场,转子绕组是棒形的,整个机组重约27吨,电压110伏,可供1200盏电灯。人们称这台当时发电量最大的发电机为"贾姆博",这是人们为动物园里一头大象起的绰号。8月,"贾姆博"被送往巴黎,在国际电气设备博览会上,这台被称为当代"巨人"的发电机,给观众留下了特别深刻的印象。

这位"巨人"在起运前,还有一段小插曲呢:起运前,又作了一次试验,谁知第二天早晨,发电机曲轴忽然折断。爱迪生与助手们立即换上新曲轴,这时,离开船只有4小时了。爱迪生回忆说:"有60个人爬到电机顶,每个人手里都有一份任务书。他们迅速地把电机拆开,装上载重车,前面由消

五、"一生中最伟大的冒险"

防车开道,拼命地敲着警钟向码头进发。码头上有50个人协助搬运装船。就这样我们提前一小时完成了计划。"

"世纪的魔术师,又有了新发明,这种发明,就是能产生很大电源的优良机器。"

"这不可能,他绝不能由能量不灭的定律中,制造出量大于入量的机器。"

爱迪生改良发电机成功的消息传出去后,招来一些人的非议,爱迪生又一次成为这些人心目中的"骗子"。

"魔术师"也好,"骗子"也好,爱迪生无暇争辩,他正忙于他的照明系统试验。他会用事实来证明,让这些人再一次哑口无言。

爱迪生在"哥伦比亚"号上忙碌着。

"哥伦比亚"号下水不久,是当时航行在大西洋和太平洋上一艘最大、最好的远洋轮。这艘3200吨的钢壳轮船,将从宾夕法尼亚切斯特的造船厂启航,作绕过智利合恩角前往加利福尼亚的首次航行。铁路大王和报纸的出版者亨利·威利亚德,曾经是轮船公司的拥有者,他建议为"哥伦比亚"号装上电气照明。爱迪生非常高兴能有这样一次机会,让自己的白炽灯和照明系统在大风大浪中接受考验。这是有史以来第一艘由电灯照明的轮船,那些守旧的专家们和往常一样地"预言":轮船会起火并沉没。"哥伦比亚"号经过两个多月的航行抵达旧金山,船上的全部115盏白炽灯在连续照明415个小时后,仍然熠熠发光。爱迪生收到了从旧金山拍来的电报:

"哥伦比亚号今天到达旧金山,首航成功,未发生事故,您安装的发电机和电灯一路上工作非常好。大家感到既喜悦又惊奇。整个旧金山市的居民都来到码头,想亲眼看看这艘轮船。顺致良好的祝愿。"

这封电报是威利亚德拍来的。他是和家属一起搭乘"哥伦比亚"号的。打这以后,爱迪生和威利亚德建立了长久的友谊。后来,爱迪生把生产发电机的工厂从格尔克街迁到斯克内克塔迪,威利亚德购买了设于纽瓦克的爱迪生灯泡工厂和斯克内克塔迪的机器工厂的股票,1890年在斯克内克塔迪创建了爱迪生通用电气公司,并担任董事长。

爱迪生为"哥伦比亚"号安装的这套照明系统顺利地使用了15年。尔后,同一种设备先后安装在伦敦的霍尔本天桥、米兰的拉斯卡拉歌剧院、"黎塞留"号巡洋舰等处,都运转得很好。

发电机设计成功后，爱迪生把注意力集中到电流的分配上，他竭力设法解决以往发现的几个缺陷：离发电机远端的灯光只及近处灯光的2/3；从总线上分出去的电线像树枝一样分布到各地，这种分布法既浪费了电能，也使铜的消耗量太大。经过多次试验，爱迪生设计了一种新的配电系统，即把总线布在街道的两旁，通过细馈电线与电厂连接，用户和路灯的支线则直接从总线上接出，不必直接与电厂连接。这种布线方法结果惊人，它比树枝式的旧方法可以节约80%的铜，同时线路中的电压落差和耗损也大为减少。而且电压落差只发生在馈电线上，不影响电灯亮度。

1881年，爱迪生又提出了直流三线电力照明系统，在这个系统中，电站的两台发电机被串联起来了，除了两条工作线之外，还有一条从中性点引出的中性线。在远距离传送时，两条工作线间的电压是2×110伏，而任何一条工作线和中性线间的电压是110伏。用户那里通常安装的都是110伏灯泡，但它们是被接在一条工作线和中性线之间的。这一系统也可为电动机输送220伏的电流，因为用户可以把电机接在两条工作线间。在三线制的两个支路间的负荷平衡的情况下，中线是没有电流的。这种系统对于电气照明的发展来说，无疑是重要基础。

解决用电的计量方法，也颇费周折。弧光灯计算电费，以每灯每夜点灯时数乘以使用日数来计算，按月向用户征收。显然，这种方法难以测出用户的实际用电量。爱迪生经过多次试验，终于解决了电的计量问题。他根据电镀原理，即根据通电量的不同，就会有不同的金属从阳极流向阴极。通入用户的电流有极小一部分被引出一对电池，每只电池都有两块浸在硫酸锌溶液里的锌板。两块电池的锌板串联相接，相互制约。用户使用的电量，与从阳极锌板流向阴极

爱迪生发明的早期电表。它利用电解法来测量用电量。

五、"一生中最伟大的冒险"

锌板的金属重量成正比。这样，称一称金属重量，就可以得知用电量的多少。后来，爱迪生做了改进，测量时不需要取出锌板来称了。改进后，电极全部挂在一根平衡杆的两端，由于电极上的金属的分解，平衡杆便会发生偏斜，于是让平衡杆带动指针，并配上刻度板，便能自动记录用电量了。

爱迪生的这种原始电表曾受到人们极大的怀疑，人们怎么也想不通，这小小的匣子如何能计算出用电量来。后来发生了一件事，这件事被报纸登了出来，人们才相信了。事情是这样的：很有名气的资本家万杰尔比利特家安装了电照明，照明费是根据安装的电灯数量，而不是根据电能的实际消耗征收的。万杰尔比利特遇见爱迪生，便说这种收费方法是不公平的，因为谁也无法确定多少时间和多少电灯处于通电状态。爱迪生同意这一点，他说，他已发明了计数装置，能准确计算有多少盏电灯点了多长时间。"这是不可能的！"万杰尔比利特摇着头说。爱迪生请他把用灯的数量和用的时间准确地记下来，而爱迪生亲自在他家的电线引入端安装了电表。爱迪生打赌说，记录和测量的结果将是相符的。试验结果，当然是爱迪生赢了。这次打赌使计数器得以推广，电站和用电户间的电费计算就这样解决了。

但是，在使用过程中发现，爱迪生这个早期发明的计数器存在很多缺点。比如它的溶液蒸发后会造成液体电阻变化，影响平衡杆的摆动出现误差；计数器本身的电阻很大，因此只能接入电流通过量不大的分线上而不能直接接入电路，这样实际用电量的测算也会产生很大误差。后来经过许多发明家的不断改进，才完善了这一装置。

在研制发电机、新的配电系统、电费计算器这个时期，爱迪生还研制了许多属于电照明系统的东西，如电压表、易熔保险丝、导线、电缆、装置导管、照明用全部附件、分线盒和其他许多零件，甚至包括绝缘胶布等等。这些大部分都是他第一次发明的。为了生产这些新研制出来的东西，爱迪生除了设在纽瓦克的灯泡厂外，他又先后成立了发电机厂、电缆厂以及其他电灯配件厂。在很短的时间内，爱迪生将300多项专利证交给了自己的企业。

在爱迪生照明系统日臻完善的同时，商店、旅店、剧院、公司事务所，以及独家住宅等单独安装照明设备的需求迅速增长，自备发电站的订货量大大增加了。据统计，至1882年上半年，已安装了67台发电机，给10242盏电灯供电，而半年后，设备安装数量又增加了一倍多。但爱迪生并不满足于这一类自备发电站的订货，按照爱迪生的宏伟计划，他一心想在更广泛的范围内建立照明系统,通过建立公用发电站,让一座城市一座城市都亮起来,使中等收入和收入少的广大用户都能用得起电灯照明。从商业经营角度来说,自备发电站投入使用后,除了购买灯泡外,与用户的关系就从此中断了。只有通过建立公用发电站,由公用发电站供电和安装照明设备,并经常为用户服务,才能使电站与用户之间建立起长期的商业联系。商业经营,原本是爱迪生计划中的重要目的。

于是,爱迪生紧锣密鼓地开始筹建世界上第一个公用的中央发电站。

爱迪生正在为来访的老友福特等人展示自己新的设想。

2. 伟大的冒险：中央发电站的建立

1881年2月的一天下午,爱迪生和他的助手克拉克踏进纽约第5号大街65号大楼。这是一幢用棕色石块砌成的四层大厦,外表有些古旧,但还能看出昔日的壮丽风采。

爱迪生径直上楼,边走边对克拉克说:"我们已经决定派你做公司的总工程师了。这里是你的办公室,家具今天下午就要送来了。你的寝室也在楼上,家具也给你办好了,过一会一块儿送来。我希望你以后能够全天在这里工作。"

原来,爱迪生已租下了这座楼,把爱迪生电灯公司迁到了这里,作为筹

五、"一生中最伟大的冒险"

建公用电站的总部,他自己的办公室也已搬到了这里。楼里专门分出一个房间作为接待室,并在这里给来访者演示多种机器设备、电灯和电气照明的方法。电源由设在地下室的发电机供给。楼上设有图书馆。

爱迪生感到一个很大的困难,除了调用门罗公园老人手外,爱迪生需要更多的学识渊博的专家和大量的熟练工人,尤其是安装工。爱迪生以极快的速度组建新的照明、配电系统所必备的技术力量。

爱迪生在格尔克街的工厂里设了一个训练班,招收了一个班学生进行培训,请杰尔、克拉克等给他们讲课。课本是爱迪生自己编写的,书中许多草图解释着发电机应该怎样连接,屋中电线应如何和地下电缆接通,可熔保险丝又应该装在什么地方,等等。爱迪生又在纽约第五街开设了夜间培训班,挑选那些接触过电报、电话、警报信号设备并且有些经验的人作为培训对象,学习电气原理和基本技术。他们当中有很多人后来在各中央电站担任经理,有的成了大承包商。

爱迪生竭力使自己的助手具有实际的熟练技能。1878年,弗朗西斯·埃普顿刚到时,爱迪生安排这个有良好数学知识的青年搞制图并核算账目,不久,就让他制定生产发电机线圈的系统和方法。几天后,爱迪生去检查他的工作情况。爱迪生指了指那一大堆图纸,埃普顿回答说:"我希望在下周里做完。""你为什么不找克鲁西给你做几个木模型,试着在它上面绘制设计线条,而不必在纸上绘制。"

埃普顿听从了爱迪生的建议,第二天就解决了所有的问题。

埃普顿成为爱迪生的亲密助手。1918年"爱迪生先驱者协会"成立时,他被选为理事长。

早在1880年夏,爱迪生的白炽灯和发电机的改进研制已离成功不远了。他已预见到电照明前景的发展方式,预见到了它的规模,以致将给自己的机构带来的一系列变化,他需要更多的助手。他决定把他在伦敦的代表爱德华特·约翰逊调回。约翰逊回到美国后,向爱迪生推荐了一位才华出众的英国青年塞缪尔·英索尔。

英索尔是爱迪生的崇拜者。1881年的一个黄昏,英索尔抵达纽约后,在爱迪生的实验室里,他们见面了。他们互相打量了许久。

"上帝呀,他如此年轻!"甚感失望的英索尔差一点冒出这句话,这与他心目中的偶像相差太远了。当时，爱迪生想说的也是这样一句话。听说英索尔21岁，但看上去只有十六七岁，与自己在休伦港卖报时差不了多少。当时，爱迪生的秘书已辞职，爱迪生决定把英索尔留在身边当秘书。

"不管你做什么，要么就做出辉煌的成就，要么就辉煌地失败。必须敢干，才有进展。"爱迪生不失时机地向英索尔灌输自己的人生哲学和成功秘诀。"我们的电灯系统并不是空想，也不是莽撞。"爱迪生说。根据纽约市的规定，只有符合市煤气公司管理法的公司才能从事照明事业。1880年12月17日，爱迪生成立了"爱迪生电力照明公司"。当时想在纽约市从事电力照明的另外还有四五家公司。因此，成功的条件不仅取决于灯泡本身的性能优劣，还取决于照明系统的辅助设备。在两人会面后一个小时内，爱迪生就向这个年轻的秘书谈了自己的思路和急需解决的问题。

"必须创建三四个制造公司，"英索尔说，"来生产发电机、电灯、地下电缆。这些东西都是在纽约建立第一个电灯照明区所必备的。他从口袋里掏出一个钱包，告诉我他在德莱克塞尔摩根公司存有7.8万美元，问我能否筹到不足的数目。"英索尔十分钦佩爱迪生敏捷的思路和果断的工作作风，更为上司坦率的态度和表露出的信任所感动，他立即投入了工作。现金很快到手，制造辅助设备的工厂也先后成立。爱迪生庆幸自己获得了一位有丰富金融管理知识且勤奋工作的

爱迪生总是不断改进自己发明的东西。

五、"一生中最伟大的冒险"

人才。

爱迪生自己则不知疲倦地工作着,通常每昼夜只有四五个小时的睡眠时间。他是这一大规模工作的中心和领导者,同时还进行着极富成效的大规模的发明工作。他不仅给自己的助手提出卓有成效的好主意,并有着对事业毫不动摇的信心。同时,他能预见一切可能发生的困难,并且会找出解决的办法。他的这些优秀品质鼓舞着周围所有的人。聚集在他身边的一大批学识渊博的专家、业务骨干和工作人员,使他拥有了一支雄厚的技术队伍,他们齐心协力、卓有成效的工作,是爱迪生事业成功的重要因素。

爱迪生在珍珠街255～257号,选择了一块宽50英尺、长100英尺的地皮,作为建立中央发电站的地址。

为选定建立电站最合适的地点,爱迪生详细研究了标有事务所、商店、车站、剧院和企业的纽约市地图。爱迪生认为,供电目标主要是银行、商行和私人住宅,还有那些不仅需要电力照明,也需要电力充当能源的工厂。因此,电站应建在工业和商业相对集中的地区。珍珠街符合这些要求,那里很快就会有大量用户。而且珍珠街附近地区包括华尔街金融区很大一部分,只要电照明在这里取得成功,就可以把华尔街那些人争取过来。而有这些人的支持,电灯照明就能普及全国。

爱迪生往珍珠街所在地区派出大批调查人员,一家不漏地走访了各家各户,弄清楚居民和各机关如果电照明和煤气照明在费用相同条件下,是否愿意改用电照明,并调查登记了将来可以用电动机代替的小型动力设备。这些资料成为设计电站和制定电力线路图的依据。只用了几个月的时间,一个详尽的计划便制定出来了。计划中标明了每家每户现有的煤气喷气嘴的数量,标明了每个使用动力装置的工商企业名称以及他们所需要的能量。然后,根据这些材料计算出正在设计中的电网所需电缆、电线的长度和截面面积,以及电源分配图等。

鉴于纽约市街道两侧用以支撑各式各样的电报线、电话线的木杆林立,垂悬的导线已经太多了;以后又增加了供电弧灯使用的悬空导线,如果再增加一根高压电流线,危险就更大了。于是,爱迪生提出敷设地下电缆。这在当时是完全崭新的方法,爱迪生称之为自己一生中"最大的冒险","是我所经手的最大的、责任最重的一件事"。他说:"这好像在一个没有测量过的海洋中航行一样,完全没有前例可以援引。这在世界上是没有先例的……我们的全部器械、设备和部件,都是自己设计、自己制造的。我们的工作人员全部是新手,没有建设中心电站的经验。我觉得自己担负了一个极大的责任,因为把一种强大的电力发放到纽约下部的那些街道和房屋的地底下去时,可能会发生什么情况,谁都无法预言……"爱迪生的这一举

在常人看来,高压实验室的每一处角落都充满着危险,但特斯拉却在"危险"中悠然处之。图为1899年,在高压实验室中读书的特斯拉。

动一经传出,立即引起举国上下的震惊。人们以为这是工业界一个空前的大错。意外的事端,如电线短路,发电机失去平衡,甚至竞争者的鲁莽行动等等,都会引起不可想像的严重后果。但爱迪生处之不惊,他既明白责任之重,便事事反复试验,决不马虎。他在门罗公园挖掘地沟,作敷设地下电缆的实地试验。他那惊人的智力、坚强的毅力和严密的作风,使人惊叹不已。在反复试验中,他发明了新的管道系统,建立了新的绝缘标准。这些标准后来被收进了纽约最早的关于电力的法律条文之中。立法还规定,在城市和各工业部门的用电单位,必须敷设地下电缆。

1881年8月,在买下珍珠街255号和257号的房产后,便与该地区用户签订了初步合同。爱迪生电灯公司负责安装13000盏16支烛光电灯,保证该地区617台起重机和55台升降机用电。公司还负责向所有居住在区内的单独用户提供5马力以下的电能,为每个用户安装电表和避免漏电的安全装置。公司按电表记录的用电数收取费用。此外,属于供应网内的用户,可以免费获得电灯泡一个,灯泡可连续使用约8个月。

爱迪生立即动手改造旧房,计划第一层安装蒸汽锅炉;第二层是装有

五、"一生中最伟大的冒险"

在纽约市街道下铺设电缆,可以更方便、安全地供电。

六台"贾姆博"直流发电机的机房,每台功率为90瓦,分别由三个1200转/分的蒸汽机带动;第三层安装由六个配电盘组成的配电装置;第四层安装一块控制板,在电流送往电网之前,接通这种电灯式电阻,以免烧坏用户的电灯。

爱迪生心里计划着,等到珍珠街电站建成后,继续把包括麦逊大道、第8大道、第24街和第34街在内的第二街区安装电力照明。爱迪生相信,有了珍珠街的经验,以后就好办多了。

然而,计划要变成现实,竟是那么不容易。人为因素造成的困难竟不亚于技术上的困难。对于爱迪生敷设地下电缆的创举,市政当局不允许,煤气公司更是大肆攻击,他们恐吓行政管理部门和居民,声称埋在地下的电缆将会炸掉整个城市。

但是,这也难不倒爱迪生。

爱迪生公开宣布,他可以邀请任何一位心怀疑虑的人到门罗公园来,请他借助电缆来烧毁他的实验室。如果谁真能做到,不必负任何责任。爱迪生要让每个人都相信,与煤气照明相比,电灯是最安全的。

爱迪生又把纽约市的官员和参议员们请到门罗公园来参观。爱迪生把纽约地图和他根据调查结果绘制的中央电厂的位置及地下电缆敷设线路图给大家观看,又带他们查看了地下电缆敷设实验现场和使用的绝缘材料,介绍了地下电缆敷设方法和多种安全措施。接着又请他们参观门罗公园的灯泡厂和发电机房。之后,爱迪生把他们带到楼上,观看那一列列的街灯和那点着灯光的屋子。爱迪生慢慢地熄灭灯光,随后又慢慢恢复亮度,

爱迪生传

那奇丽的情景让官员们难以忘怀。

电灯表演完毕后,爱迪生把他们带到另一房间,房内只亮着一盏电灯,大家都站在屋角,爱迪生突然命令:"打开全部电灯!"

耀目的亮光立刻照亮了整个房间。房间的另一端显出许多长桌,上面摆放着特地从饭店送来的晚餐。《纽约先驱报》称爱迪生的这次表演"是一次不容否定的成功,尤其是在他的客人痛饮香槟方面"。"城市父老们"在吃罢丰盛的晚餐回到城里后,成了爱迪生心悦诚服的支持者。尽管纽约市长曾试图投否决票,但爱迪生还是得到了在纽约市街道下敷设电缆的权利。

当爱迪生为自己的成功高兴时,财政困难又摆在他的面前。珍珠街电站的建设需要巨额资金,靠爱迪生的个人财力还远远不够,更何况他的那些资金连同先期筹到的一些款项,已用于建辅助设备工厂和新的试验、发明上了。爱迪生不得不想方设法向银行借款。

爱迪生把华尔街的银行家们请来,向他们打开了他编制的该街区的煤气照明分布图,图上标明了计划进行的电站建设工程量。

在此之前,爱迪生每天派人在街区巡视,从下午2点直到午夜3点,记录每小时点燃的煤气灯盏数。据此,爱迪生向银行家们计算出煤气的消耗量和煤气的成本;同时,他又根据先期调查的电照明需要量,提出了精确的电力照明的成本核算。经过对比,电照明的前景是如此美妙动人,足以打动银行家们的心。

接着,爱迪生又重提哈里森灯泡厂开办时的情况,当初曾拒绝给予小额贷款的那些银行家,后来不是心甘情愿地支付了100万吗?这是非常有说服力的一个实例。

银行家们惟恐错过获取高额利润的机会,他

在实验室里的爱迪生。

五、"一生中最伟大的冒险"

们既克服了对市场前景的担心,也打消了对企业出路的疑虑,于是同意了爱迪生贷款的要求。

1882年9月4日下午3时,装有6台爱迪生系统发电机,总功率为540千瓦的美国第一座中央发电站,终于正式运转了。

前一日是星期日,爱迪生一直呆在珍珠街,一天一夜未曾合眼,按捺住激动的心情,爱迪生一次又一次地查看每一个零件。直到正式开幕前,爱迪生才回到家里,匆匆换上燕尾服,来到德雷克塞尔摩根公司办公室。这里聚集了以约翰·皮尔庞特·摩根为首的"爱迪生电灯公司"的股东们,还有爱迪生的亲密助手和朋友约翰逊、英索尔、伯格曼、克拉克和克鲁西。

3时整,中央电站的工程师里勃踮起脚尖合上了总开关,电流通过沿街敷设的地下电缆,传到四面八方,就这样,一个新的时代开始了。5时左右,在百盏电灯光交相辉映之下,关掉了刀形开关,于是,昏暗的煤气灯熄灭了,门罗公园的神灯胜利了。

朋友和记者们到处寻找爱迪生,以便向他祝贺。人们在珍珠街的机房里找到了他。他脱掉了燕尾服,摘掉了小硬领,正在全神贯注地观察机器的动转。爱迪生问《纽约先驱报》编辑托马斯·康纳里印象如何,康纳里笑着说:"一切都妙极了,只是有一点不足:我可以在煤气灯上点着雪茄烟,可是您的新鲜、时髦的灯泡却办不到。"过

为了使电灯投入使用,爱迪生必须研制出一个发电系统,这个系统能够按照需要和电灯开与关时的不同用电量来供电。1882年9月,一个具有里程碑意义的年月,珍珠街爱迪生的发电站和电力系统正式接通运行了。

了几天,爱迪生来到编辑部,把一个刚刚发明的电打火机送给了康纳里。

这天下午,出现了几个小故障。一处的保险丝断了。爱迪生亲自检查。在一个地沟口,记者发现了他,只见他满身尘土,帽子上沾满了油泥。他对记者说:"在今天下午开动那机器时,我心中并不是完全没有恐惧的。我担心会有一些新的情况出现,也许会影响电灯工作;但是结果却完全成功了。我们现在只动用一架机器,它能供800盏电灯的亮光。我们有6架发动机,在今年年底前,就都能陆续工作了。"

中央发电站正式运转后的第二天,纽约各报都报道了这一重大新闻。《纽约时报》报道说:"直到大约七点钟,天色变暗之后,电灯才真正显示出它的威力——既明亮又稳定。编辑室里的27盏电灯和会计室的25盏电灯虽然使这里光明如昼,但并不刺眼。在这种灯下,坐上几个小时也感觉不出它是人造光,它的光线柔和、舒适,既无跳跃的火花,又没有令人头痛的热浪。在电灯下工作似乎像白天一样。"

发电站运转良好,用户数量与日俱增,必须增加发电量。爱迪生决定进行一项新的试验:把两台发电机并联起来。约翰逊在伦敦曾成功地把两台"大象"发电机并联,爱迪生相信在纽约也能做到。爱迪生选了一个星期日,用电量较少的日子来进行试验。爱迪生没有料到,试验中会发生那样有惊无险、极富戏剧性的场面。他回忆说:

"一台发动机开动以后,我又发动起另一台,把它们并联起来。这下发生了自亚当出世以来最滑稽的场面。头一台发动机突然停下,后一台则迅速加速运转,直达每分钟上千转;接着,它们就调换过来,头一台猛然起动,后一台又停了下来。故障发生时,站在机器旁的工人撒腿就跑,我猜其中几个人至少一口气跑了一两个街区。我抓住一台机器制动器手柄,我的一个助手约翰逊镇定自若地抓紧另一台发电机的制动手柄,我们把两台发电机都关了。"

有一个工人说:"真是太可怕了,我搞不清发生了什么事情,那两个'大象'怒吼着,从重浊的轧轧声一变而为可怕的尖叫声,空中充满了火花和五颜六色的火焰。好像地狱之门突然地打开了。"

爱迪生凭经验断定是调速器失效了。经检查果然如此。那种调速器受到机器下面铁底座的上下震动,影响了它的平衡。于是,他找来一根轴

五、"一生中最伟大的冒险"

杆和一段套管,暂时消除了故障。但这仅是权宜之计。爱迪生请来西姆斯,让他赶制一台蒸汽机,因为,西姆斯式蒸汽机是利用离心力的作用,没有普尔特式蒸汽机那么大的震动。更换蒸汽机后,两只"大象"平稳地运转着,并联成功了。

正如爱迪生所预料的那样,珍珠街电站建成后,用户迅速增加。电站运行仅仅三个月,即到1882年底,已有231家用户,灯数达到3400盏。到1883年8月中旬,也就是该站运行近一年之间,已有431家用户,电灯总数超过1万盏。到1884年,纽约珍珠街上第一座电站已把电力供给500户共1.1万盏电灯使用了。

第一座中央发电站是爱迪生为发展纽约市一个区的照明而建立的第一座公用电站,它的投入使用是电工学史上一个非常重要的事件。这个电站成了研究和改进爱迪生照明系统的学校和实验室。爱迪生在建立电站中发现的原理和经验,在后来的电站建设中,都得到了应用和发展。

随着对电力需求量的增加,在纽约市增加了一系列新的发电站。在珍珠街电站建成20年后,爱迪生公司已经拥有33座发电站和它的分站。这些发电站向11万左右用户的460万盏电

这座位于河畔的大型发电厂正是爱迪生在纽约的发电厂。他为附近的居民提供了必需的电力照明。但是也存在着一些缺点,那就是由工厂排出的煤灰与黑烟,对城市环境造成极大的污染。

灯和电动机供应总功率约29万马力的电流。1922年爱迪生公司已拥有可供近1000万盏电灯照明用的电力网。爱迪生被媒体赞颂为"普降光明的人"。

第一座纽约中央发电站迅速取得成功，也引起了其他城市的关注，他们看到了电照明以及建立公用电站的优越性，开始向爱迪生公司提出兴建同样电站的要求。

爱迪生决定先选择小些的城镇作试点，以便取得在外地城市建设电站的经验。他选择了马萨诸塞州的布洛克吞、宾夕法尼亚州的森柏雷，以及路易斯维尔城三个地方。

布洛克吞的居民都愿意建设一个发电厂，可是他们不愿意在铺设电线时挖掘地沟。于是爱迪生想出了一个妙计。他派两名工程师乘坐一辆无篷的马车，在镇上来回巡查，记下每棵树木的位置，以便剪短后让架空的电线穿过。因为布洛克吞的居民非常爱惜那些成荫的树木，只好同意敷设地下电缆。

森柏雷的煤气十分昂贵，而作为蒸汽机使用的燃料却很低廉。显然，爱迪生选择这里建设电站，能取得显著的效果。路易斯维尔城正筹备南方博览会，需要建设供5000盏电灯使用的电站。爱迪生精心设计，整个发电部分使用方便，只需一个人管理就足够了。爱迪生说："我现在已决定在我的电灯系统正式完成后，把它好好地推行起来，否则我就不能把握住这个方法。……我将以一年或是更多的时间，来完成整个系统的改进，把它改进得更完善些。"

爱迪生十分注意不断改进自己的发明，使它更加完美。他懂得，只有物美价廉、经久耐用，才能被公众接受，实现他不间歇的发明创造、为人类服务的目的。他也明白，一个新发明，必然会有一个为公众接受的过程。所以，他也像企业家宣传、推销商品那样推广自己的发明，而且，在这方面爱迪生也有自己的独创性。

爱迪生的最基本做法是通过演示、试验，让观众亲眼目睹、真正了解发明品的性能、原理、使用价值、操作方法和安全措施。他在门罗公园经常举办这种演示会、展览会，甚至随时接待来访者。以后，在纽约第5街65号，专门腾出场地，每天开放，直到夜里十一二点。只要有空，爱迪生就亲自操作演示，解答问题。他的这种做法，不仅消除了人们心中的疑虑，而且还取得

五、"一生中最伟大的冒险"

了极好的口碑效应。

爱迪生很注重媒体宣传。他的电灯公司,每隔10天就会发表一份简报,很详细地解说他的新的装置,用通俗的语言针对人们的心理进行宣传。比如,使用电灯没有引起爆炸的危险,在柔和稳定的电灯光下读书不容易得近视眼。这种宣传材料常常被一抢而空。

爱迪生也喜欢采用一些有声有色、极富轰动效应的宣传方法。

在他参加的多种展览会上,总会有一名黑人服务员站在展台前,头上戴着的头盔,顶端有一盏电灯,连接的导线埋藏在衣服里,鞋上有根细细的针尖,可以刺入地毯接触电源。这位服务员每发出一份宣传材料,头上的电灯就会奇妙地亮起来。

爱迪生还组织过一次闻名的"电灯大游行"。几百个年轻人,头戴用豆粒状的小灯泡点缀的盔形帽,每排4人,每4排成一方队。队列内有小型蒸汽发动机和"爱迪生式直流发电机",灯泡由藏在衣袖里的导线接通电源。领头的人骑着高头大马,挥舞着尖端带有电灯的指挥棒。列队中的乐队演奏着雄壮的进行曲,既壮行色,又盖住了发电机的噪声。领头人不断挥舞着指挥棒,数百盏小灯泡就会时明时灭,煞是好看。游行博得观众的热烈欢呼,大家喊着:"爱迪生,电灯!"

就在"电灯大游行"的第二天,一位大剧院的经理来找爱迪生。

"昨天的游行很惊人,因此一定要麻烦你,我想在舞台上让数十人跳电灯舞,观众必然非常喜欢,因此,一定要借助你的智慧。"这位精明的老板,为自己的想法

图为纽约市一家商店的橱窗。里面陈列着爱迪生为各种式样灯泡作宣传的塑像。

激动得有些语无伦次。

"确是很有趣的构想。"对爱迪生来说,这是一举两得的事情,既要安装一整套照明系统,又能取得很好的宣传效果。

不久,著名的纽约音乐厅尼布洛公园举办了"一台大型的模拟芭蕾舞剧",庆祝爱迪生征服黑暗的胜利。爱迪生亲自担任该剧院的舞台监督。纽约市到处都贴着由爱迪生指挥演出的海报。市民们听到爱迪生的名字就已近疯狂,买票的人排成了长龙。

在舞剧的最后准备工作中,一名记者看到,那个还十分年轻的多才多艺的发明家,正在芭蕾女郎的舞衣上安装电线。"他在这些女孩子们当中跑来跑去,给她们整理好紧身衣,以便台下的观众看不出里边有电线。他在每个舞蹈演员的胸口塞进一只小电池,好让她们额头上的电灯真的发出光来。"舞台的背景是新建成的布鲁克林大桥的模型,由电灯照明。每个演员在跳舞时挥动一根棒,棒的顶端装着爱迪生的灯泡,当然,它也会一闪一闪地发光。这个节目豪迈地宣布了"在托马斯·爱迪生先生亲自指导下的爱迪生电灯公司的新奇的照明效果"。剧院连续数日爆满后来。电灯舞成为这家剧院的招牌。

爱迪生电照明系统的影响越来越大,很快在美国得到了推广。美国东部几个州的电照明费用要比煤气照明的费用高出20%~30%,但电站用户量还是在急速增长。许多城市都建立了爱迪生公司的电站,这些电站取得了相当好的商业利润。森柏雷电站建立成功后,在美国中部犹他州等几个煤气昂贵的州中产生了积极影响,电照明在这些州里发展得特别快。到1886年,爱迪生在美国建起了41座公用电站,这些电站供给10万盏电灯的电能。

珍珠街电站建成后,要求建立自备电厂的单位更多了。爱迪生为发展公用电站投入了大量精力和技术力量,但也没有放弃建设小型的自备电厂。爱迪生接受了许多安装私人用户的照明设备的订单,并建立了一个电气安装组织部"爱迪生单独用户照明设备安装公司"。这些众多的自备电厂带来的利润,是一个珍珠街电厂不能企及的。爱迪生对这些小电厂,尤其是有特殊需要的单位,精心设计,尽力满足不同需要。

1881年刚建成的蓝山饭店,坐落在阿迪龙达克山中,地处海拔3500英

五、"一生中最伟大的冒险"

尺,距铁路线有40英里之遥。安装工人想尽办法用骡子把沉重的发电设备运上了山。考虑到运煤做燃料成本太高,爱迪生在设计时做了些改进,改用木炭做燃料。耸立在高山上的蓝山饭店发出了耀眼的光彩。

爱迪生为芝加哥的哈佛利剧院设计的电站和照明系统更是完美无比,剧院安装了637盏电灯,大厅中央悬挂了一个价值500美元的吊灯。大厅、回廊、入口处和舞台上的照明装置,都使用单独的发电机供电。据《报务员与电力世界》报道:"剧院任何一处的灯光都可以按要求变暗、变亮或关闭。化妆室的灯光是独立的,能像煤气灯一样随意掌握。每只灯的寿命长达600小时,只要不打碎,可用三四个月之久。当然,这种电灯也没有煤气灯那样容易带来火灾的危险。"开始时一些演员担心,在新的照明设备下,他们的化妆会不会失真,但电灯安装好后,舞台上化妆间的灯光效果完全一致,这种担心便烟消云散。

爱迪生为"哥伦比亚"号安装的照明系统安全使用了15年,直到90年代中期才加以改进,灯光辉煌的"哥伦比亚"号使许多船厂老板怦然心动,自那以后,爱迪生又改进了船用照明系统,并为许多轮船装上了改进后的发电设备和照明系统。

爱迪生当然不会忽视把他的照明系统推广到国外去。1881年国际电气设备博览会之后,他的公司开始在法国,随后又在其他欧洲国家建立了一些分公司。这些分公司开始迅速而顺利地发展了电照明系统。独立电厂和白炽灯一起,首先在国外得到了发展。伦敦、柏林、布拉格的剧院,法国、德国的酿酒厂、造纸厂与纺织厂,几乎全欧洲的工厂,先后都用上了爱迪生的白炽灯。在1881年的水晶宫电力设备展览会上,世界上第一个电动广告牌在音乐厅上方拼出了爱迪生的名字。爱迪生的公用电站所取得的成就很快传到欧洲,在欧洲建起了爱迪生公司分公司,建起了公用电站。其中第一座电站是爱迪生的意大利分公司在1883年建成并投入使用的意大利米兰电站。在柏林和巴黎几乎是同时开始为某些街区的照明建立公用电站。1883年底,德国爱迪生通用电气公司详细订出了柏林集中供电的第一个方案,并被批准实行,接着就建立了许多公用电站。到1887年德国爱迪生通用电气公司业务范围逐渐扩大,该公司遂改组为通用电气公司,成为德国第二个最大的电气公司。爱迪生在巴黎的一个人口最稠密地区按三线配制系统建立了三个电站，在420公顷范围内供21.8万人口的照明。1883年夏，在智利的圣地亚哥，不仅安装了电灯，还引进了他的照明系统。

爱迪生的第一座中央发电站成功地运行37年后，1890年1月2日，由于意外发生火灾，发电站部分设备被毁，造成停电事故。但没几天，发电站又重新恢复工作，从此以后，再没有停止过发电。中央电站建成后短短几年内，爱迪生的照明系统在美国、欧洲和拉丁美洲的一些主要国家里都得到了越来越广泛的推广。

1922年9月12日，为了庆祝美国的，也是世界的第一座发电站运转40周年，举行了隆重的集会，在这个有700多人参加的集会上，75岁高龄的爱迪生无疑是中心人物。他的儿子查尔斯·爱迪生代替他父亲，对来宾的演说和祝贺致答词。在答词中，爱迪生回忆起二十多年前那段难忘的岁月，回忆起他在创建第一座中央电站时的心情："这次庆祝会对我本人来说具有深远意义。因为在珍珠街建立发电站，是我一生中最具冒险性的事业。从某种意义上说，我孤

在巴黎，爱迪生建了三个电站。图为巴黎的艾菲尔铁塔。

独一人被投进了波涛汹涌的大海之中。在许多场合，我不得不在无任何先例可循的情况下，冒着危险去解决多种技术难题。我深知，把大量电能通过地下，输送到纽约市部分建筑物去，我担负的责任该有多么重大。尽管如此，我还是决定去冒险，我之所以敢于这样做，是由于受到我那些忠实的、坚贞不渝的同志们认真负责态度和尽心竭力工作作风的鼓舞，珍珠街

五、"一生中最伟大的冒险"

电站工程才能快速进行并顺利竣工。就这样坚持干下去,现在它已成为历史的财富……"

是的,爱迪生的白炽灯和他的照明系统已成为有助于人类进步的社会财富。这位发明家在发展电灯事业过程中,在世界各国获得了169项专利权。

但是,爱迪生并未因自己的过去而沾沾自喜,他的着眼点仍然是未来。他说:

"……有许多发明竟然也成了把我的名字和这样或那样事业联系起来的理由。我认为,其中最典型的要算是纽约爱迪生发明协会了。如果我没有认识到这仅仅是研究自然界及其规律的伟大事业的开端,随着这个开端而来的将是更重要得多的延续的话,那么,我也许会看重我所做过的一切工作。为提高人类幸福和改善广大人民群众生活条件而工作的人的活动领域,是十分广阔的。"

这位被誉为"普降光明的人",胸中有一个广阔的世界。

六、寻找新的牵引力

1. "爱迪生效应":擦肩而过的发现

我们在前边曾经提到,早在1875年,爱迪生在他的纽瓦克工厂做电磁体试验时,他看到线圈通电的刹那间,电磁体的铁心产生出很亮的火花。这种无法解释清楚的现象引起他的兴趣。通过几次试验,他确认,在触及磁体的任何金属部分就会产生火花。火花的产生,与磁极位置、线圈绝缘无关,对电容瓶和电流计也不起作用。爱迪生相信,一定存在某种新的现象,他在笔记本上记录了这件事,称这种现象为"以太力",他决定研究这一现象。但他当时被电话的研究所吸引,已埋头研制电话送话器,他就把"以太力"的研究暂时搁置起来了。他没有想到,那时,他已初次接触到了无线电领域。

到了1879年末,爱迪生已基本上结束了制造强阻抗碳丝真空白炽灯的研究工作。门罗公园实

1883年,手拿显示"爱迪生效应"灯泡的爱迪生。

六、寻找新的牵引力

验工厂生产了几批供试验用的白炽灯,以便在试用中发现缺点并加以改进。在白炽灯试用期的观察中,爱迪生发现白炽灯泡的玻璃表面变黑,使用时间越长变黑现象越明显。爱迪生对头几批生产的灯泡逐一观察,竟无一例外。变黑后的灯泡光通量下降近半,光线暗淡。这样的白炽灯等于缩短了有效寿命,提高了使用成本。

爱迪生发现,灯泡玻璃内壁上有一层薄薄的积炭。这层积炭是从哪里来的呢?爱迪生推测,灯泡内壁的沉积物,是脱离了积热灯丝的炭尘的带电粒子散发的结果。在进一步的观察中,爱迪生发现粒子并不是均匀地沉积在灯泡内壁上,有一个狭窄的带状区,它比周围的变黑部分轻得多。这种带状的"白影子"和弯曲成U形的灯丝的两根支路在灯泡的同一个平面上,仿佛是一根灯丝支路屏蔽了另一根支路,而且,造成"白影子"的那一根灯丝支路是与直流电源的正极连在一起的。

爱迪生从观察中得出了这样的结论:碳粒子不是散发,而是直线式地从灯丝的负极支路那里脱开,即从带电体表面脱离开来的最小微粒本身是带有电荷的。由此,爱迪生认为,只要往灯泡里引入一个附加电极,即一个带正电荷的或与直流电路的正极连接在一起的电极,这些带电的碳粒子就会离开直线路径而被附加电极所吸引,这样,灯泡内壁的炭沉积就不会形成了。

门罗公园实验室的记事簿上,有一张1880年2月13日注明是"第一次试验"的草图,这是一个供试验用的灯泡,小马蹄形碳质灯丝的上空,接入了一根穿过灯泡玻璃的金属线,这一金属线的外端被接到直流电源的正极上。这说明爱迪生在1880年初就已开始准备进行试验,并设计出了附加电极的灯泡。爱迪生设计的这个灯泡,实际上是二极电子管的雏形。所以,早在1880年,爱迪生就已经很接近于制造电子管了。但是我们知道,爱迪生这时有着大量的刻不容缓的工作要做,他要为参加预定1881年夏开幕的巴黎电气博览会做大量筹备工作,生产大批白炽灯泡和完成大功率发电机的研制;设计新的照明系统,并在纽约建立生产电器产品的工厂;筹建中央发电站,并为发电站制造机器和其他电气设备。此外,他当时还在深入研究矿石磁选法,在门罗公园铺设第一条试验性的客用电气化铁路。在完成这些研制工作过程中,爱迪生提出了大量要求颁发专利特许证的申请书,仅仅在1882年一年内,爱迪生就获得了美国政府颁发的141份专利特许证。所以,他没有时间去连续进行解决白炽灯变黑问题的试验,这个必须解决的问题只好延迟进行了。

1882年6月,爱迪生恢复解决灯泡变黑问题的研究。他用碳、铝、锌、锡、铅、镁、铂、铜、银、磷、巴氏合金、镍、金等各种导电体,制成附加电极的椭圆形板,焊在灯泡圆顶里弯曲的灯丝上空,以阻止带电粒子的转移,一一进行试验。直到1883年上半年,一系列的实验结果表明,灯泡变黑并没有因为有了附加电极而减轻。

但是,爱迪生在试验中发现:在灯泡内的空气被抽空的情况下,电流仍可以在白热化的灯丝和引进灯泡内与灯丝隔离开的电极之间通过。这就是后来被人们称之为"爱迪生效应"的现象。爱迪生解释不清这种现象,但他详细地做了记录。为了清楚地再现这种现象,他制作了被他称为"供演示直流电穿过高度真空空间的传导性能"的仪器。对这个仪器及其演示现象,爱迪生有详细的记录:

"'供演示直流电穿过高度真空空间的传导性能的仪器。'这是我的新发现。仪器是由通常的白炽灯组成,而这只灯在其真空空间有一根不与灯丝接触的铂丝穿过了灯泡玻璃。在这根铂丝的一端焊有一根铜线,而这根铜丝正好是为了从外面与电源连接在一起而焊到灯丝的两个支路上的那一根。如果把这根电线接到电流计的一个端子上,而把另一个端子与正极支路连接起来,当灯泡灯丝的发光度没有达到相当于10支烛光的强度前电流计指针就不会偏转,而在达到13支烛光时就会出现轻微的、缓慢的偏转,而如果热度继续提高,指针的偏转就会增长得非常快。在使用25支烛光的条件下就有很大的电流流经电流计,这种电流足以供给200英里长的电报线路的用电(在把灯泡里空气抽到一个大气压的百万分之一的条件下),在这种情况下电流在真空中应当能通过至少有半英寸的断线处。"

在这里,爱迪生发现了装有附加电极的灯泡有一个非常重要的特性,在灯丝用来工作的电压发生变化的条件下,电流计电路中的电流强度就发生很大的波动,如果用现代术语来说,电子发射在明显地发生变化。爱迪生认为这种仪器可以当做高灵敏度的电压变化指示器来用。1823年11月,爱迪生提出了电气指示器的专利申请。1884年9月,世界电工技术博览会在费拉德尔菲亚(费城)开幕了,爱迪生展出了他带附加电极的电灯、电气指示器,并做了演示。12

六、寻找新的牵引力

月12日出版的《工程学》杂志,发表了一篇题为《在爱迪生小灯泡中的现象》的短文。40年后,在法国物理协会出版的涉及有关带电中心、离子、电子观察情况的重要著作中,收录了这篇虽然短小、但具有历史意义的报道:

在费城展览会爱迪生展厅,演示了下述有趣现象:

在爱迪生的一只小小白炽灯里,在碳丝下边距两端相等距离处,平放着一块由扁铂制成的绝缘电极。该电极上层表面离碳丝约半英寸。

当点亮电灯时,电极和碳丝的一端之间开启电流计,它显示出电流流向的变化,取决于电流计接通碳丝的正极还是接通负极。这就证明了电流可以通过电灯内部的真空。

当电流计接通碳丝的正极时,电流就增强许多倍。

当电灯内电流的炽热程度增高时,电流计记录下来的电流也同样增加。

在电灯停止工作后的一段时间内,接通铂电极和碳丝正极之间的电流计显示出电流逐渐减弱,这可能是极化现象所引起的。极化现象是埃德兰特在研究真空放电时观测到的。

当电灯被关掉一段时间后,电流又恢复原状。此外,在灯泡外放置一块铂片电极,则可取得穿透电灯泡的玻璃而来的电流。

从上述实验中所观察到的,大概是充了电的空气(或碳)分子由于灯丝炽热而沿"直线"方向散射的现象。

到了19世纪最后10年,发现了电子的存在,那时科学家们才弄明白,爱迪生效应不是别的,而是一种从炽热灯丝上发射出电子的现象,即所谓热电子发射。而在此之前,电流能在真空空间中,从带有负电的灯丝通过电路中的断线处,传给带有正电荷的附加电极的现象,对于所有的人来说,是出于意料和无法解释的。在长达20年的时间里,对"爱迪生效应"的研究处于沉寂状态。即便是"爱迪生效应"发现者本人,也没有对这一现象本身进行更多的试验,也未能科学地论证这一现象。许多年以后,即在1922年,爱迪生不无惋惜地说:"当时我为推广使用我的电照明系统做了过多的工作,所以我也没有时间来继续进行我的试验。"

1904年,在研制无线电时,人们在试图将一种弱电振荡转换成一股弱直流电流的过程中,才首次发现了门罗公园实验室早在二十多年前就发现"爱迪生效应"的划时代意义。英国著名的电机工程师约翰·安布罗斯·弗莱明对于无线电的最大贡献，就在于他挖掘了"爱迪生效应"，这就是他把有附加电极的爱迪生灯泡，当做高频振荡整流器来用。弗莱明在他的回忆录中写道："1904年10月，我在专心思考这一问题时，一个非常愉快的念头突然涌上心头。我回忆起自己在'爱迪生效应'方面所做过的实验，特别是白炽灯碳丝和灯泡中的冷金属板之间可以通过一瓦特电能的发现，我对自己说：'如果是这样的话，那么我们手中持有的恰恰是用来进行高频振荡整流的工具。'我让助手代克在一个电路里造成弱高频电流，然后我从柜子里拿出一只过去实验时用过的灯泡……"

这个形状好像灯泡一样的东西便是弗莱明制造出的第一只电子管。它对于来自无线电波振荡电流的作用，就好像一个单向阀门，将电流可转换成为单向的电流作用于电报机。它标志着人类电子时代的开始。

试验完全成功了，弗莱明制成了世界上第一只电子管，它标志着人类电子时代的开始。之后，1906年，美国工程师利·德福雷斯特在弗莱明的二极管上增加了第三个电极，"三极管"就这样诞生了。从此，无线电技术得到了真正快速的发展。

电子管是对"爱迪生效应"进行研究工作的直接结果，它的应用极为广泛。电子技术成为20世纪新兴科学技术中一项关键性技术，是对发展人类社会生产力具有革命性影响的主要技术因素之一。今天，我们可以更正确和充分地评价"爱迪生效应"的重要性。我们完全有理由认为，"爱迪生效应"的发现，是发展现代电子工业的基础，也是现今巨大的无线电工业的基石。

爱迪生在科学上连电子这一概念还没有产生的时候就观察到了热电子发

六、寻找新的牵引力

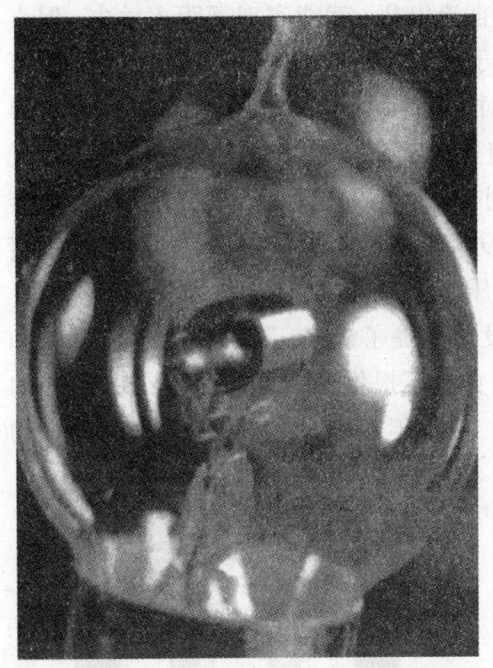

毕业于耶鲁大学的德福雷斯特(1837~1961)将无线电技术带入了一个全新的时代。1906年他对二极管加以改进,研制出了真空三极管。从此,无线电通信事业得到了真正的快速发展。

射现象,他的名字已和物质学说的最重要的一步——电子的发现——联系在一起了。然而,"爱迪生效应"的发现者本人,并未能立即通过这种现象去研究实际上已呈现在他面前的极其重要的发现。虽然当时有许多重要的事情等着他去做,但是,他的疏忽,使他与这一重要发现擦肩而过。

1885年5月,也就是在马可尼发明无线电报前10年,爱迪生提出了列车感应电报的专利申请,这种电报并非无线,而是通过电感应传送莫尔斯电码,对运行中的列车和车站间的联系有重要意义。爱迪生把这一专利转让给马可尼。数十年后,马可尼提及此事还对爱迪生的慷慨帮助表示谢意。

2. 交直流之战:因偏执而败北

19世纪80年代中期以前,作为将电力设想化为现实的领导人物,爱迪生的地位一直是高高在上,无人企及的。他的发电厂利用直流发电机将电力传输给用户们。但是到了80年代后期,这种稳固的地位开始受到来自交流电的冲击。

爱迪生的整个照明系统是以直流电为基础的。直流电的使用得到了很好的研究,直流电在电照明方面的运用已取得了多方面的经验。但是,直流电系统从它诞生那一刻起就存在着缺点。爱迪生的公用电站一般都建立在人口稠密的中心地区,这是因为远距离输送直流电实际上在当时是不可能的。发电厂输送的电力距离不能超过一英里。这就不能解决边远地区人们的用电问题。如果能提高直流电压,就能实现远距离输电,但直流电不能用变压的方法提高电压。于是,研制出了高压直流发电机,它可以发出适用于电力输送的电流,同时,也可以把几台发电机串联起来获得高压直流电,作远距离电能输送。但这种高压电流输送到用户那里仍然无法通过变压办法降低电压,必须控制在250伏以内,如果超过这一标准就会烧毁灯丝,危及用户的安全。人们设想能不能将电压提高,以利于远距离输送,然后在输入用户前,再降低电压。

于是,用交流电代替直流电的设想被提了出来。交流电的电流方向和强度可以作周期性变化,这就为改变电压提供了条件。19世纪80年代初期,人们在这方面已做了多次尝试。1885年,英国工程师菲尔安基设计的第一座交流单相发电站在离伦敦12公里的捷伯特弗尔得建成。发电机功率为1000瓦,电压高达2500伏。1894年俄罗斯建成了功率为800千瓦的单相交流发电站。

单相交流发电站与直流发电站相比,它的功率大,它在输电过程中由于变压器的作用,提高了电压,因而扩大了供电范围。由于单相交流发电站使输电工程变得复杂,因此进一步推广在技术上还有困难。

爱迪生反对采用交流电,这并不是因为他预见到使用交流电会遇到困难。而是爱迪生已经建立了自己的直流电系统,他不愿意再改变它,更不允许以交流电来取代它。他曾经说过,现有的东西不一定就是最好的。然而,在直流问题上,却变得固执己见,言行越来越

虽然直流电有很多坚持者与拥护者,但是交流电因它的可变化电压等多项优点一直吸引着很多献身科学的人们。从19世纪80年代起,交流电机的研究和制造得到了快速发展。图为手摇永磁式交流发电机。

六、寻找新的牵引力

偏执,他所表现出的保守和顽固,不亚于曾经讥笑、反对他用电灯取代煤气灯的人们。

爱迪生的实验室里,有一个叫尼克拉·特斯拉的克罗地亚人,在直流电遇到的问题中他推想,如果不断地使原线圈通断、通断,使之不稳定地流动,副线圈中不就可以不断地感应出电流吗?这种大小和方向不断变化的电流,就是交流电。由于电流的瞬间通断,人们不会察觉出电灯的明灭闪烁。特斯拉发现这种装置可以提高或降低电压,副线圈中的匝数越多则感应出的电压就越高,原、副线圈的匝数比就是它们的电压比,这就是变压器的基本原理。特斯拉是一位注重理论的物理学家,他始终坚信交流电终有一天会使供电范围更广、成本更低。特斯拉曾多次同爱迪生讨论过发电机革新的几种方案。爱迪生对这种设想不屑一顾,不愿做认真考虑。偏执使他看不到交流电的优点和广阔的发展前景。假如这时的爱迪生能够少一些偏执,多几分考虑的话,那么历史恐怕就要改写了。然而事实并非这样,两人不但没能坦诚相见、友好合作,仅仅为了一件小事,而分道扬镳了。

有一次,特斯拉向爱迪生谈起改良方案时,爱迪生不经意地说,假如特斯拉改造成功的话,他将付给特斯拉5万美元。说者无意,听者却有心。数月后,特斯拉把改进后的附件装入发电机,产生了非常理想的效果。当特斯拉向爱迪生索要5万美元时,爱迪生回答说:"特斯拉,你不知道我们美国人爱开玩笑吗?"

特斯拉认为自己受到了愚弄,于是当场辞职。小气吝啬并不是爱迪生的风格,他之所以拒绝付钱,完全是因为

特斯拉不仅对于交流电源的推广有极大的贡献,他还是磁感应强度的发现者。当软铁棒等物体置于永磁体附近时,所显示磁性的现象被称做磁感应。计算磁感应强度的单位名称为特(斯拉),单位的国际符号为T。其换算关系为1高斯为10^{-4}特(斯拉)。

两人之间缺少思想交流所致。从此,相互嫌恶的不满之情便深埋在两人心中了。1912年,特斯拉被授予诺贝尔物理学奖,但当他得知将与爱迪生一起分享这一荣誉时,对爱迪生耿耿于怀的特斯拉拒不接受。

特斯拉离开门罗公园后,找到了乔治·威斯汀豪斯,在他的支持下,不到一年时间,两人合作成功,把交流电引向了实际的应用。

乔治·威斯汀豪斯出生于纽约的森特勒尔布里奇,是美国的一位发明家和工业家。1826年,威斯汀豪斯创办了威斯汀豪斯电气公司,生产电器装置。1869年他发明了火车使用的空气制动器,1882年发明了铁路信号系统,使自己的公司得到了发展。之后,他的注意力转移到改进天然气分配和发电方面。他利用欧洲发明的变压器,成为在美国应用交流电的奠基人。于是,在交直流问题上,他与爱迪生发生了尖锐的冲突。90年代后,威斯汀豪斯公司的企业和商业活动大大扩展了,成为爱迪生通用电气公司的有力竞争者。

美国发明家和实业家威斯汀豪斯。

威斯汀豪斯精通电流知识,懂得利用电流强度和电压的不同组合可以提供一定的功率,而且某几个组合方法能使功率在一定距离内的损耗比另一些组合方法少得多。1885年,单相交流电技术获得了重大成果,欧洲制造出了工业用单相交流电变压器,并发明了单相变压器并联法。这为威斯汀豪斯建立交流电系统提供了不可缺少的条件。1886年,威斯汀豪斯在布法罗市建立了第一个交流电电气照明站。1888年,特斯拉成功地建成了一个交流电电力传送系统。他设计的发电机比直流发电机简单、灵便,变压

六、寻找新的牵引力

器的使用又解决了长途送电中的问题。威斯汀豪斯用交流电给芝加哥世界展览会安装了电器照明。交流电所需要的铜线少,中央发电站所需的设备也较少,比直流电成本低廉,发展前景辉煌。

爱迪生系统与威斯汀豪斯系统之间,不可避免地爆发了一场"电流战"。双方使用多种手段来进行斗争。

爱迪生意识到,交流电无疑可以降低成本,从经济角度来攻击交流电,是难以奏效的。于是,他就在交流电的其他方面做文章,在那个时候,公众对电力仍然怀有恐惧之感:电力虽然可为人类带来利益,但它也会成为"杀人犯"。所以,宣传高压电的危险,是攻击交流电的有效办法。

爱迪生发行了一本题为《当心》的小册子,书中详细地列举了交流电的所谓种种危险,并把交流电的使用描述为"枉费心机"。如果在高压交流电线上发生工人遭遇不幸的事件,直流电的拥护者便会在报上以《电气杀人》《电线杀人》《电线上又一具尸体》等骇人听闻的标题,刊登一系列文章。爱迪生还在《北美周刊》发表了一篇题为《电灯之危险》的文章,攻击交流电的使用,利用他的威望来阻止人们使用交流电。他说:"与我保持联系的一家电灯公司前些时候购下了一整套交流电系统的专利。对此,我表示抗议,内容都记在了公司的备忘录上。迄今,我已成功地说服他们不向公众推广这种系统,今天即使是我同意推广,他们也不会这样做。"

爱迪生的宣传不是没有作用的。纽约市长艾布拉姆·纽伊特收到了一份群众的请愿书,要求从电线杆上拆除高压交流电线。而威斯汀豪斯则针锋相对,撰文捍卫交流电的长处。

除了在舆论上压倒对方以外,爱迪生为了证明他的论点,他的代理人布朗还前往各州演示,用"危险的"交流电杀死一些无主的猫狗。

1889年,美国指定了一个专门委员会来选择一项比绞刑更"人道"的处决犯人的方法。委员会经过一年的研究,建议采用电椅并以立法程序通过准予使用电椅处决罪犯的法案。这项决议为直流电的拥护者找到了反对"可诅咒的"交流电的危险而斗争的新手段。爱迪生和他的助手们决定通过电刑椅来败坏交流电的声誉。在纽约市司法部门装置电椅时,他们一方面鼓吹使用交流电,一方面,他们购下了3台威斯汀豪斯发电机,暗地里转卖给监狱。一年之后,奥本州立监狱、星星监狱、克林顿监狱决定使用电椅执行死刑。当罪犯坐上交流电椅死去时,交流电在许多人的心目中引起了恐惧,几乎成了死神的同义语。

除了在杂志、报纸上进行论战外,双方还都进行了大量的政治游说,企图通过行政力量来压倒对方。弗吉尼亚州参议院提出了一项法律草案,禁止使用直流电压800伏以上的电流和交流电压200伏以上的电流。

"弗吉尼亚州全体大会议决:自1890年4月1日起,以法律严禁拥有、保留或保持任何电路、部分电路或组成部分电路的物体、物件用来输送电流,横断或通过公共街区或道路的上空或地下,以及群众经常出入的场所(除本法指定的地方外)。上述所有电线(无论全部或部分在地下或在地上)其直流非脉动电压不应超过800伏,直流脉动电压不应超过550伏,交流电压不应超过200伏(视其所用电流类别而定……)。"

爱迪生与助手们连续工作了三天后的合影(1888年)。

很明显,这项法令如果通过,并不妨碍直流电的使用,却束缚了交流电的有效使用。爱迪生立即决定予以支持,并亲笔在草案下方加上了一段话:

  本法批准后,禁止个人、私人团体或公共团体直接或用感应法发出、使用、传输、给用户分配电流,其电压在发生不幸事件时由于这种电流的直接作用足以使人致死。

托马斯·阿·爱迪生

由15名参议员组成的专门委员会,预先讨论这项法令草案。爱迪生和

六、寻找新的牵引力

威斯汀豪斯都派了许多得力助手到会游说,以通过或否决这项法令草案。爱迪生还亲自出马,为法令草案辩护。

然而,这项法令草案被弗吉尼亚州议院否决了。

爱迪生一生都在为造福于人类而废寝忘食地工作着。他是电力应用的倡导者,为此他做了不懈的努力并取得了辉煌的成就。爱迪生是一位英雄,真正的英雄。遗憾的是,当他开始维护自己的威望和集团利益时,他表现出了难以解释的固执和保守。这位发明家在这次关于电力传输技术的激烈斗争中失败了,他败给了自己的偏执与守旧。爱迪生未能制止交流电的胜利前进。交流电以它的多种优点赢得了用户市场。到了90年代初,电工技术获得了进一步发展的新手段,交流电成为主要的输电方式。远距离输电方法的产生和运用,为工业电气化解决了电力供应问题。从此,无论城市、农村、平原抑或是山区,都可以得到电力的供应了。从这时起,崭新的电气化时代正在悄然开始。

3. 试制电力机车:他纵身跳出车厢

1880年5月初的一天,天气晴朗,风和日丽。从门罗公园里传出来一阵电机的轰鸣声,随即,一列火车徐徐开过来。这列火车非常奇怪,机车上既没有冒出浓浓的黑烟,也没有气喘吁吁地倾吐出团团蒸气。机车后边只挂着三节车厢:一节平板货车,两节客车上都坐满了人。列车很快加速,全速驶过坡道,驶向绕过土丘的弯

爱迪生最初研制的电气火车。

道。这时,机车发出一阵怪音,脱轨了,后边三节车厢一起随着翻倒,车上的人全被摔出车外……

爱迪生就在车上。这列车正是他新近试制的电力机车。今天,也不知道是第几次试车了。车上坐的是他的助手和工作人员,门罗公园的法律顾问洛里也在车上。爱迪生试制电力机车的消息一经传出,照例会引出一些反对者的说三道四。洛里是来察看究竟的,一到门罗公园,正赶上这次试车。

"你也搭乘看看,申请专利的时候,好做参考。"爱迪生一见他,不由分说,便把这位密友拉上了车。

洛里后来回忆说:"爱迪生的电气铁路列车时速达36英里。列车开到这样速度是为了向我显示电力机车的功率。我对车速过快而且转弯过急提出异议。爱迪生却说,他已习惯于这样的速度。然而,列车在急转弯处脱轨了。驾驶机车的技师克鲁西被甩出车外,掉进泥潭里。另一位工作人员被甩到灌木丛里,在那里令人可笑地挣扎着。爱迪生在一瞬间纵身跳出车厢,并高声大笑。面对如此异常惊险的场面,他却感到很开心。克鲁西急忙站立起来。他浑身颤抖,脸上有血迹。我永远也忘不了他当时脸上的表情和说话时的怪声怪调:'哦!当然啰,我还是完好无缺,安然无恙。'幸好,除了克鲁西脸部被擦破,其他的人都没有受伤。"

爱迪生早就有试验电力火车的想法。"那是1878年,"爱迪生回忆说,"我去怀俄明观测日食,回程途中从火车窗口往外望,一望无际的田野,高低不平的道路,农夫们用马车载运蔬菜或小麦,马和人都累得喘不过气来。那时候和我一起的派克教授曾经谈到铺设小型铁路,让电车行驶,这样,人和马就不用那么辛苦了。"从那时起,爱迪生就萌发了建造小型电气铁路的想法。

从西部旅行归来后,爱迪生就开始进行电力照明和发电机的研制。但是,他并没有忘记电气铁路的计划。1880年初,在安排好白炽灯的成批生产和设计首批发电机之后,就准备着手试制电气机车。恰好,这时爱迪生的一位老朋友亨利·威拉德来到门罗公园,他的到访,促使爱迪生立即开始了电力机车的研制工作。

亨利·威拉德是北太平洋铁路公司的总裁,也是爱迪生电力照明协会会长,他是来求爱迪生的。他对爱迪生说:"你也知道,使用蒸汽机车头的

六、寻找新的牵引力

火车到了山丘地带，进入隧道，煤烟呛人，司机和乘客都不舒服，尤其是夏天开着车窗，进来的煤烟更大。如果不用蒸汽机车，改用电力，有没有办法？"

"其实，早就有人动这个脑筋了。"爱迪生会心地笑了笑，回答道。

爱迪生告诉他，当他还在美国大干线铁路卖报时，在底特律图书馆看到过一本书，书上说1837年有一个英国人曾制作过利用电池作牵引力的电车。1850年，美国也有人想制造蓄电池电车。

但是，爱迪生说的这些尝试都没有产生令人满意的结果。直到直流电机的出现，才有可能在更大范围内采用电力传动，特别是用在牵引方面的电力传动。

80年代初，西欧和美国在陆运中开始利用电力牵引。1874年，旧金山的斯捷凡·菲尔德提出了关于采用固定直流发电机来给电动车辆供电的专利申请，但这种电车并没有制造出来。1879年，德国西门子公司在柏林工业博览会上建了一条0.3公里长的短距离实验线路。机车由一台3马力的电机驱动，这是第一辆用新型发电机来代替蓄电池车辆的机车。机车挂着5节车厢，每节车厢可乘坐6名乘客。但西门子公司的电动机车绝缘问题尚未彻底解决，在下雨天就无法试验。但西门子公司还是在1880年开始设计和建设一条从柏林的安哈特车站到利希特菲尔德校场的电气化铁路。

"德国的火车已经换用电车了吗？"威拉德问。

"不，还没有。我想自己来发明一种与他们不同的电力机车。"爱迪生充满了自信，他说，"我因为电照明的需要，已制成了功率强大的发电机。只要把它改为电动机就行了。我早已在计划中。"

威拉德信任爱迪生，他对爱迪生的构想也很感兴趣，于是他问爱迪生完成这项发明需要多少时间。爱迪生想了想说："只要半年就足够了。不过，还需要相当的研究经费。"威拉德爽快地答应由他提供经费，不过，他也不含糊，如果试验成功，就让北太平洋公司使用。

爱迪生设计的电力机车是一个四轮车，车上安装的是爱迪生Z型电机（100伏特×75安培），用来作为发动机。电枢轴上装有一个摩擦传动轮，通过两个传动轮把动力传给车轮，第三个传动轮通过杠杆与那两个传动轮中的一个接触，起制动作用。电力是由安装在实验工厂里的Z型电机供给，发电机的两极通过地下绝缘导线与两条钢轨连接。铁路线的起点在实验

爱迪生传

工厂附近,沿着一条乡间道路伸展,绕过一座小山,呈"U"字形转回门罗公园。全线长0.3英里(约合0.5公里)。轻型钢轨用螺栓固定在间隔约一米的枕木上,枕木下没有铺石碴,整个线路直接铺在硬土地上,途中有几处大斜坡、急转弯和不平坦的地段,这是为了积累更多的试验资料。电力机车牵引三节车厢:一节是敞车,另一节是货车,第三节是被戏称"普尔曼式"车厢,是专供爱迪生用来实验电磁制动器系统的。

第一次试车时,一切都还正常,平安地走完了全程,但终点停车时震撞了一下,摩擦轮组断裂。爱迪生认为他设计的摩擦装置不合理,不完全可靠,改用了电动机通过皮带传动带动轮轴的办法。此外,爱迪生使用了与电枢串联在一起的电阻,以便起动平稳。机车装上了探照灯和信号钟,以便夜间也能试验。

爱迪生不断地改良着机车的性能,并亲自上车,体验机车运行情况。于是,我们碰巧看到了前面所描述的翻车场面。这次脱轨事故,是一次很好的研究资料,爱迪生为了防止发生类似的危险,又做了两项发明。一是制作了两个带有杠杆系统的钢轨夹钳,它们可以交替地抓紧一条钢轨,把机车拉紧,从而改进了机车转变运行、特别是急转弯运行的情况。另一个发明便是电磁制动系统。他在每一根轴上装上一个又重又大的铁圆盘,这个圆盘位于功率强大的电磁体两极之间。如果电磁体被激励起来,就能阻止圆盘转动,从而起到减速作用。为了更安全,爱迪生又在客车上安装了机械制动闸。

1880年5月13日下午4时,爱迪生的电气铁路通车了。爱迪生成功了。虽然,他的电气列车外观不美,但这是美国第一列电气列车。它的时速可达60公里,有12马力,比德国的西门子公司展出的时速12公里、3马力的机车要强多了。

7月22日,爱迪生提出了专利申请。美国各报都报道了爱迪生的电力机车试验成功的消息。许多关心电气化运输的人前来参观。美国伟大的铁路事业活动家亨利·威拉德和许多外国专家,其中包括瑞士工程师比德曼和丘里都来到了门罗公园。有几千人乘坐了爱迪生的电气列车。列车运行正常,机车在白天几乎连续工作。

威拉德高度评价了门罗公园试验性的电气化铁路。他打算在西部农

六、寻找新的牵引力

1880年爱迪生研制的第一列电气列车。

业区修造电气铁路专用线,以便将小麦沿此线集中于铁路枢纽站。1881年9月14日,爱迪生与威拉德签订了一个协议:爱迪生将门罗公园的第一条电气化铁路延长2.5英里(约合4公里),并建造三种类型的车厢和两台机车,一个客运,一个货运,电力客车的时速应保证为60英里。威拉德为此提供经费。威拉德并提出另一个条件,如果爱迪生的电气铁路运输费用低于当时的蒸汽机列车的运费,威拉德就把在一些产粮区的最少有50英里长的铁路区段电气化的工程交由爱迪生承办。

1881年秋,门罗公园电气化铁路的扩建工程立即开工了,1882年初,全长4.5公里的整条线路全部竣工,并配备了所需的机车车辆。依照协议,线路经过高地、交叉站和桥梁。这条小型铁路拥有货车站台、三条会让线、两个机车库。一切设备均比第一条铁路完善和坚固。路基平整,道碴厚实。机车所需电力由沿着线路铺设的地下电缆供应,钢轨与枕木之间的绝缘性能可靠。新的机车有一个司机室,前面有格条护板和探照灯,控制器安装在司机座位下面。电动机与轮轴间是皮带传动的。客运电力机车自重五吨,货运电力机车自重10吨。客车的最高时速为96公里,可载乘客90人。货运电力机车速度较慢,但载重量较高,能牵引6~8节平板车或车厢。

新线路的试验取得了完全成功。

但是,威拉德在爱迪生新工程竣工之前就破产了。他跑到门罗公园,对爱迪生说:"和你所订的协议我一定遵守,你的研究费用,我一定会付给你的。"

"威拉德先生,协议就当没有签订好了。但你的友情,我将永远不忘。感谢你的鼓励,由于你的帮助,电车才能发展到目前这种程度。威拉德先生,你现在应该设法让自己再度站起来。"爱迪生安慰威拉德先生。10年之后,威拉德再度成为北太平洋铁路公司的总裁,他并未忘记以前的协议,再次向爱迪生提出关于西部山岳地区铁路电气化计划。那时,爱迪生发明了制动滑道系统,但威拉德的工程师们不愿接受这个系统。后来,纽约中央电话局,以及黑纽文铁路改用电力牵引时都采用了这一新系统。

1882年6月19日,爱迪生接受了在瑞士建筑电气化铁路的工程。

1883年,爱迪生与当时也在从事电车研究的费尔德合作,设立了"美国电气铁路公司"。几个月后,他们在芝加哥博览会大厅铺设了一条供表演的1/3英里长的铁路。列车取名"法官号",它有三根铁轨,中间一根输入电流,左右两根作回路。在展出的半个月内,共行驶了466英里,载客26000人。《电力世界》称这辆列车运转性能"胜过这个国家境内任何蒸汽机车。……我们有充分的理由相信,在不久的将来,马与蒸汽机车就会被它取代。它拖着车辆爬山涉水,既无马蹄的响声,也没有蒸汽机的噪音"。

但是,马和蒸汽机车并未很快消失。原因是,铁道马车已有50年的历史了,如果采用电车的话,铁道马车势必被淘汰。在1900年以前,相当时髦和舒适的四轮马车仍然是旅行的主要工具,以致电车很难有进展。"电气铁路公司并没有发迹,又因内部不和,竟至破产"。

爱迪生在研制电力牵引系统期间,弗兰克·贾利延·斯普拉格是他的助手。斯普拉格主要研究发电机的传动和牵引装置,并成为这方面的专家。两年后,他离开门罗公园,进行独立研究,他制造了一台非常好的直流发电机,并发明了电动车辆和电车上使用的两台发动机并联系统。根据这一发明,在里士满制造了美国第一辆电车,并使市里的桥架铁路都使用了电力牵引。

进入19世纪90年代后,电车和电气化铁路有了很大发展。许多商行,包括威斯汀豪斯工厂、汤姆——胡斯工厂等都开始生产电气牵引装置设备。在欧洲,柏林西门子公司尤为积极。那时,爱迪生正忙于电影和其他重要发明工作,不再参与电力牵引技术的发展工作。但是,对于运输电气化他仍然功不可没,他是把制造电力牵引的设想变为现实的第一个人。

七、新的起点，新的事业

1. 告别门罗公园：昨日的辉煌

1884年，留在爱迪生记忆中的是沉重的悲伤。那一年，他37岁，与他一起生活了14年的妻子玛丽·斯蒂尔韦尔去世了。

从1881年初开始，忙于照明系统和电站建设的爱迪生在纽约居住的时间越来越长，玛丽和孩子们也都搬到了纽约，门罗公园成了夏天避暑的地方。1884年夏天，玛丽在这里染上了伤寒，在当时，这是一种极危险的疾病。但起初以为她只是偶感风寒，吃些药便会好的。在纽约忙得脱不开身的爱迪生没有赶回去看她。玛丽的妹妹爱丽丝尽心侍候，一直陪伴在床边。不久，玛丽的病情恶化，爱迪生赶回来陪着妻子度过了最后的几天几夜。被同事们笑称为"工作虫"的爱迪生连续几天没到实验室，这是极少有的事；同事们开始为夫人的健康担心。

善良、贤淑的玛丽对爱迪生没有太多的要求。她爱他，理解他的事业。她的去世令爱迪生陷入极度的悲哀之中。

8月9日凌晨，玛丽·斯蒂尔韦尔·爱迪生在门罗公园去世了。12日下午举行了葬礼，参加葬礼的宾客有四百多人。玛丽被安葬在她的家乡纽约克的快乐山墓地。墓碑周围堆满了鲜花。

玛丽给丈夫留下了3个孩子:女儿马里恩11岁,长子小托马斯·阿尔瓦9岁,次子威廉6岁。爱迪生把他们送到外祖母家,请外祖母照料他们。

妻子的去世,使爱迪生陷入极度的哀痛之中。他感到从来没有过的孤寂。他经常回忆起玛丽带给自己温馨的家庭生活。善良、贤淑的玛丽对爱迪生没有太多的要求。对玛丽来说,爱迪生便是她心中的一切。她爱丈夫,理解丈夫的事业,竭尽全力支持丈夫的工作。她照料孩子,处理家务,让丈夫摆脱日常生活琐事,绝不让他分心。爱迪生经常在实验室值夜班,她总是在深夜起来,为丈夫和他的同事做好夜宵,亲自送到实验室。爱迪生经常忘记更换内衣,她就把洗净的内衣送去。在爱迪生工作不顺利、实验失败时,她安慰他、鼓励他,对丈夫她是充满了自信。想到这里,爱迪生为自己总是忙于做不完的实验,几乎很少陪伴妻子而感到内疚、后悔不已。

深受失妻痛楚的爱迪生,在忘我的工作中寻求慰藉,度过了无数个日日夜夜。对妻子的思念,加深了他对孩子的关爱。他经常去看望孩子,更加亲近孩子,特别喜爱时常帮助外祖母照顾弟弟们的女儿马里恩。为了消除寂寞,爱迪生常带马里恩去听音乐会。回来后,爱迪生常常听女儿弹奏,或者自己用一个手指信手轻弹尚留在记忆中的旋律。

平时,爱迪生在空闲时最爱的消遣就是钢琴。他的听力虽然不好,但他还是酷爱音乐。他弹钢琴时,并不看什么乐谱,只是凭着自己的想像,脑海中浮现出的旋律。他那奇特的又快速的乐曲使人听了会有眩晕的感觉,他却乐此不疲,重复弹奏。他的一个友人形容他弹钢琴就像发电报,他说:"他很像在电报键上用闪电般的速度发送着一行电文。有时他只用两个食指来回地弹着一首曲子。他弹的曲子常常是很难听的。但他的手法并不拙劣。如果他那神经质的急速的弹法能和熟练的乐谱知识结合起来,那他一定能够成为一个伟大的演奏家的。他的弹奏是为了自己的娱乐,他要借此把他在长期的工作中绷紧的一颗心给舒解开来。"而现在,信手轻弹出的乐曲中,是绵绵的思念。12岁的女儿静静地望着疲倦的父亲,眼中闪现着泪花。失去母亲的马里恩更加敬爱自己的父亲,她常常买来最好的雪茄,悄悄地放进烟盒,她知道父亲喜欢抽雪茄。

门罗公园的辉煌,和贤慧的妻子是密不可分的。现在,门罗公园能给

七、新的起点，新的事业

予发明家的，除了悲伤和回忆外，别的什么也没有了。随着事业的发展，爱迪生感到门罗公园的实验工厂已远远不能满足需要，他早就决定要重建一个世界上最完备的实验工厂。

不久，爱迪生买下了离纽约市约60公里，新泽西州的西奥兰治郊区格伦蒙特别墅和卢埃林庄园，决定在那里建造新的实验室和工厂。一个新的、宏伟的计划在他心中酝酿着，更多的、让世界震惊的发明在等着他。

在即将告别门罗公园的时候，发明家的心中涌现出一股留恋之情，想起了和同事们在这里度过的日日夜夜……

1876年春天，他和他的同事们在这里建起了第一个发明工厂，它"标志着集体研究的开端"。1877年，他研制了电话送话器，让贝尔早期发明的电话从实验室投向了实际使用。也就在这一年，发明家最心爱的一项发明——留声机在这里问世，这项改变人类生活的发明，"从发明的想像力来看，这是他极为重大的发明成就"。从此以后，"门罗公园的魔术师"名扬四海。1879年10月21日，爱迪生在这里点亮了第一盏真正有广泛应用价值的白炽灯，给人类带来了光明，使发明家取得了一生中登峰造极的成就。紧接着，1881年，他在这里完成了直流三线电力照明系统的实验，使远处的灯具能从中心发电站配电，在电工技术史上取得了一项重大的工艺成就。1883年，

这里就是电话、留声机、电灯等许多发明的诞生地。
爱迪生和他的工作小组常常在这里昼夜不停地工作着。

爱迪生传

门罗公园发现的"爱迪生效应",宣告了人类即将迈向电子时代。门罗公园的十年,发明家的智力和才能得到了充分的展现。爱迪生当然也不会忘记他的亲密的同事们,是友谊和劳动、快乐和失望把他们紧密地联系在一起。爱迪生的每一项重大发明,都离不开这个集体的勤奋和创造性的劳动。

爱迪生在门罗公园的发明活动,除了那些打开了科学技术新篇章的重大贡献外,我们还可以看到他的另外一些闪光点。

爱迪生有着广泛的发明兴趣,他的许多发明,不全与他创造性研究的主攻方向相符合。在前边各章,我们在记述他的主要发明活动时,已陆续写到了他的一些其他发明,如:电笔、碳质变阻器、测微温湿仪、会锯木头的小木偶等等。这里,在他即将告别门罗公园时,我们再介绍几件他的有趣发明。

爱迪生的健康的身体引起人们的羡慕,但很多人并不知道他患有神经痛的病。爱迪生不去求医诊治,而决定自己治疗。于是,他的化学实验室成了医药研究所。他的神经痛越来越厉害,他也终于研制成一种能解除疼痛的外敷药,他称之为"祛痛膏"。为了证明这种药的确切药效,爱迪生很想能有其他病人来试用这种药膏。正巧,有一个流浪汉偶然来到门罗公园乞讨。这个流浪汉的一条腿已浮肿着,神经性痉挛使他的面部扭曲得十分难看。爱迪生决定用祛痛膏为他治疗。流浪汉在门罗公园住了一段时间,他的风湿痛和神经痛的症状都消失了。此事一经传开,郊区乡间的病人几乎是蜂拥而至,来索取"神药"。发明家乐善好施,一连数年散发瓶装的祛痛膏。药瓶上清楚标明:"爱迪生研制祛痛膏,北美合众国新泽西州门罗公园"。标签上还明显地印着发明者的肖像:头像上面有白炽灯,围绕着头像的有留声机、电报机和发电机。标签上还有他的签名。"此药剂是根据我本人配方加工精制的。"

爱迪生为耳聋者发明了扬声器。一位来门罗公园采访留声机的报社记者,在报道中说这个机器能帮助听力差的人听清楚声音。这篇有误的报道被各报转载,于是询问函件如同雪片般飞向门罗公园。难以一一解答的询问信件表明了竟有这么多的人同他一样失去了听力。"应该为他们做些什么。"爱迪生想。于是,一个结构简单的扬声器被制出来了。扬声器由安装在一个三角架上的三只喇叭筒构成,左右两个喇叭筒的窄小端对着双耳,

七、新的起点，新的事业

工人们按爱迪生的设计制造飞机。

中间的喇叭筒有一个谈话的孔。这个简单的扬声器使用效果良好，引起耳聋者的极大兴趣。受这件事的启发，他又发明了供盲人使用的墨水，让失明者感激不已。

爱迪生还研制过直升飞机。

早在1880年，《纽约先驱报》社长戈登·贝内特访问爱迪生时说："爱迪生先生，大家都说你是魔术师，但若想发明使人飞上天空的东西可能还没有办法吧？"

"未见得不可能。意大利的达文西在400年前就画出了让人在天空飞行的设计图，我记得少年时代曾在图书馆看到过，很像鸟的翅膀，但很简陋。"

"此后再没有人研究吗？"

"俄国人罗蒙洛索夫研究过，英国也有学者发表过飞行理论的论文。只是，我抽不出时间来研究。"

五年后，戈登·贝内特拿出1000美元，要他研究飞行运输的可能性。多年后，爱迪生回忆说："我制造了一种直升飞机，但不能做到使它轻得能够起飞的地步。我把股票行情接收机的纸条加工成强药棉，塞进引擎发动机的缸中，用火花点燃。可是飞机没走多远，我的助手却烧得够呛，我自己的头发也烧焦了。我告诉贝内特，如果能制造一种每马力仅3～4磅重的发动机的话，直升飞机就能成功运转。我认为这是最好的办法，也是走向成功的可靠途径。我没有改变我的看法，但是，我不得不等待很久。"

爱迪生传

爱迪生的"飞鸟",只"走"了30米。18年后,1903年12月17日,莱特兄弟驾驶着他们亲手制造的世界上第一架真正意义上的飞机,飞行了大约12秒钟,实现了人类像飞鸟一样飞向蓝天的梦想。1908年,爱迪生曾对《纽约时报》的记者说:"假如我造飞行器,我将利用几个倾斜平面的迅速转动来起飞,因为旋转平面会压缩飞机与地面间的空气,使之造成推力。然后,可用一只螺旋桨推动它向前飞行。"30年后,1939年9月14日,俄国工程师西科尔斯基成功地设计制造了世界上第一架直升机。那时,爱迪生已去世了,他没有看到,他对直升机的想像与现代直升机的原理,相差并不太远。

发明家的制造性想像力有多么丰富!在这个时期,他还提出了起重机和缝纫机电气化问题;他研究了纽约市内铁路噪音发生的原因;他研究了扫雪机;他设计出了棉花采摘机的草图。

在门罗公园和爱迪生一起工作过的同事与爱迪生电力照明协会自行筹资,在门罗公园建立了爱迪生纪念碑。在钢筋水泥底座上,高高耸立着一块巨石,上面镶着一块青铜板。青铜板上部有爱迪生的浮雕像,下部镂刻着题词:

1876 — 1882

托马斯·阿尔瓦·爱迪生

在这里

开始了他的发明劳动,

开始服务于人类,使之便于找到

通向进步之路

爱迪生雕像。

七、新的起点，新的事业

建造这座纪念碑，是为了表示人们以及由于爱迪生的劳动才得以出现的工业部门的工人们深深感激之情。

1882年，爱迪生把他的办公室搬到了纽约第五街，但许多重要实验仍在门罗公园进行。1887年，爱迪生才把他的实验室和实验工厂全部搬迁到西奥兰治。

若干年后，爱迪生把门罗公园原白炽灯工厂赠送给了亨利·福特。福特把厂房迁到了迪尔本，并从门罗公园运走了整整36板车门罗公园的泥土，在迪尔本按原状恢复原工厂，成为后来福特建立的"爱迪生纪念馆"的一部分。

2. 挥师西奥兰治：建立工业化发明中心

1885年5月的一天，爱迪生因研究列车感应电报来到波士顿，他应邀会见了老朋友吉利兰。埃兹拉·吉利兰以前是波士顿的电讯技师，爱迪生在研究列车感应电报中曾获得过他的帮助；现在，他的妻子正张罗着为爱迪生物色一位新夫人。在吉利兰家里，爱迪生见到了年轻漂亮的少女米娜·米勒。原来她是颇有成就的农机发明家刘易斯·米勒的女儿，爱迪生和刘易斯早就相识，1875年米勒曾去找过正在研究留声机的爱迪生。米娜已从波士顿女子师范学校毕业了，这时，她刚刚从欧洲旅行归来。米娜当然知道大名鼎鼎的发明家，这位年龄比自己大一倍的发明家有一双灰色的眼睛，炯炯有神的目光透出率直、单纯的性

爱迪生的第二位妻子米娜。她与爱迪生一见钟情。米娜对爱迪生的影响是多方面的。为了使爱迪生在繁忙而紧张的工作中得到休息，她常常陪着丈夫去看戏，而对爱迪生而言，这确实是惟一的消遣。

格,方方的下巴显得坚强、可靠,健康的面容看上去仍然显得年轻。米娜有着褐色的皮肤,长着一头黑发。这个秉性不凡而又文雅的美丽女子也使爱迪生动心。于是,两人一见钟情。

爱迪生在日记中记述了他们的交往:"我用莫尔斯电码问她是否愿意同我结婚,用电报信号发出'是的'一词是容易的,果然,她发出了这个词。如果叫她公开这么讲,她就会感

恩爱的爱迪生夫妇。

到为难。这次我们进行了长时间的谈话,可谁也不知道我们在谈什么……如果用语言交谈,他们肯定会听见。使用电码,虽然车里还坐着另外三个人,我们却可以毫不窘迫地互相使用昵称。"

1886年2月,爱迪生和米娜举行了婚礼。婚后,夫妇俩到佛罗里达州度假。蜜月中的爱迪生也没闲着,他在那里建造了一所有机床、发动机和化学设备的实验工厂。

从佛罗里达回来后,他们搬进了新近购买的格伦蒙特别墅,这是一座有着三角形尖屋顶的安妮女王时代的英式建筑。高大的三层红褐色的砖砌楼房,用石头雕砌的阳台和镶嵌着彩色玻璃的窗户,坐落在风景如画的卢埃林庄园,既舒适又雅静。爱迪生不仅买下了这座别墅,而且也买下了其中的家具、绘画、雕像、青铜器,还有一座存书5000卷的图书馆、占地13英亩的庄园、温室以及母牛、马匹、鸡等。爱迪生说:"我看到格伦蒙特别墅,就大吃一惊,这个庄园对我来说真是漂亮极了。"爱迪生把孩子们也接了过来。

爱迪生的第二位妻子是个有文化教养而又能干的妇女。报上形容她"谙熟家务、艺术,作派端庄,性情慈善,喜好教育工作"。与天真无邪、女工

七、新的起点,新的事业

爱迪生与第二任妻子米娜结婚后,便迁往位于西奥兰治郊区的新居。这里既舒适又雅静。整套建筑为安妮女王时代的英式风格。

型的玛丽不同,米娜完全属于另一个社会阶层。在她主持下,爱迪生一家开始过上了"上等"人家的生活。米娜对爱迪生的影响是多方面的。为了使爱迪生在繁忙而紧张的工作中得到休息,她常常陪丈夫去看戏,对爱迪生而言,这的确是很好的消遣。

但是,孩子们对继母心有疑虑:这位来自他们并不了解的世界的年轻女子,比小托马斯仅年长5岁,怎么能容忍她来到他们的家当他们的妈妈!

然而,过了不久,米娜就找到了打开他们心扉的钥匙。对音乐的共同爱好使马里恩和她亲近起来。她教孩子们做作业和阅读。她在自己的小客厅里挂起孩子们生母的肖像,这特别使孩子们感动。马里恩20岁嫁给一位德国人,从此便久居德国。威廉曾参加过"美西战争"。他与哥哥小托马斯,在父亲去世三年后,也相继去世。

不久,米娜生了女儿马德琳。1890年生了儿子查尔斯,后来,查尔斯当选为新泽西州州长。他长得很像他的父亲。多年后,继承了父亲的事业。1898年生下了第三个孩子,也就是爱迪生的最后一个儿子西奥多。西奥多与父亲相反,他酷爱数学,崇拜爱因斯坦。

爱迪生又有了一个温暖的家。全家人经常聚集在大厅旁边的会客室里,围在一架大型三角钢琴旁,听米娜弹奏爱迪生最喜爱的贝多芬乐曲,或唱他最喜爱的歌曲。这时,爱迪生就会俯身向前,并把手贴近耳朵,惟恐漏掉一句歌词,一个音符。

孩子们常常和住在一起的祖父塞缪尔去看望他们在实验室工作的父亲。爱迪生的长子托马斯在回忆自己童年时,说过这样的话:"虽然全世界都知道我父亲是一个孜孜不倦的劳动者,是本世纪创造和发明奇迹的人,但是,除此之外，他还是一个仁慈的人。有时，当他的工作不很繁忙的时候，他就用一定的时间和自己的孩子在一起。他常想出一些使我们以及我们邻居的孩子感兴趣的游戏玩法和娱乐。我们放学归来，就焦急地盼望着他回来。他总是给我们准备一些出乎意料的礼物。有时，这意外的礼物就是闹钟。他给我们的闹钟足有好几打。对他来说，最感到满意的是观察我们怎样拆卸这些闹钟。我相信，世上再也没有别的孩子能有像我们这样任意破坏的机会而欢欣鼓舞的了。但是，这些闹钟的发条满屋飞舞，打破了摆在小桌上的东西时，我们的破坏狂才告结束。以后再也不把闹钟带回来了。"

如果有人问爱迪生最开心的事是什么？那就是每年的7月4日，那是纪念发布"独立宣言"、成立美利坚合众国的日子，那一天，爱迪生会放下工作与家人团聚。一大早，爱迪生就把孩子们从被窝里轰了起来，到格伦蒙特别墅旁边绿草如茵的山坡上，燃放早已准备好的一串串鞭炮。孩子们是等不及穿鞋的，光着脚丫子跑到山坡上。这时，爱迪生把鞭炮分成四份，他自己一份，三个孩子——那时，女儿马德琳还未出世——一人一份。爱迪生点燃爆竹，在噼里啪啦的清脆响声中，把鞭炮往孩子们光着的脚上扔去。这时，米娜会尖声叫着孩子们的名字，让他们躲开爱迪生的攻击。望着孩子在草地上光脚躲闪的样子，爱迪生总是开怀大笑，经常笑得腰都直不起来。爱迪生一口气放完属于自己的一份，接下来，他就不得不在孩子们的逼迫下，脱掉鞋袜，也光着脚接受孩子们同样的攻击。这时，米娜就帮着孩子们去围攻父亲。米娜不敢放炮，她就企图去抱住爱迪生，但眼看着就要抓住了，又被他挣脱了。宁静的山野回荡着一家人欢乐的笑声。爱迪生，这位伟大的发明家，光着脚蹦蹦跳跳躲闪着孩子们扔过来的鞭炮，躲闪着妻子的追赶。爱迪生融化在天伦之乐中，这是他最为开心的事情。

"在家里他总是坐在灯前读书，似乎他就应该读遍所有已印刷成册的书似的。"爱迪生的妻子说，"我从未见到过像他这样专心致志读书的人。……他认为，善于集中精力，才能从所感兴趣的事物中汲取一切有益的东西。"他通常每天要看7~8种报纸以及科学杂志和文学杂志。有时他也读一些惊险小说和侦探小说，但他不喜欢以爱情为主要情节的小说。爱迪生没有改变对维克多·雨果作品的爱好，也没有减弱阅读莎士比亚作品的热情。在米娜的影响下，他对大仲马的作品也入了迷。他对科学著作涉猎的范围很广，

七、新的起点，新的事业

西奥多

马德琳

阅读中他不时做些批注，这些评语往往会很尖刻。他在《量子论》一书的扉页上，用粗铅笔写道："此书是废物。"爱迪生缺乏理论物理和广泛的数学知识，所以他不能理解相对论和量子论。他说："我对爱因斯坦很感兴趣，但我不理解他说的是什么。在数学方面我一无所知……"

爱迪生不太关心体育运动。体力充沛、身材魁梧的爱迪生从未进行过系统的体育锻炼。偶尔，他在新泽西岸边钓钓鱼，或者在格伦蒙特庄里打打台球。不白白地耗费精力，这是他一生遵循的信条。他认为，对自己没有必要的事，决不去做。米娜说："如果您能想像，这样一个处于经常兴奋状态，对一切与解决任何问题无直接关联的一概视而不见，听而不闻，既不去想，也不去干的人，那您就对正在工作中的爱迪生有了准确的概念了。"

1887年，爱迪生在格伦蒙特别墅附近新建的实验室已准备就绪，他把门罗公园的实验室搬到了西奥兰治。这一年爱迪生正好40岁。西奥兰治为爱迪生提供了一个庞大的科学实验基地，爱迪生仍然把他的实验室称之为"发明工厂"，在这里爱迪生开始了他新的事业。

西奥兰治实验室比门罗公园实验室规模更大，设备更完善。有人说："它是世界上规模相当大、设备相当全的私人实验室。"爱迪生对自己的新实验室的规模感到自豪。在巴黎举行的1889年世界博览会爱迪生陈列馆里，挂着卢埃林园实验室的巨型油画，油画上端写着："专供科学试验之用的卢埃林园的新实验室，是世界上最大的、造价最高的实验室。"

西奥兰治的实验室是由一座约85米长、8米宽的三层中央主楼和环绕主楼的四座各长30米、宽6米的平房组成。整个建筑用砖砌成，相当牢固结实。四周围着木板墙，警卫只准持有通行证的人入内。

中央主楼第一层内有办公室、图书馆、机器车间和仓库。

图书馆相当宽大，有120多平方米。上下二层的书架环墙而立。图书馆拥有6万多册图书，还有过

这是爱迪生在新泽西州西奥兰治的第二个实验室。比第一个大得多，条件也好得多。爱迪生称他的两个实验室是他的发明工厂。

去50年世界各国出版的科学杂志、报纸以及大学里发表的研究论文。此外，还有许多橱柜和搁架，摆满了来自世界各地的矿石和矿物样品。

与图书馆相邻的几个房间便是储有各种物品的库房。爱迪生认为，不可能预先知道在实验中需要哪些物品，因此一切能搞到和便于保存的物品，哪怕数量极少，都应储存一些。库房里登记各种物品的账册有厚厚的几大本。打开库房大门，你便会看到各种植物的根茎，动物的骨、角、甲和皮毛，各种矿物，所有知名的金属、织物及其原料，树胶、松脂，玻璃制品，化学制剂，颜料，纸张——从最薄的绢纸、稻草纸到粗糙的厚纸，等等。如此丰富的储藏品，让人看得眼花缭乱。《科学美国人》曾发表过一篇文章，列举了爱迪生实验室库房的珍藏品：马尾2磅，猪鬃2磅，牛毛5磅，羊毛1磅，水貂毛1两，人发2两，豪猪刺4两，熟海象皮1张，孔雀尾1两，龟壳一大块，牛角12只，鲨鱼齿2两。

库房有专门的管理人员，所有这些五花八门的物品都分门别类整齐有序地存放着，不论何时，一旦需要，立即可以取出使用。

在库房后边，有一间设备良好的车间，在这里生产各种机器和仪器的

七、新的起点，新的事业

样品。后来，在主楼附近另盖了一座大型的钢筋水泥结构的厂房，拥有数千工人，生产爱迪生的各种发明品。与车间毗连的是动力间和锅炉房。第二层和第三层的一部分是实验大厅，设有各种精密工具、各类仪表和模型车间。第三层的另一部分房间是改进留声机的试验室和爱迪生全部发明的陈列室。在这一层还有夜间工作人员休息室。

中央主楼四周的平房，被编为1、2、3、4号。第1号平房被称做"电流计厅"，放置最灵敏、最精密的电气测量仪器。为装备这间"电流计厅"，爱迪生花了不少钱，屋内安装了大量的悬挂式电流计。后来，"电流计厅"另迁他处，爱迪生在这里研究活动电影机。第2号平房是化学研究室。第3号平房是化学产品仓库。第4号平房用来进行从矿石提供金属的实验。

爱迪生的助手们也都来到了西奥兰治。随着研究工做的发展，爱迪生的助手不但人数增加了，而且人员素质也有很大提高，助手中有不少科学工作者，有经验、有技术的工艺师，设计家等，经过实际锻炼，已有了一批"爱迪生式的发明家"。西奥兰治实验室为他们提供了比门罗公园实验室更完备先进的科学实验条件，使他们能够充分展现自己的才能。

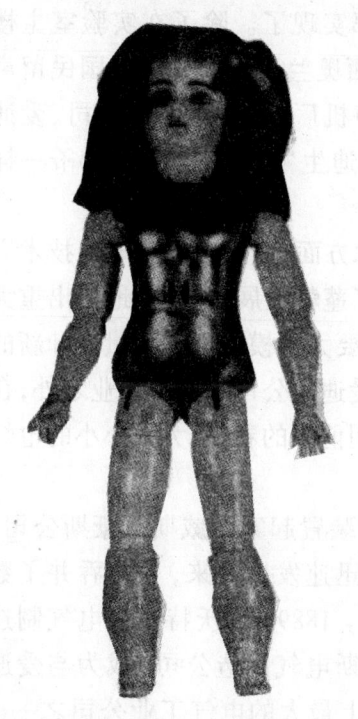

利用微型留声机为孩子们做的会说话的娃娃，后因技术问题停止了生产。

19世纪最后10年，是以电气工业获得巨大进步为标志的，面对日新月异的新型电力工业提出的许许多多新的课题，为了组织和进行工业研究，爱迪生在实验室实行了比门罗公园实验室更为明确的专业分工，围绕爱迪生提出的任务，各种专业人员有组织有计划地分工合作，发挥各自创造的主动性，找到独到的解决办法，有力地促进了爱迪生发明工作的进展。爱迪生凭借自己在电工领域的领先地位，凭借西奥兰治实验室有一流

的规模、一流的设备和一流的技术队伍,使自己的实验室成为工业化发明中心,为现代科学研究组织的形成和发展提供了极为宝贵的经验。

爱迪生在门罗公园工作的初期,设想门罗公园只是一个发明研究中心,而不进行大批生产和销售。在获得专利特许证后,就把它转卖,或者把获得专利权的发明的某些部件的专利卖出去。自己组织成批生产是极为特殊的例外。但到了70年代末,爱迪生的观点发生了变化,他确信,许多发明在结构上虽已完善,但是,如果在这些发明的应用过程中没有发明人的参与,就不能得到进一步的改进。于是,爱迪生十分关注把发明运用于实际,为此他开始建立生产组织和商业组织。在建造西奥兰治实验室时,爱迪生有一个雄心勃勃的计划,除了先期已经建立的一批生产工厂和商业公司继续发展自己的业务外,在西奥兰治谷地从小规模开始,逐步扩大,建立一系列工厂和商业公司。爱迪生的这个计划大都实现了。除了在实验室主楼附近建了一座有数千工人的大型工厂外,在西奥兰治先后建起了国民留声机公司、爱迪生商业留声机公司、爱迪生留声机厂、爱迪生制造公司、爱迪生电池公司等等,正如一位评论家所说的,爱迪生"就像一个电动佛爷一样思考着该地区的建设"。

爱迪生发明了白炽灯,这不仅在照明技术方面,而且在整个电工技术方面都是一次革命。这次革命使电工技术得到了蓬勃发展,并不断地提出重大任务:需要扩大并专门生产各种电气制品;需要大规模地组织力量设计新的电站,并扩大现有的电站和电网。于是,除了爱迪生公司的各个企业之外,在爱迪生所取得的伟大成就的鼓舞下和对电照明前景的看好,大大小小的电灯公司和电气制造公司应运而生。

靠研究机车车辆的机械设备和铁路信号装置起家的威斯汀豪斯公司,自从1886年开始研究安装电照明设备后,便迅速发展起来,先后吞并了数家小公司,扩大了白炽灯电照明的经营活动。1889年,沃特豪斯电气制造公司加入威斯汀豪斯公司,形成了威斯汀豪斯电气制造公司,成为与爱迪生公司竞争的劲敌,直到现在它仍然是世界上最大的电气工业公司之一。

汤姆生—胡斯顿电气公司是在继承生产电机和弧光灯的"美国电气公司"的基础上发展起来的。爱迪生公司的巨大成就的影响,促使他们大大地加强了自己,到1888年这个公司已非常强大,先后吞并了许多小公司。

七、新的起点，新的事业

全美第一家电气工业公司，"爱迪生电灯公司"成立于1878年10月17日。

伊莱尤·汤姆生是一位化学和力学教授，在电工技术方面已有许多专利特许证，有一部分专利权是同埃·胡斯顿教授一起获得的。他们从事多种电气设备的生产和中心电站的建设，是爱迪生的一个特别强劲的竞争者。

1878年10月17日，正在研制白炽灯的爱迪生，争取到大资本家约翰·皮·摩根的支持，成立了"爱迪生电灯公司"，这是全美国第一家电气工业公司，拥有30万美元的资金，它的宗旨，在于不断改进爱迪生的电照明技术并获得专利权。这就使爱迪生有条件吸收众多的有经验有才能有技术的专家前来工作，并能大大扩展其试验工作的范围。

白炽灯照明系统刚刚研制成功，便立即得到普遍的承认。1880年下半年，对照明装置的需求猛增。为了准备应付即将来临的订货巨浪，爱迪生建立了一个生产和出售白炽灯的商业公司"爱迪生灯泡公司"。年底，世界上第一座白炽灯工厂在门罗公园投产，随后又迁到哈里森，建立了大规模的生产灯泡企业即"爱迪生灯泡厂"，在此后40年里，这个灯泡厂一直处于领先地位。

为了解决在购买发电机、电线、安装材料和其他电气设备方面因日益尖锐的竞争所带来的困难，爱迪生在纽约建立了三个专业公司：生产电机设备的"爱迪生机械厂"，生产铺设地下和空中线路设备的"爱迪生管道公司"，以及生产传动装置的"爱迪生轴承公司"。在迁往西奥兰治的前夕，即

1886年，这些企业大大发展起来了。爱迪生把这些企业合并成"爱迪生联合制造公司"，在当时，这是最大的一家电气工业企业。爱迪生不间断的制造发明活动，使自己在日趋激烈的竞争中立于不败之地，并在电工技术中处于领先地位。爱迪生预见到，在美国公用电站尚不多的情况下，私人用户或单独用户的需求量必将剧烈增长，于是便在1882年就成立了"爱迪生单独用户照明设备安装公司"，牢牢地占有了这一大块市场。

到了西奥兰治工作时期，美国的电气工业组织状况发生了根本性的变化，如前所述，出现了一大批电气工业公司，形成了"威斯汀豪斯电气制造公司"和"汤姆生—胡斯顿电气公司"这样实力雄厚的大型电气工业公司。在此之前，爱迪生的"爱迪生联合制造公司"已得到迅猛发展，获得了巨额利润。1882年之后，爱迪生又把自己的活动扩张到国外，在加拿大和欧洲相继建立了许多公司。这时，开始对电力牵引发生兴趣的爱迪生又购买了在美国经营第一批电车的"斯普拉格电车公司"的产业，以及小公司"伦纳德—艾泽德公司"。爱迪生把所有这些企业合并成一个大联合公司，即"爱迪生通用电气公司"，这个公司在1889年开始运营。这样，在1889年，美国的电气工业组织出现了"爱迪生通用电气公司"、"威斯汀豪斯电气制造公司"和"汤姆生—胡斯顿电气公司"三家大公司鼎立的局面，而爱迪生的实力尤其是在电工技术方面的影响力仍然远远超过其他两家公司。

伴随着激烈的竞争而来的，便是专利冲突。1880年以后，爱迪生的专利权不断遭到侵犯，但他忙于完善和发展电照明系统，无暇顾及法律事务。他在维护专利权问题上的沉默态度引起电灯公司股东们的强烈指责。来到西奥兰治后，爱迪生开始对越来越多的侵权人采取了强硬态度，为捍卫自己的专利权进行斗争。从19世纪80年代中期起，到该世纪末，爱迪生一共提出了200多件旨在保护电灯系统的诉讼，其中1/2是为了维护白炽灯专利，最重要的是有关真空体中使用灯丝的问题，为此，爱迪生蒙受了时间上和经济上的巨大损失。到1900年止，仅诉讼事务就花费了200万美元，至于侵权后造成的经济损失更是无法统计。旷日持久的专利诉讼，占去了爱迪生大量时间和精力，这对爱迪生来说尤其难以容忍。为此，爱迪生探寻与最大的电气工业公司达成协议的可能性。

1891年初，爱迪生公司向汤姆生—胡斯顿公司提出，两家公司把利益

七、新的起点,新的事业

结合在一起的建议。这个建议对汤姆生公司来说显然是有利的,因为两家公司工作方向是一致的;而汤姆生公司同样面临着侵权者的侵扰;如果两家公司的专利权益合在一起,那么就可以在美国电气工业和电力技术中占据决定性的地位,这一点对汤姆生公司来说具有更大的吸引力。

经过近一年的谈判,1892年4月15日,这两个最大的公司合并成一个公司,叫做"通用电气公司"。这时候,爱迪生企业的资产已达到1500万美元,有6000名员工,375座公用电站和2300座供单独用户的自备电站。汤姆生—胡斯顿公司拥有1050万美元资产,4000名员工,870座公用电站,但它几乎没有安装过自备发电站。此外,两家公司已有许许多多当时在美国已投入使用的电车,爱迪生的实力显然高于汤姆生公司,但汤姆生公司的总利润却高于爱迪生公司近30%,这是因为,西奥兰治规模宏大的实验室和爱迪生不间歇的发明活动必须支付庞大的费用开支。

我们已经知道,19世纪最后10年中,电气工业获得了巨大进步,工业研究面临的任务就更为复杂,同时也更加宽广了。通用电气公司的建立,为进一步改进技术准备了条件,在此条件下创建强大的实验基地和大大加强理论研究工作,才能保证生产的迅速进步和发展。爱迪生在门罗公园和西奥兰治创建实验室的丰富经验,以及汤姆生和他助手的研究经验,促进了通用电气公司研究中心的建立。通用电气公司在斯克内克塔迪市建立了一个主厂和一个附属于该厂的大型研究中心,聘用了许多著名的电工学家前来工作。数学分析家、卓越的电工技术的理论家查理·普罗蒂尤斯·施泰因梅

西奥兰治的工人们正在组装投币留声机。

茨担任主任电工,马萨诸塞理工学院教授威利斯·尔·惠特尼直到1932年前一直是这个研究中心的主任。研究中心的宗旨不是从事发明,而是科学试验和理论总结。爱迪生改进白炽灯研究的接班人是威利斯·尔·惠特尼、马·德·柯立芝和埃·兰米尔,他们以爱迪生的白炽灯为光源继续进行研究,产生了新的照明设施即投光照明、汽车照明、投影照明等。柯立芝的钨丝、米兰尔的灯泡内充气和灯丝螺旋化,是灯泡技术的最大成就,也就是爱迪生灯泡的变体,而这种变体使爱迪生灯泡成了几十年内广泛使用的光源,弧光灯随着大度数充气灯泡的出现,在大街上彻底消失了。斯克内克塔迪建成了美国大工业中心之一。

通用电气公司成立前后,威斯汀豪斯公司的企业及其商业活动范围在90年代也大大扩张了。该公司和通用电气公司在电气工业和电力技术方面,占着决定性的地位。两家公司的生产,占该行业总生产量的75%以上。

但是,通用电气公司谋求与威斯汀豪斯电气制造公司联合的谈判一直没有进展,两家公司之间的专利纠纷一直没有停止过。后来,终于签订了关于共同利用某些专利特许证和相互尊重某些种类产品的专利特许证持有者的协定,并就白炽灯的生产达成了专门的协议。所有大规模进行白炽灯生产的人被联合起来,成立了"白炽灯制造者协会"。爱迪生企业在灯泡生产中仍然处于领导地位,通用电气公司的生产量占50%~60%,威斯汀豪斯公司占10%~12%,其余的由其他20家灯泡厂生产。

由此可见,爱迪生在白炽灯和照明系统方面的研究工作,成了美国电工技术发展的中心。同时,如前所述,爱迪生的研究工作不仅在美国,而且在欧洲大陆,直接促进了电气工业和电灯工业的兴起。1880年以前落后于欧洲的美国电力工业,到了19世纪后期,已超过了老牌资本主义的英国,现在,欧洲电力工业的发展,必须从爱迪生的成就中借用许多东西。

爱迪生在他40岁生日那天说:"我没有研究自然规律,没有做出重大的科学发现。我没有像牛顿、开普勒、法拉第和亨利那样为了弄清其真理而去研究它们。我只是一个职业发明家。我所有的探讨和试验只是为了寻找某些具有实用价值的东西而进行的。"爱迪生确实没有给自己提出纯科学性的任务。但是,他在发展电学和在开拓带有科研性质的工作中所起的作用是巨大的。正如美国卓越的电工学科学家查理·普·施泰因梅茨所

七、新的起点，新的事业

1914年12月9日，爱迪生在新泽西州西奥兰治郊区的工厂胶片车间发生了一起巨大的爆炸事件。汹涌的火焰吞噬了大约占工厂3/4的10座建筑。爱迪生在火灾被扑灭之后仍然信心十足地宣布："虽然我已过了67岁，但我明天就要开始重建。"

说的："爱迪生比其他任何人都更加促进了电气工程的技术和学术的发展。"我们把爱迪生称之为电气化的先行者，他是当之无愧的。

通用电气公司成立以后，爱迪生在组织工业研究中逐渐偏重于寻找改进生产新方法方面的研究。通用电气公司研究中心的建立，新电工技术的重心转移到了通用电气

公司。虽然，爱迪生还继续研究某些问题，虽然，即使是在20世纪初，他在电灯生产中也还是继续起着主导作用，但爱迪生直接从事电工技术方面的工作已大大减少了，爱迪生着重研究有重大价值的工艺问题。爱迪生本人曾认为自己是化学家，但只是到了19世纪末，他才有机会研究一些化学在其中占头等重要意义的问题。比如水泥生产的工艺问题，大规模生产浇注式水泥房屋的工艺问题，各种化学材料如石碳酸综合制造办法，人造橡胶的提炼问题等等。在门罗公园，爱迪生还经常需要寻求资助来进行工作，而在1887年以后，爱迪生本人已拥有殷实的物质基础和经济基础，他在西奥兰治专门配备了化学研究实验室和大量的化学仪器及化学试剂。自从搬进西奥兰治，直到去世的近50年时间里，爱迪生和他的助手们在西奥兰治自己的工业化发明中心经过长期的艰苦卓绝的研究，不仅完成了电磁选矿机、碱性蓄电池、活动电影等重大发明，而且在创制新的工艺方面也取得了很大的成就。

1914年12月9日，一场始终没有查明原因的大火袭击了西奥兰治，几乎把整个实验室烧毁。那天晚上，位于一号平房的电影实验室突然起火，各

种化学试剂立即引燃爆炸,火借风势,等爱迪生坐车赶来时,这里已是一片火海。爱迪生一边指挥人们救火,一边掏出小本子,不时地记点什么,还对着他的儿子一个劲儿地喊:"喂,小伙子,快去喊你妈来,这么大的火焰千载难逢,以后可没有这样的机会看这么大的火焰了。"同事们以为这场突如其来的火灾烧毁了爱迪生的神经。后来才知道,他正在记着再建胶片车间的方案要点,几小时后大火扑灭,爱迪生的重建计划也完成了。第二天,爱迪生不但开始动工建造新车间,而且又开始了他的另一项发明,即为消防队员所使用的便携式探照灯,因为他看到消防队员在烟火弥漫的黑夜中难以举步。

大火使爱迪生蒙受了巨大损失。米娜伤心地说:"多少年的心血,叫一场大火烧了个精光。如今年老力衰,要重修这么个实验室,可不容易啊!"爱迪生安慰她说:"不要紧,别看我已经67岁了,可是我并不老。从明天早晨起,一切都将重新开始。"

修建工程在一个月内完工了,一场大火似乎只是一个小插曲。在爱迪生影响之下,同事们更加勤奋,西奥兰治各项实验有条不紊地进行着。

3. 创办精选矿厂:从不言败的人

爱迪生是一位具有远见卓识的发明家。他能从眼前发生的某些现象,预见到可能会出现的某种深刻的变化,产生某种广泛的需要。他进而会思考,有什么可能来满足这种新的需求。因此,爱迪生的脑海里经常思考着几种互不相干的发明,他的笔记本里常会画满各种各样的设计草图。他对时间的珍惜和周密的计划,使他总能抽出身来同时进行几项工作。所以他的发明旅程中几乎没有间歇,他总能及时地用全新的发明或者改进设计后的新产品来满足社会的需要。爱迪生的这种发明才能使他总是处于领先的地位。

钢铁工业是一切工业的基础。随着美国大工业的出现,对黑色金属的需求在不断增长,进入80年代,美国钢铁工业的原料供应已出现紧张状况,正在用高价购买钢材生产电机的爱迪生就预见到,这一状况将成为发展电照明和建设电站的障碍。以后热电力机械和电机的大量制造,势必会造成

七、新的起点,新的事业

钢材不足从而引发钢材价格大涨。

爱迪生又进一步了解到,主要是向东海岸炼钢工业提供铁矿石出现了问题。如果使用西部高品位矿石,必须支付巨额运输费用;美国东部发现的高品位矿山已快被挖空,使用低品位矿石,也必须经过耗巨资的精选过程。发明家开始考虑能不能通过改进精选矿石的办法来解决钢铁工业原料供应不足的问题呢?如果能利用磁力的作用来选矿,将会大大降低选矿成本。爱迪生自信这是一个好办法,决定详细研究这一办法,并使这一办法能达到工业使用程度。但是几次试验都失败了,问题在机械装置上。要设计这样一种选矿机械,是难不倒爱迪生的。1880年,爱迪生发明了电磁选矿机,并申报了专利。

这种电磁选矿机,有一个大漏斗,漏斗的尖端有可以调节的小孔,在侧面低于小孔的地方装有一块电磁铁,地上有一个分成两格的箱子。它的工作过程是这样的:被粉碎的矿石流进漏斗后,经过小孔一股一股地从磁石旁直流而下,落入箱子的一个格子里。而含铁的矿石在磁力作用下发

爱迪生的选矿法:在铁矿的腹地开凿一个大约70米的横洞,在里面装置炸药,这样一次就可爆出35万吨的铁矿。爱迪生设计了一种机器,在机器的心脏部位安装了几只巨型压棍。压棍上带有凸凹齿,以每小时60英里的速度飞快旋转。6吨重的大矿石被送进压棍,立即就碎成拳头大小的石块,接着被传送带送到下一组继续粉碎。几经碾压,矿石就变成了粉末,最后通过480块磁石的选择,每经一道工序,矿粉就得到一次精选。

生偏离，落入箱子的另一格。这样，就完成了选矿过程。

爱迪生听说，在长岛的科格一带有大批黑沙沉积层，如能从中分离出铁矿，那这个沉积层将提供巨大的财富。爱迪生带着助手来到这里考察，沿着整个海岸绵延数英里内，他看到了大片的黑砂矿层，其厚度足有6英尺，蕴藏着几十万吨矿石。爱迪生相信，他的电磁选矿机一定能把铁矿石从这些黑砂层中分离出来。但是，要真正进行大规模的选矿生产，需要投入大批资金。而这时，他正为筹建生产电照明系统辅助设备的工厂和建立中央电站而筹集资金，他决不可能放下电照明系统的。所以，只好把选矿计划暂时搁置起来。直到1890年后，他才重新研究按照自己的工艺规划建立新的工业的可能性。

90年代初，美国重工业飞速增长的情况下，迫切感到铁的不足。1870年，美国钢产量还远不及英法两国，但到了1890年，钢产量就超过这两国了。当时纽约的普兰湖区的主要铁矿和宾夕法尼亚东部铁矿的生产都不能满足工业的需要。这时候，爱迪生已完成了他的企业的改组，他的专利和企业收益已达数百万之巨。现在，他可以集中精力，也有足够的资金来着重建立选矿工厂了。

他首先得拥有矿山。他收集了有关资料，派遣一群年轻的助手带着他研制的特别灵敏的磁针进行地质勘察，寻找铁矿。最终，在北部奥格登斯堡找到了完全适用于新方法加工的矿石。爱迪生在这无人居住的深山老林里买下了一块1.6万英亩的土地，他说："这次勘察中发现的矿石，其蕴藏量之丰富简直令人难以置信。"据他估计，"其数量之多，足够美国钢铁业使用70年。"他在那里建起了50幢房屋，在纽约各大报登了招工广告，有五六百人前来应征。很快形成了一个新的市镇，大家称之为"爱迪生镇"。

按照爱迪生规划的工艺，主要的工序有：用爆破式挖土机掘进取出整块巨石；分三次粉碎巨石；烘干细沙状的矿石；经电磁选矿机分离铁矿石和岩石；把粉末状的铁矿石压制成矿粉砖。整个过程都用机械操作。为此，除不断改进电磁选矿机外，爱迪生又设计制作了粉碎机、焙烘炉、压块机等大型机械，并第一次使用了橡胶传送装置。

爱迪生制造的粉碎机的主要部件是两根长1.5米、直径1.8米的铁压棍。压棍上带有经过锻造的坚硬的凹凸齿。两根70吨重的压棍间隔4米被安放

七、新的起点，新的事业

在框架上，以每分钟700转的速度作反方向旋转，由蒸汽机驱动。8吨以上的石块落进两根压棍间，发出惊人的隆隆巨响，震耳欲聋。只需数秒钟，巨石便被捣碎成人头大小的石块，再经过两次同样但较小的压棍，被粉碎成小块状，最后经过碾磨而成极细的粉末。粉碎机一小时内可以捣碎250吨矿石。粉状矿石经过焙烘炉烘干后便被送去分离。

石粉在选矿机里通过480块磁石，铁矿粉便被分离出来。这种铁矿粉不能适用于炼铁厂的高炉。爱迪生经过反复试验，用胶合料与矿石粉混合，经过压块机形成块状，再烧结成结实的矿粉砖，就完全符合要求了。压块机每分钟能压制60块。

传送装置是一个用橡胶带制成的，有许多支线并能相互精确配合的传送系统。在1.5公里的总路程之内，自动而准确地运转在各道工序之间。在19世纪90年代任何工业中，都还没有这种系统。

这样，爱迪生终于实现了自己的目的：从工厂的一端进入的是巨大的低品位矿石，从工厂的另一端出去的是精选矿粉砖。

爱迪生运用新工艺生产的精矿砖，质量比旧式机械生产的好，价格低得多，每吨售价为6.5美元。爱迪生与最大的钢铁公司"伯利恒钢铁公司"签订了供应合同，第一批便是1万吨。

一切都是按照爱迪生的计划进行的，产品质量完全合格，销路更不用愁，成本核算也达到了预期的目标。爱迪生乐观地估计："不出七八年，我就可以每年生产1000~1200万美元的矿石，每年可净赚300万美元。"爱迪生为自己的成功十分开心，似乎一切都进行得好得无法再好了。他喜欢这里，素淡的食物和清新的空气都令他十分愉快。

爱迪生没有想到，他刚刚创办成功的企业，前景美好的精选矿石厂，竟会在顷刻之间遭到灭顶之灾。

在明尼苏达州的地质勘探，发现了巨大的富铁矿。而且有优越的开采和运输条件，矿石的价格比爱迪生的精矿低一半。这对冶炼来说当然更为有利。情况的急剧变化，迫使爱迪生以4美元的价格出售，但还是亏本。

如果从1880年发明电磁选矿机算起爱迪生花费了近十年的心血，工厂的建筑工程和设备花费了200万美元，用以实现自己庞大的设计，为此他放弃了其他一切工作。数十名工程师和技师在这里辛勤工作。他自己更是与工人同吃同住，一起劳动，一星期在矿山住五天，只是在星期六才回家，星期一早晨乘第一班火车赶回"爱迪生镇"。付出了如此顽强劳动建立起来的企业，在突然之间面临着破产。

爱迪生当机立断，决定关闭工厂。爱迪生把助手们召集起来并对他们说："我认为，同我们新的竞争者较量没有意义。我们至少证明了我们的国家永远都不会缺铁。我认为，我们的企业应当停办。"这些年来一直是爱迪生的亲密朋友和同事的马洛里，回忆起当时的情况时说："工厂负债累累。在返回西奥兰治的火车上，我和爱迪生讨论了如何搞到钱还债的问题。爱迪生说，他的公司从来都满足债仅人的要求，这次也不打算例外地违约。"

"我们结算了从出售机械录声机和他发明的其他产品能取得的赢利，讨论了许多方案后，做出决定如下：充分利用我们这些年来在工作中取得的知识，用来修建波特兰水泥厂。他说我们在这方面所取得的经验，可以用于新的事业中。而爱迪生本人则决定试制一种既不含铅，也不含硫酸的蓄电池。他干劲十足地工作起来，并坚信会取得成功。不到3年，我们就偿清了精选矿石工厂所欠下的债务。

"至于谈到在做出关闭工厂的最后决定时爱迪生的精神状态，任何人也没有发现他有特别沮丧的表情，因为他的全部思想已在展望未来。"

在离开自己的工厂时，爱迪生仅仅感叹地说："算了，全已成为过去！然而，在这里还是度过了不少美好的时光，我又学到了一门学问，而且对社会曾经有过贡献，没有什么好后悔的。至于债，用工作来偿还好了。"

爱迪生对待失败的这种态度，显示了他的性格特点的又一方面。不管遭遇到什么样的波折，甚至是重大计划的失败，爱迪生从不垂头丧气，他不会把时间和精力浪费在怨天尤人上，而是坚定不移地、满怀信心地展望未来，以毫无减弱的创造热情全身心地投入新的工作。爱迪生善于从失败中吸取教训，从不言败。

磁选矿方面的工作停止了，但爱迪生并不认为这就意味着企业的完全倒闭。他当时所思考的是，在奥格登斯堡研制的那些机器设备和积累的经验，最适合于该方面的大规模生产。爱迪生看到，建筑业的原料已从用砖石转到大量地使用混凝土。因此，水泥的需求量必将会猛烈增长。由此看来，生产这种建筑材料值得研究。

七、新的起点，新的事业

爱迪生正在做光学实验(1893年)。

水泥是英国石匠亚斯普丁在1824年发明的。英国波特兰产的水泥用石灰石制成，称"波特兰水泥"。这种水泥用天然含黏土的石灰石，掺入砂子，经碾制后烧制而成。1827年，美国宾夕法尼亚州科普雷的含勒开始仿制水泥。法国在1840年，德国在1858年也先后建起水泥厂。20世纪初，水泥生产大增，1902年美国计划生产水泥1723万桶(1桶等于492公升)。

　　爱迪生看到水泥的发展与日俱增，而自己又从选矿事业中获得了许多碾石经验，便决定进入水泥业。爱迪生组织了一个"爱迪生水泥公司"来领导对水泥生产问题的具体工做。他自己则广泛阅读有关水泥生产的书籍，并做实地调查研究。他发现现行的工艺并不能提高水泥的产量，因为水泥烧制窑容量太小，而装窑出窑的过程，也会缩短窑的使用寿命。他认为现行水泥制造工艺有值得研究、加以改进的必要。爱迪生在西奥兰治以西买下了一块有石灰石矿床的约800英亩的土地，并开始设计。同时，他把奥格登斯堡的设备运到了这里。除了电磁选矿机外，所有的设备都能使用。爱迪生新设计了大型转窑、自动配料磅秤、自动称量和灌装成品装置、搬运原料的5吨重的大型汽铲等等。

　　1902年，爱迪生的水泥厂投入使用。整个水泥制造过程实现了机械化。爱迪生首先根据压碾矿石的经验改进了压碾石灰石的工艺。他设计的自动配料磅秤，借助于专门的电力信号装置，称出等量的装炉配料。制成品的装袋或装桶，原料和成品的运输等，都由相应的机械代替了繁重的人工劳动。

爱迪生最突出的改进便是设计了一个大型长炉。以前的转窑长20米，直径2米；改进后的转窑长50米，直径3米。当时有不少人对这么长的转窑产生怀疑，同行中也有人嘲笑这种改进。他们预言这种方法会立即失败，长窑会弯曲。但试验结果良好，产量比普通窑提高了一倍。但爱迪生还嫌低。他要求马洛利再想办法提高产量。后来产量从550桶增至

爱迪生还设立了化学厂，开始自行制造苯、氢氧化钠、靛油等化学物品。

650桶，爱迪生仍不满足。他对马洛利说："现在的问题不在长窑本身，而是你的操作办法。我相信长窑在24小时内一定能生产出1000桶水泥来。"当日产量增加到850桶时，马洛利已感到无能为力了，而爱迪生仍感不足。他细心观察后，提出了几种改良办法；经试验，日产量不仅超过了900桶，又突破了1000桶。最后，每天的产量竟达到了1100桶。到了1905年，爱迪生的水泥厂在全美成为第5家最大的水泥厂，日产3000桶。1924年，日产量更提高到7500桶。事实证明，爱迪生大型窑的设计原理是正确的，据马洛利统计核实，10年来美国生产的波特兰水泥有一多半是长窑炉烧制的。

爱迪生的水泥厂开工后不到三年，便还清了开采铁矿的全部债务。

有人对爱迪生建造规模如此之大的水泥厂很不理解。爱迪生说："马车终将被未来的电车或汽车所代替，土路已经完全不适应新美国的发展步伐。水泥正是重新建造马路的不可缺少之物。"爱迪生在工厂附近建造了一条一英里长的水泥路，但仅使用了一年，其后铺设的路也不理想。后来，发现问题出现在路基的黏土硬度上。此后，在其他路段铺设的水泥马路一直使用到1950年。

爱迪生又提出一个全新的独特计划，这就是"浇注式房屋"，也就是用

七、新的起点，新的事业

专门机器把水泥浆浇注到模具里面制成框架式的房屋。为此,爱迪生研制了安装模具的各种构件。模具的结构和材料可以多次使用且容易拆装。浇注的水泥要求有较高的流动性,固着力强,凝固速度快,而且要很细,为此他研制出了相应的配方和机器。按照这种浇注式房屋的整个工艺过程进行了试验,模具安装需要几个小时,用专门的搅拌机和传送带进行浇注需6小时,水泥凝固需要4昼夜。一幢漂亮的房子,在很短的时间内就能完成。爱迪生估计:"塑造一幢6个房间的屋子只需300元左右。模具可以在全国各地反复使用,这样就可以节省不少费用。"

1908年8月,爱迪生提出了这种房屋的专利。专利书中说:"我的发明旨在用水泥建造房屋,一次成型——它的所有构件,包括山墙、房顶、间隔、澡盆、地板等,都是水泥混合物制成。此发明适用于多类建筑,然而我认为它最适用于住室的建筑,因为依此方式,住宅楼中的阶梯、壁炉饰板、天花板饰板和其他内部装饰及装置都可以在房屋浇铸过程中一次成型,与房屋形成整体结构。"

"爱迪生式建筑法"无疑是建筑史上的一次革命性改革。这一新工艺能够快速地建造出廉价房屋。在爱迪生之前,还没有人做过这样的研究并付诸实践。但在当时,因为采用这种方法建筑的房屋,式样大同小异,千篇一律,它不能满足人们不同的居住要求,所以,式样类同的房子就不受欢迎,爱迪生为劳工阶层和普通居民兴建快速廉价住宅的目标未能实现。

为了这项浇注式房屋的工艺发明,在设计制造机械和模具,在对浇注模具使用的水泥成分进行试验等方面爱迪生花费了不下10万美元,而他所获得的成果没能得到推广。但这并没有使他放弃这一领域的工作。爱迪生继续改进大容量的转窑,扩大生产高质量的廉价水泥。

4．发明碱性电池：无法可想的事是没有的

1900年,爱迪生开始从事碱性电池的研究工作。

19世纪末,蓄电技术的发展已有半个多世纪的历史了。被称做原电池的伽伐尼电池,是由意大利科学家在18世纪发明的,这种电池由于电极中的活性物质在产生电流的反应中不断消失,使用一段后,电池便停止工作

了。1859年，法国物理学家普兰德发明了能再生电流的铅蓄电池，或称酸性蓄电池。爱迪生在当报务员时和从事四通路电报机的研究，以及在逐步改进电话机期间，他使用的就是伽伐尼的原电池以及后来的蓄电池。1882年，法国人福尔改进了普兰德蓄电池的性能。直流发电机的发明，使蓄电池能通过充电方法获得廉价电流，从而促进了它的推广。爱迪生发明的白炽灯和后来迅速发展起来的电力照明系统，也增大了对蓄电池的需求。因为直流电不能变压，而利用蓄电技术能解决直流电的远距离输送问题。根据用户数量及其对电能的需求量按地域布局，建起了蓄电站，由远距离输送的高压直流电为大型蓄电池组充电，而用户就从蓄电站那里获得所需电压的电流。蓄电站扩大了由中心发电站所产生的直流电的供电地区，也促使蓄电池的需求量猛增。

酸性蓄电池虽然有很多优点，如高压放电、有效系数大、成本较低，但它也存在着很大的缺点：自重过大，持续工作时间短，怕震动、怕摇撼，铅和硫酸对使用者，尤其是对生产和维修人员的健康有害。这就促使众多的发明家去开发没有这些缺陷的新型蓄电池。在电工技术部门使用蓄电池初期，爱迪生就多次指出，这种电池本身隐藏着固有的缺陷，由于这种电池不论在工作还是停止工作，它的内部总在发生化学反应，因此电池会自动失效。

1885年以后，单相交流电技术获得了重大成果，工业用单相交流电变压器制造成功，并发明了单相变压器的并联法，利用变压器解决了交流电的远距离输送。由此，利用蓄电站来输送直流电的建设规模很快缩小了。到了90年代，三相电流开始显露其优势，直流电站已处于很不利的地位。

那么，爱迪生为什么要在蓄电池在供电中的作用已经缩小到几乎等于零的时候，开始对蓄电技术进行研究呢？

1896年夏季，在纽约召开了一年一度的爱迪生各个公司的负责人例会。这次会议就直流电站面临的形势，如何走出困境、寻找新的用户展开了讨论。讨论的话题引到为给安装在电动车上的蓄电池充电事业上，立即展开了一场大辩论。多数人认为，电动车就是直流电的新用户，如果电动车的数量显著增长，那蓄电池充电站的作用不仅不会消失，反而具有了极重要的商业性。他们把蓄电池汽车当做克服直流电站危机的手段，他们预言街上很快就会出现成千上万辆蓄电池车，而汽油汽车的前途是令人怀疑的。所以，

七、新的起点，新的事业

他们主张组织蓄电池充电业，在这一事业发展的前提下，不一定把直流电站改建成三相电流发电站，他们相信会有一个最大的电能新用户，这就是蓄电池用户。而有一部分人则认为应该把直流电站改建成交流电站。我们知道，爱迪生是激烈反对交流电的，即使在这个时候，他也没有改变反对交流电的态度。因此，多数人的主张不会不引起他的关注。

晚年的爱迪生与好友福特坐在福特公司研制生产的汽车上。

亨利·福特也参加了这次会议。我们在前边已多次提到过爱迪生的这位密友，知道他是爱迪生事业的支持者，而且多次引用过他的回忆录中记叙爱迪生发明活动和评价性的文字。但他们俩第一次会晤，正是在这次会议上。那时，未来的汽车大王还在"底特律爱迪生公司"当总工程师。有人告诉爱迪生，会议参加者中有一个爱好设计的年轻工程师，这个叫福特的年轻人制造了一台用磁电机点火的汽油汽车。在此之前，汽车中还没有这种点火办法。

爱迪生详细地询问了福特的汽车和这种点火装置，然后对福特说："年轻人，这是一个伟大的事业；这一事业就靠您来完成。干吧！电动车只能在电站附近开动。蓄电池是铅制的，也太重了。蒸汽汽车也发展不起来，因为它需要锅炉和火。您的汽车，有自己特有的独立的离合装置，既不需要火，也不需要蒸汽，又不冒烟。这事全靠您来完成，您就研究它吧！"

我们从爱迪生的这番话里可以看到，他高度评价了机械化运输工具的意义，并预见到在不远的将来，千百万人将会利用自动推进的车辆。爱迪生认为，作为运输工具，它的速度应该越快越好。爱迪生关心的是，未来将有什么样子的机动化车辆呢?这些车辆的发动机,是烧轻质燃料首先是汽油燃料的内燃机,还是电动机?

爱迪生组织他的属下,对纽约商业区各条街道上的汽车做了调查。调查结果是,90%是电动车。这种电动车重量轻,比汽油汽车和用于货物运输的蒸汽汽车行驶平稳。当时,美国已开始大规模地生产装有铅蓄电池和小型电动机的电车。爱迪生敏锐地觉察到,要使自动车辆沿着制造电动汽车,而不是沿着汽油汽车的道路进一步发展,就必须消除蓄电池的固有缺点,减轻它的重量,增加它的蓄电量,不用有害的铅和硫酸。爱迪生同意多数人发展蓄电池汽车的主张。但他看得更远,想得更深。发明家的眼光一下子抓住了问题的实质,如果不研制出新的蓄电池,以电为基础的自动车辆的发展是不可能的。

这样,爱迪生就给自己提出了发明碱性蓄电池的任务。促使他动手研制碱性电池还有一个原因,他需要一项有广阔前景的发明,来弥补他精选铁矿厂的亏损。

爱迪生给自己提出的目标是:这种不用硫酸和铅的新电池体积要小,便于携带;重量要轻,一只手就可举起;成本要低,每个人都买得起;电力要强,能永远持续供电。

"就像猎人在广大的原始森林里,寻找一只小小的金鸟。"这是爱迪生说起当时的心情时讲的一句话。

鸟巢不知在哪里。不管大树、小树,都要一株一株地仔细看看。除了铅和硫酸外,各种金属和药品都得一一试验。在爱迪生的所有发明中,几乎没有一项发明所付出的劳动能超过他发明碱性电池所付出的。有一次,他对通用电气公司的职员毕奇说:"既然人们真心实意地在寻求制造优良电池的秘密,我就不相信大自然会这样吝啬,把这个秘密隐匿起来。只要我们埋头挖掘,百折不挠,迟早能发现的。"

爱迪生把工作人员分成日夜两班,轮流干活。而他自己还是老习惯,一天到晚,甚至通宵达旦地坚持工作。马洛利回忆说:"爱迪生每天早晨7时至7时半就赶到实验室,一直工作到中午。用很短的时间吃过家里送来的午饭后接着再干。下午6点钟,马车来接他回去吃晚饭,大约在7点半到8点左右,他又赶回来工作。半夜时分,马车再次到此接他回家,但常常要

七、新的起点，新的事业

等到2点或3点，而且许多时候都是空车回去，因为他决定要熬通宵。"

爱迪生对碱性电池的研究，也像他对白炽灯的研究一样，坚持不懈和孜孜不倦地做大量的实验。当试验进行到第5个月时，已经试验了9000多次，却毫无结果。一天，马洛利来找他，发现他坐在大工作台前，台上摆着数百种电池，他正在试验每只电池的性能。马洛利惋惜地说："你已经做了这么多次试验，却没有结果，费去这么多的时间和精力，你不觉得后悔吗？"爱迪生回过头笑着说："为什么后悔呢？朋友，我已经知道好几千种物质是不能用的；难道这不是结果吗？"爱迪生把实验失败看成是排除错误的方法，一步步地接近目标。"通过实验，从错误中汲取教训，向目标前进。"这是爱迪生的座右铭。

爱迪生遵循自己一贯的原则：抓紧每一时刻，限定探索的范围。爱迪生集中力量探索蓄电池的极板。他用细孔中充满各种物质的炭精棒作正极，用锌作负极，装入多种不同的电解液；然后又改用铜、钴、镉、镁等金属，这样的试验进行了几千次，均未收到预期效果，后来，当他用铁和镍放入用氢氧化钾溶液作电解质的容器里，通上电流时，终于看到了电流计有很大的倾斜。他接着用不同型号的铁镍极板重复试验，都取得了同样的效果。

爱迪生在决定用铁和镍作为蓄电池电极后，立即在银湖湖畔建造了一座化工厂，以便得到高纯度高质量的镍水化合物和氧化铁。当时，他发现在该厂工作的化工工作者对这种物质知之不多。于是，爱迪生拨出款项，调集人员，成立专门研究小组来进行研究。化工厂内连续开展了使用一切办法生产和试验这些化学物质。

爱迪生用化工厂提炼的材料制造了各种规格的铁镍电池进行试验。试验初期，电池的电量很小，只达到300毫安/小时。但是，随着材料质量的提高，蓄电量不断增加，最后达到1000毫安/小时。

1902年，开始对铁镍电池进行实际试用。蓄电池安装在电动车上，电动机用链条带动轮轴。试验结果表明，每充一次电，可行驶50～60英里。接着，又将蓄电池放在实验室振动台上，作蓄电池可能受到的颠簸的模拟试验，然后电动车又在新泽西崎岖不平的山路上进行实地试验。爱迪生对这次试验做了惊险的描述，他说："每到急转弯处，我都以为要翻车。"

各种方式试验取得了良好的结果，爱迪生的新型电池终于成功了。爱迪生决定把这一发明立即转入工业生产,于是,他建立了"爱迪生蓄电池公司"和有450多名工人的碱性蓄电池工厂。爱迪生初期生产的电池叫做"E型"电池。这种新型蓄电池一上市就受到欢迎,很快就销售一空。公司收到了大量的订单。

爱迪生继续对蓄电池进行各种试验。1903年,他制造了一辆装着又大又重的橡皮

装有爱迪生碱性蓄电池的电动车行驶了500英里,所有电池无一发生故障。

轮胎的蓄电池车,这辆车在波士顿试行了245英里,在六个地方充了电,走完这段路程后,所有蓄电池都处于良好状态中。1904年,在圣路易斯城举办的世界博览会上,装有爱迪生蓄电池的30艘游艇在湖面上或快速行驶,或旋转滑行,展示了蓄电池电力牵引的良好性能。爱迪生又研制了电动车专用的标准型碱性蓄电池,它的电动势是1.33伏特,蓄电能210瓦特/小时,重1英磅的蓄电池可发电能11.8瓦特/小时。

碱性蓄电池样品被送到欧洲,经有关专家试验后证明性能良好。乌·希伯德在英国试验了爱迪生的碱性蓄电池,并在1903年11月向电气工程师学会报告了试验结果。他乘着装有38个碱性蓄电池的电动车行驶了500英里,所有电池无一发生故障。

但是,爱迪生在继续试验电池的过程中发现有几批电池质量有问题,电池的电容会逐渐消失。同时,用户也反映蓄电池容器易漏,行驶中有液体流出,蓄电池的正极接触点不牢固。爱迪生立即决定关闭工厂,并按售价收回已经售出的电池。爱迪生知道这样一来会受到很大损失,但他决不让有毛病的电池流入市场。虽然这种有毛病的电池比铅电池适用和经济。

七、新的起点,新的事业

爱迪生决定研究改进使蓄电池产生缺点的材料,改进蓄电池的结构和生产工艺。爱迪生相信,改进后的蓄电池需求量将会更大。

爱迪生的碱性蓄电池突然从商店消失了,各地的用户买不到货,有的就直接写信询问。底特律几家大用户还派了一个代表,找到西奥兰治实验室,请求恢复电池供应。他说:"爱迪生先生,您的崇高的负责精神,我们万分钦佩。能有尽善尽美、完全合乎理想的电池用,当然是最好不过的事。可是就目前来说,你停止供应的那一种,已经比早先的铅蓄电池好了不知多少倍。因此,我们都有这么个迫切的要求,希望立刻能在市面上重新见到它。"爱迪生在表示谢意后,坦率地说:"我之所以要停止生产,是因为这种电池连我自己也不满意。集中全力克服漏电缺点的工作马上就要开始。至于什么时候恢复供应,要看缺点什么时候能克服。"

爱迪生把研究改进的工作分成三个小组分工进行:一个组负责研究改进容器的焊接;一个组负责研究提高电极用铁的纯度;第三组爱迪生亲自参加,研究增加正极的活性物质和研制镍的极薄片。

到1905年夏天,试验记录簿上记录的各种试验次数已经是12609次了。这年冬天,爱迪生得了乳突炎,这场疾病后,他几乎什么也听不清了。

1906年、1907年相继过去了,改进工作仍在进行。有人动摇了:"要解决这些毛病,恐怕是无法可想的了。"爱迪生听到后并不生气,他语重心长地说:"任何问题,都有解决的办法,无法可想的事是没有的。

爱迪生公司的雇员用马车送货上门。

要是你果真弄到了无法可想的地步,那也只能怨自己是笨蛋,是懒汉。"

爱迪生的许多发明,正是由于这种"无法可想的事是没有的"顽强精神,才能历尽艰辛,信心百倍地坚持到底,并取得成功的。

在研究改进过程中,他们需要用钴做试验。当听说地质学家在北卡罗来纳的夏洛特发现了钴后,爱迪生带着他儿子查尔斯和三名助手,分乘两辆蒸汽车直奔夏洛特。那里根本没有住处,幸好他们带了帐篷。这倒使发明家想起了30年前在怀俄明用测微温湿仪观察日全食的情景。30年过去了,这30年来,爱迪生在发明的旅程中艰苦跋涉,费尽了心血,取得了辉煌成就。他相信,这次最费心血的电池的发明也一定会如愿以偿的。

无数次的试验,解决了许多复杂的技术问题,其中最难的要算薄镍片的制作了。这种薄镍片只有两万五千分之一英寸厚。爱迪生认为,镍片的薄度是电池成功的关键。能制造出这样的薄片,在当时是工艺技术上的一大成就。一位记者为我们记下了当时制作镍片的情景:

"起重架吊着10只旋转着的铜滚筒,轮换着浸入铜——镍电镀池,每镀过一次就喷一遍水。5个小时中,这种轮换电镀进行了125次。接着,就从滚筒上剥下250层0.00004英寸厚的铜镍合成物,然后把它切成1/16平方英寸,放入含有微量氧化剂的水化氨中,取出后再放入饱和硫酸镍溶液中,溶去铜。以此获得的薄片被冲洗干净,放在离心机上去水分,再用蒸汽烘干。这种薄片薄得可以在空中飘浮,一蒲式耳(英美计量干散颗粒的容量单位。一美蒲式耳等于35.24公升)只重4.5磅,而镍的比重却是水的8.9倍。"

1907年,英国大汽缸汽油发动机汽车通过了行程10000英里的考验。福特在他的工厂里成功地生产出四汽缸发动机,这种汽车的售价为600美元。

虽然汽油汽车已开始跃居第一位,但爱迪生并未因此而停止对蓄电池的研究。他改进了整个蓄电池的结构;蓄电池生产过程实行了部分机械化;改变电解溶成分,在氢氧化钾溶液中添加了少量氢氧化锂。

1908年底,爱迪生历经10年、20000余次试验,耗资300万美元,终于研制成功了相当理想的镍铁碱性蓄电池。这种被命名为"1908年型"的新电池,其优良的成绩出乎助手们的意料。有人幽默地说:"神秘的金鸟即便高栖远飞,也难逃那老人的手。"

爱迪生建立了一座大工厂,1910年投入生产,当年就卖出了100万美元

七、新的起点,新的事业

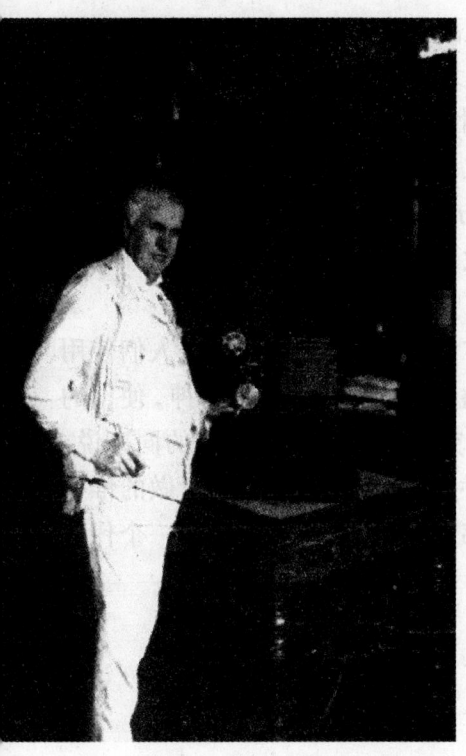

爱迪生既是一位可以埋头于实验室中的伟大发明家,又是一位懂得怎样将发明与社会紧密相连的现代派商人。跟随着他的脚印,整个世界也逐渐进入了一个机械、技术与电子的全新时代。

的产品。"爱迪生蓄电池公司"也恢复了活动。

这种采用薄镍片的镍铁碱性蓄电池,充一次电可行驶100英里。这种电池能经得住比正常电流强5～7倍的强电流充电,且不会因过量充电或连续放置不用而损坏,使用期限比铅电池长出二三倍。1911年,爱迪生经过第三次改进,又生产出"A型"新型碱性蓄电池,并展示了他设计制造的蓄电池公共汽车。在1911年到1914年期间,电车几乎成为汽油车的主要竞争对手。有大量的无烟无噪音的电瓶车和电动车投入使用。在西奥兰治的大街小巷,行驶的几乎都是电瓶电车。但是,这种电池的电解质在低温下会变稠,所以在寒冷的冬季和低温地区使用这种电池就很困难了。也许,这是电动车运输中终究没能达到爱迪生所期望的效果的重要原因,爱迪生制造出高质量的碱性蓄电池,以电动车取代汽油发动机车的希望落空了。爱迪生在当时还不可能预见到,近一个世纪后,汽油车讨厌的尾气成为人类的一大公害,严重破坏了人类的居住环境,几十年来的研究表明,新一代的发明家们正像爱迪生当年寻找金鸟那样探寻着新的动力源。我们有理由相信,真正有实用意义的无公害汽车的诞生不会是很遥远的事,爱迪生事业的继承者们不会让人类失望。

碱性电池除了前面提到的种种优点外,它的无有害废气、轻便、自动放电弱和维护简单的特性使它具有十分广泛的用途。它可以直接安放在室内而不必担心损坏仪器设备和伤害人的健康。

它特别适用于电站、列车的信号装置和照明等方面。尤其是在军事方面，能在一切场合提供电力的坚固耐用的蓄电池，更具有特殊意义。在第一次世界大战中，碱性蓄电池被广泛用于无线电装置、小型船舶和潜艇上的动力装备中，采矿工业是各种便携式碱性蓄电池的最大用户。爱迪生特别为矿工们设计制造了可固定在安全帽上的全封闭防爆小照明灯，它由挂在腰带上的碱性蓄电池供电。这种极为方便的矿工灯代替了危险的明火灯，改善了矿井照明，有助于减少工伤事故和提高劳动效率，在地下开采区得到了广泛使用。

爱迪生发明的碱性蓄电池所具有的广泛用途，使它至今仍被人们使用着。爱迪生为研究碱性电池所付出的心血，他那坚韧不拔的精神，使他的同事们大为感动。一位曾与爱迪生一起研究蓄电池近10年之久的同事说："如果说爱迪生对蓄电池的实验、研究和付出的劳动是他毕生所做的惟一的工作，那么我仍然要说，他不仅是一个伟大的发明家，而且也是一个伟大的人物。"

八、应该为眼睛做点什么

1. 会动的照片：创制活动电影放映机

马克思在《资本论》中指出："一个产业部门内生产方式的革命引起别的产业部门内生产方式的革命。"的确如此，19世纪中叶以后，随着摄影技术的发明和电力工业的兴起，人类开始接触到一项新奇的事物——电影。伟大的发明家爱迪生便是最初发明电影技术的众多发明家中的佼佼者，他让电影走出了实验室，为电影事业的兴起和发展奠定了基础。

爱迪生在西奥兰治的实验室的主楼第三层有一间房子，是专门为改进留声机的实验室。我们知道，留声机是爱迪生一生中最喜爱的宠儿。自从第一架留声机制成后，爱迪生从没停止过对它的改进工作。由于有一系列的工作，如白炽灯、照明系统和中央发电站工作，才把逐步改善留声机的项目暂时搁置起来。1887年迁入西奥兰治后，爱迪生便又重新

西奥兰治的新实验室，面积大，功能多。

开始改进留声机工作。这两年的成果是对记录声音的材料做了改进,用蜡筒代替了锡箔,从而提高了留声机的录音性能。

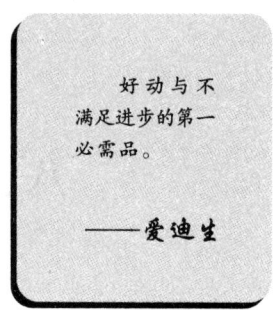

> 好动与不满足进步的第一必需品。
>
> ——爱迪生

留声机可以把人类耳朵听到的声音保存很久。但是,发明家爱迪生并不就此满足。他由耳朵而想到了眼睛。他说:"我偶然想到,我可以设计一种像留声机一样对眼睛发生作用的机器,然后再把两个记录系统结合在一起,就可以把声音和运动的画面同时记录下来并能同时再现出来。"美国南伊利诺斯大学电影系教授约翰·默塞尔说:"他后来宣称他的确下决心要为眼睛做点什么,就像留声机为耳朵所做的一样。"爱迪生渴望记录下来并能再现的,不是静止不动的形象,而是活生生的动态的画面,就像人们亲眼目睹现实中的景物一样的画面。

美国、法国以及英国的科学家、物理学家和摄影家,如美国的迈布里奇、法国的马雷、英国的弗顿斯·格林等,都在研究拍摄和放映活动影像的机器。他们所做的种种尝试,都是利用人的视觉暂留原理。人的眼睛接受光线照射时,在光消失后的0.05~0.01秒之间,仍有光感,这就是视觉暂留。如果使人眼所见的两个形象相隔7/10秒的时间,就会被眼睛感觉到是一个形象。把稍有不同的一幅幅画装订成册,快速翻动就出现了连贯的动作。这就是电影放映机的基本原理。有一种玩具,就是根据这一原理制成的。在一条长长的纸条上画出一个接一个连续动作的形象,如画一个人正在长跑。把这

全美第一家电气工业公司,"爱迪生电灯公司"成立于1878年10月17日的报道。

八、应该为眼睛做点什么

张纸条贴在能旋转的圆筒内壁上,并在纸条上方的圆筒壁上刻出无数与轴平行的缝隙。当圆筒朝一个方向快速旋转时,通过缝隙就能看到跑步人正在不停地活动着。这种玩具后来就发展成动画电影艺术。

  迈布里奇的试验是这样的:他沿着跑马场的跑道放置了一大串照相机,照相机的快门通过电线与铺设在跑道上的木板相连接。奔跑着的马一踏上木板就打开了快门。这样,他就拍到了马匹奔驰的一连串连贯性照片。他把这一连串照片再按原来的顺序并以一定的速度投射银幕上,就出现了"奔跑着的马"的画面。迈布里奇发明了一种被他称为"动物实验镜"的放映装置,它通过一块旋转的圆形玻璃将形象投射出去,使这些形象像是在自然运动。后来,迈布里奇又改用一架装有同支撑轮一起转动的干底板照相机进行拍摄,1秒钟拍了12张照片,取得了明显进步,他拍摄了许多走动的马、狗、鸟等照片。1888年前后,他在美国到处表演这种实验镜。

  法国摄影家埃迪尼·米尔斯·马雷博士一直在研究动物动作的速度,并利用照片来进行实验。他设计了一种"摄影枪"。这种类似枪的装置,在"扳机"处固定了一个像大弹仓似的圆盒,前面装有口径很大的"枪管"。圆盒内有一个表面涂有溴化银乳剂的玻璃感光盘。拍摄时,感光盘作间歇圆周运动,遮光器与感光盘同轴并且不停地转动、遮挡和透过镜头的摄入光束。装置由一根发条驱动,用1/100秒的曝光速度每秒拍摄12张。几年后,1888年马雷又发明了"固定底片连续摄影机"。他用绕在轴上的感光纸带通过镜头的聚焦处时,两个抓勾装置固定住感光纸带使其曝光。1887~1889年间,美国柯达公司的创始人伊斯曼·柯达开始大规模生产涂有溴化银乳胶的赛璐珞胶卷,这就为电影事业的发展铺平了道路。

爱迪生发明的第一台电影放映机,胶片卷在圆筒上,从目镜观看。

马雷的摄印机由于采用了新发明的柯达胶卷而成为"活动底片连续摄影机"。同年10月,他把采用这种胶卷拍摄出来的照片献给了法国科学院。事实上,他的发明已接近现代的摄影机和摄影技术了。

英国的弗顿斯·格林和他的合作者也取得了同样的成果。他的胶卷都钻有孔眼,以便在放映时固定形象而不使形象跳动。

上述这些试验,引起爱迪生很大兴趣,爱迪生注意到他们的共同点:可以利用视觉的惯性现象(即视觉暂留的原理)来获得活动物体的图像。

爱迪生进行了这样的试验:他在感光小辊子上制出一系列在时间上连续的微缩照片。然后,爱迪生把这些制好的正片移到第二个圆筒。当快速旋转第二个圆筒时,通过放大镜就可以看到紧密相连的活动照片。

爱迪生提出了自己的设计:将记录音响用的留声机辊子和一个同样或更大的滚筒连接在同一个轴上。这个辊筒上布满微型照片,而这些照片的画面必须与记录声音的辊筒同步。

爱迪生请他的年轻助手威廉·迪克森协助自己研究。迪克森做事认真,具有严谨的工作作风,是一位热心的摄影爱好者,有良好的摄影技术。

爱迪生委托他设计拍摄活动目标的照相机,并把第一号平房腾出来,作为进行实验工作之用。

1888年初,迪克森拍摄了许多活动目标的照片,每个画面的尺寸都不超过1/16 × 1/16英寸(约1.6×1.6毫米)。每一组照片的画面,都构成了所拍摄物一个动作的完整过程。但爱迪生并不满意。他提出,用快速拍照的办法来连续拍摄,这样就可以获得大量图像,然后通过利用视觉惯性现象的装置来观看这些图像。实际上,爱迪生的要求是把有连续性的一系列图像快速拍

1879年,迈布里奇制造出这种活动放映机,它可以放映活动的画面。

摄到圆筒上，图像在圆筒上呈连续不断的螺旋形带。显然，这一过程与他用留声机录音的方法相似。

迪克森对当时已有的各种感光材料逐一进行试验，最后，他在滚筒上裹上具有感光效能的赛璐珞片。通过低倍显微镜观看照片，尽管滚筒有弯曲度，仍然是非常清晰的。拍摄过程中，圆筒每转到某一角度，都要停一次，当圆筒不动时再进行拍摄。圆筒的转动和停止都与快门的启闭同步，而且是自动的。圆筒的转动或纵向位移，都使用电动机操作。拍摄速度与人的眼睛的视觉惯性因素相一致。但当时没有更多的人的生理方面的资料可以用来确定，人的视觉要获得连续印象，最低限度每秒钟需要更换多少张连续性的图像，也就是说，每秒钟应该拍摄几张照片。爱迪生最初认为为了清楚录制图像，每秒钟应该拍摄40张照片。但当时的照相机没有办法做到。于是，迪克森减少了拍摄数，并采用了较大的尺寸（1/4×1/4英寸，即6.25×6.25毫米）的画面。但用放大镜观看时，图像显得粗糙。

我们可以看到，爱迪生的拍摄装置完全是独具一格的，他采用了奠定留声机基础的原理。虽然拍出的图像有些粗糙，但他使用的方法无疑是一种进步。

1888年10月8日，爱迪生向专利局递交了一份预先通知，上面写道："我正在试验一种机器，这种机器可以为眼睛做出像留声机为耳朵做的事情；这种机器能拍摄活动物体并放映出来，而且其形式也是既经济、实用而又方便。我把这种机器叫做活动电影放映机，即激动景物机。"

其实，这仅仅是一种初步装置，有很多问题还需要研究、改进。这时，爱迪生要去巴黎参加世界博览会，他把继续改进、完善活动电影机的任务交给了迪克森。

2. "黑色玛丽亚"：第一座电影摄影棚

1889年夏，巴黎举办世界博览会，爱迪生收到了法国政府的邀请函。但爱迪生觉得参加这样的博览会要花费很多时间，他说："不希望离开研究所太久，这次邀请还是辞谢吧。"夫人米娜却怂恿他去。她说："旅行可以增广见闻，也是一种学习呀！"爱迪生心想："说得也是，也许会场里有能刺激我的展出品。"他立刻想到,也许能遇见马雷,这对自己的研究会有帮助。于是,他于1889年8月3日偕夫人和女儿马里恩乘船横渡大西洋,前往巴黎。

临行前,爱迪生给迪克森留下了详尽的指示。远洋轮船徐徐离开码头时,迪克森看见爱迪生俯在船舷栏杆上,两手卷成筒状放在眼前。迪克森明白了,爱迪生是在告诉他,在他回来前要完成活动电影机的研制。

1889年5月6日在巴黎开幕的世界博览会占地70公顷,有38000件展品。有人估算,如果到博览会各个部分都转一遍,等于"散步"40公里。爱迪生展览馆是这次博览会中心之一,美国政府把美国展出部分近1/3的展出面积拨给了爱迪生,在这里展出了爱迪生发明的四通路电报、电话送话器、留声机、电力照明、三线配电系统、地下电缆、白炽灯生产、发电机、铁矿石的电磁加工等等。我们在专门记述爱迪生发明留声机的时候,已经描述过他的留声机在博览会引起轰动的情况。爱迪生本人成了被巴黎社会人士注意的中心人物。42岁的爱迪生虽然开始发胖,但是仍然保持着当年那个削瘦的报务员的形象。炯炯有神的双眼使得坦率、和蔼可亲的面孔容光焕发。显示坚定性格的下颏,花白的头发,一绺倔强的短发垂在额头左侧,这就是发明家爱迪生。

为纪念法国大革命一百周年和这次博览会而建造的艾菲尔铁塔高达320公尺,是当时世界上最高的建筑物。塔的顶端,点燃着电力灯塔,蓝、绿、黄色光芒照亮了方圆70公里。夜晚,两个功率强大的探照灯光柱,射向巴黎这座杰出的纪念碑。建于古老的帕尔·罗亚尔宫地下的爱迪生中央发电厂担负着向所有公共建筑物和私人建筑提供

1893年,西奥兰治街区矗立起第一个电影工作室。因为外面涂了一层黑色油漆,故有"黑色玛丽亚"的绰号。

八、应该为眼睛做点什么

照明的任务,发电厂安装着当时最大功率的800安培爱迪生发电机。在艾菲尔铁塔底层为爱迪生举行了9000人的大宴会,请帖由法国总统签名。71岁的法国大音乐家夏尔·弗朗西斯·古诺在指挥巴黎交响乐团演奏完预定的乐曲后,站在指挥台上对听众说:"为了对前来我国的特别贵宾爱迪生先生表示敬意,特地献上一曲。"演奏之后,他把自己签名的乐谱赠送给爱迪生夫人。最后,法国总统代表法国政府颁赠爱迪生大勋章。

"他们想替我佩戴荣誉军团绶带,可是我坚决不同意这样做。我的妻子把绶带的红色蝴蝶结插在我的上衣扣眼里。但是当我看到美国人时,便马上把它藏了起来。"他说,人们给他的荣誉实属他的国家。

8月19日,是庆祝达盖尔公布摄影术50周年的日子。爱迪生在这次宴会上遇见了法国摄影家马雷博士。与马雷博士的会晤,对爱迪生探索电影具有重大意义。爱迪生应邀参观了马雷的车间,仔细观看了马雷创制的电影"摄影枪"。当他在马雷实验室看见一种连续显示相片的装置时,立刻意识到这种装置的重要性。他说:"马雷找到了正路。"会见马雷博士是爱迪生这次巴黎之行的最大收获。回到西奥兰治实验室,他立刻和迪克森集中精力试验他所看到的条形底片。

马雷博士制造的活动底片摄影机。

迪克森在爱迪生赴巴黎期间拍摄了许多每秒12张的影片,这些影片能够一个接一个地连续放映,有些与现在连续放映几部电影的情况相似。

10月6日,爱迪生从欧洲回到西奥兰治实验室,助手们请他走进电影实验室,让他静观一块布幕上的动静:布幕上出现了迪克森的图像,留声机播出了他的声音:"早晨好,爱迪生先生,您回来了我真高兴。我想您会对有声活动电影机感到满意的。为向您表演声影同步化,我举起手并同时数到10。"然后,迪克森站起身来,一边从1数到10,一边把手举起又放下。图像非常稳定,动作与声音也完全一致。爱迪生非常高兴。

爱迪生向迪克森介绍了马雷博士的研究情况,特别强调了马雷博士的连续显示相片的装置。两人马上开始了实验,他们把适用于活动电影放映机的赛璐珞胶片粘制成狭条赛璐珞胶片,成螺旋形裹在圆筒上,并把画面尺寸加大到1/2×1/2英寸。于是胶片就开始在电影中使用了。他们又创制出交替开关快门的装置来拍摄彼此没有连接起来的画面。

爱迪生的活动电影放映机可以容下50英尺(约有16米)的胶片,可他们粘制的赛璐珞胶片没有这么长,最长的赛璐珞带才35公分,实验室当时能拍出的最长的影片是由三条赛璐珞带子粘结成的。于是,爱迪生又开始寻找长条胶片的材料源。他听说"摄影王"乔治·伊斯曼那儿出售的胶片既轻便又透明,很容易卷到轴上,这就可以缩小照相机和放映机的尺寸。这种被称做"伊斯曼底片"的胶片正是爱迪生所希望的。他立即派迪克森到罗彻斯特伊斯曼的工厂买来了这种胶片。试验进入了新的阶段。

爱迪生设计了一种输送胶片的装置,它可以使速度发生变化,并能保证获取事先预定的每秒钟的画面数。为了输送胶片和卷起胶片,胶片两边都打上了孔。打孔机是参照供自动发报用的纸条穿孔机制成的。同时还设计出切片机、带有固定销钉的夹具等相应的设备。

爱迪生用伊斯曼的长卷胶片,循其长度拍摄了一系列相片。然后通过链轮卡在底片两边的孔眼上,使底片以仔细调整好的速度在闪光灯前面经过,当一格画面运行到窗口时,正好电灯闪亮又立即熄灭,如此不断重复,每秒钟可以造成46个影像,每分钟便有2760个影像,这样放映出来的画面就好像连续运动似的。爱迪生把这种装置叫做原始活动电影放映机。从活动电影放映机中出现的影像,直接来自机器本身,不需要专门的屏幕,爱迪生把它安装在一个暗盒里,观众通过放大镜观看盒子里的画面,每次只能供一人观看。经过不断改进后,1893年开始投入生产这种被爱迪生称为"电影视镜"的活动电影观赏机,并于1894年公开出售。虽然"电影视镜"观看并不方便,但人们到处抢购爱迪生制造的新机器。到1900年,爱迪生大约生产了1000台这种视镜。

八、应该为眼睛做点什么

马雷博士1890年拍摄到的猫落下的连续运动照片。

1890年,爱迪生及其助手们又制造了一个经过改进的电影摄影机,供拍摄放映配有音响的宽为$1\frac{3}{8}$英寸的影片,影片上每一画面为$\frac{3}{4}\times 1$英寸,以保证有供输送胶片用的良好孔洞。这种胶片宽度(35毫米)在实践中被固定下来并成为一种标准,一直沿用到现在。同时,又把胶片原来每格画面两边各两个小孔改为各四个小孔。

也许爱迪生以为他已在1888年呈报了预先通知,才没有急着取得这项新发明的专利权,直到1891年,爱迪生才取得了活动电影放映机的专利权。

而别的移动图像机器发明人却早已成功地取得了特许证。而且,他没有在其他地方申报专利,使他以后碰到很大麻烦。

当时已有的观看移动图像的机器,包括爱迪生的活动电影放映机,有着不同的结构形式,有圆盘式的、镜式的、鼓形的和笔记本式的。所有这些机器都只能供一个人观看。爱迪生的活动电影放映机为胶片电影机开辟了道路。在他之后,这种电影就得到了最迅速的发展,并成为现代电影的主要形式。

起初,爱迪生的活动电

爱迪生发明的活动电影观赏机,里面可以装16米长的胶片,每次供一人观赏。

爱迪生传

影放映机只是放映一些像渥特打嚏,卡门西大的舞蹈,意大利琴师和猴子的游戏,或是一个人抽雪茄时的姿态等影片。这些影片都是用摄影室中用四盏炫目的弧光灯拍摄的。

后来,爱迪生的机器有了很大的改进,可以进行固定拍摄了。爱迪生便想利用日光摄影。1893年,爱迪生在实验室的庭院里建起了世界上第一座电影"摄影棚"。这是一座长方形的用木板和黑色防水纸搭建成的建筑,整个外形像个盒子,中间部分较高,是拍摄区。摄影棚装有轮子,可以沿着半圆形轨道移动。摄影棚的内壁和外墙都涂成了黑色,因为当时人们曾认为,拍摄时应该消除其他光源的影响。电影摄像机被安装在活动架子上,可以沿着半圆形轨道活动,以调整焦距。房顶可以打开,直接利用阳光照明。根据太阳位置推动摄影棚进行调节,这就保证了全天可以利用阳光拍摄。这个黑色的木盒子很像当时护送囚犯的警局巡逻车,所以人们也称它为"黑色玛丽亚"。

爱迪生的摄影棚虽然简陋,但它吸引了形形色色的演员。一些优秀舞蹈家、闻名的拳击运动员、杂技演员和驯化的动物,都曾在"黑色玛丽亚"表演过。迪克森说,甚至工业界的知名人物也到摄影棚来表演。

1894年,著名的重量级拳击世界冠军詹姆斯·科尔伯特被邀请到摄影棚来表演。对手是从纽瓦克请来的一位黑人拳击手。开始拍摄时,那黑人拳击手发现对手是鼎鼎大名的科尔伯特,恐惧得不敢交手,勉强在台上绕了一个圈便冲下台来,逃回了纽瓦克去。爱迪生只好另请一位拳击手,

"黑色玛丽亚"看来的确很像一辆旧式的警局巡逻车。"黑色玛丽亚"最初所拍摄的活动照片动作单纯,内容平常,但依然能引起人们极大的兴趣。

八、应该为眼睛做点什么

宣传广告上写道:"爱迪生最伟大的发明——电影放映机。"

才把电影拍成了。这部影片用了350多米胶片,影片分四部分来放映,每一部都可单独放映。这部影片引起了轰动,放映时,人们排着长队等待观看。这部影片的放映,促进了活动电影放映机的普及化。

摄影棚还拍了美国第一部商业片《处决苏格兰玛丽女王》。片中有一个简单的特技摄影:在拍摄过程中,演员按导演要求在一定时间内静止不动并停止拍摄。这时,迅速撤换场景中某些布景和道具,然后继续表演和拍摄。在处决女王时,用一个假人代替扮演女王的演员,刽子手砍下假人的头,并拾起假人头给观众看。这是在影片中第一次使用特技摄影。

"黑色玛丽亚"摄影棚拍摄了大量的影片,我们从中摘录出一些有趣的片名:《狗魔术师特迪和猫魔术师们》《技巧女运动员伯绍迪夫人》《快活女郎》《科迪上校的神射》《幽灵舞》《得克萨斯投掷套索的牛仔》《流浪汉约翰·威尔逊》《哈吉·塔卡尔酋长危险的跳跃》《大丑和小丑》《日本女舞蹈演员》《警察突袭鸦片烟窟》。

3.《火车大劫案》:第一部故事片

1894年,美国成立了一个商业组织"活动电影放映公司",各地都建立了"活动电影沙龙"。所有活动电影视镜上都装有硬币自动投放装置,只要投入一枚硬币,机器便开始放映。

"活动电影放映公司"把放映拳术家比赛的影片许可证发给了莱瑟姆兄弟。他们想改进放映条件,在大屋子里制造一种放映银幕,代替只能供

爱迪生传

一个人观看的电影视镜。爱迪生的专利特许证中，并未规定放映到银幕上，他主张用带有硬币自动投放装置的单个放映机。莱瑟姆兄弟开始详细研究把电影放映到银幕上的问题，并于同年制造了一个"望远显微两用镜"装置，这就为爱迪生的原始活动电影放映机增添了一个往银幕上放映的设备。但这一装置中没有间歇运动的跳跃机构。

也是在这一年，一位名叫托马斯·阿马特的美国发明家解决了这个问题，制造了使胶片制动和启动更为灵活的装置。爱迪生开始感到来自银幕的威胁，于是他立即投入银幕电影机的研制。为了尽快赢得竞争的胜利，爱迪生买下了阿马特发明的专利，同阿马特联合生产放映机。

《火车大劫案》放映时的广告画。

爱迪生把他快速研制出的银幕放映机取名为"维太放映机"。1896年4月23日，第一次用这种机器在纽约的科斯特——拜厄尔的音乐教堂放映影片，受到观众的热烈欢迎。第二天，《纽约时报》报道了首次演出电影的情景："昨天晚上，音乐厅的灯光全部熄灭后，从角楼里传出了一阵嘈杂的机器声，一道异常耀眼的光柱投射到银幕上。于是，大家看到两个金发女郎，穿着花花绿绿的衣服，飞快地跳着雨伞舞。她们的动作是那样的清晰鲜明。当她们消失后，出现了一片惊涛骇浪，向靠近石堤的沙滩冲击，使观众大吃一惊……接着，有一个瘦长的滑稽演员和一个矮胖的家伙，表演了一场滑稽的拳击比赛。之后，是一出寓言喜剧《门罗主义》和霍坦剧院的滑稽剧《乳白色的旗子》中的一个片断，重复了好多遍，最后以一个高大的金发女郎表演飞裙舞而告结束。这些镜头都非常逼真，因而使人兴高采烈。"

八、应该为眼睛做点什么

伊斯曼(1854~1932),伊斯曼·柯达公司的创始人,后人尊敬地称他为"摄影王"。在那个时期,他出售一种赛璐珞做的底片,以代替感光板,命名为"伊斯曼底片"。这种底片的出现,解决了爱迪生最为棘手的问题。图片中左为伊斯曼,右为爱迪生。

爱迪生建造了一个配有4×7米大银幕的影剧院,并在纽约布朗克斯区建设了一个大型电影制片厂。当时,寻找演员、舞台工作者以及能策划、指导电影生产的人是十分容易的。1907年,对电影艺术的发展有过重要贡献的美国早期电影的导演和制片人格里菲斯,就是作为一个演员和作家受雇在爱迪生的制片厂工作。

"维太放映机"的成功,标志着真正的电影事业在美国问世。但是,巴黎的卢米埃尔兄弟在1895年12月,英国的罗伯特·鲍尔于1896年2月就已经在电影院放映电影了,这比爱迪生分别早了4个月和2个月。由于有好几个发明家几乎在同一时期都取得了成功,所以要明确地断定谁是这个领域中的第一个成功者是很难的。

由于爱迪生的原始活动电影机没有在国外获得专利权,这就为竞争者创造了有利条件。不但在国外可以生产电影设备,甚至可以把它输入到美国,也可以在国外进行某些改进而获得专利权。商人们看到电影能立即发财致富,更是拼命地挤进这种欣欣向荣的事业中来。爱迪生在1897年发动了一个"专利权战争",他聘请了许多律师起诉,通过一系列法律活动,为其摄影机和放映机在美国取得了专利,爱迪生的竞争者纷纷失败了,只有"比沃格拉夫"和"维太格拉夫"两家公司还能存在。前者专门拍摄新闻片,后者则靠制作色情短片赢利。1907年,爱迪生迫使竞争者与他联合组成"电影专利有限公司",承认爱迪生的所有专利权。伊斯曼·柯达也参与了这项计划,拒绝向那些不交纳执照费的制片人出售胶片。爱迪生实际上是给

爱迪生传

美国电影界加上了一个严格的控制。参加公司的制片商每洗印一英尺的拷贝须缴付半分钱,发行商每年须缴纳5000美元的执照费,放映商每星期要缴5个美元。这些收入每年给公司带来近100万美元的利益。而爱迪生的实验室在1889年至1894年这段时间为了发明电影花费总共不到2万美元。爱迪生在几年内就成为美国最大的电影和电影设备生产者。

《火车大劫案》的镜头之一。

1903年,爱迪生制片厂的制片人埃德温·波特拍摄了消防队员接到火警后,策马急驰,奔向火场的一些镜头。他想,可以用这些镜头,再增加几个消防队员从燃烧的房子里救出被困母子的镜头,就可以编成一个故事。于是,他设计并拍摄了补充镜头。这部《一个美国消防队员》,虽然制作粗糙,叙事方式也很原始,却立刻受到观众的欢迎。

于是,波特紧接着又摄制了一部故事片《火车大劫案》。这是一部美国西部片。波特既是编剧导演,也是摄影师。他让演员穿上牛仔服,在新泽西借了一列火车,并搭建了一个车站和舞厅的摄影场。影片表现一伙匪徒抢劫了火车,最后被追捕者击毙。这部电影一部分在摄影场拍摄,一部分是在新泽西的松林中拍摄的。请的演员都是业余的,从来没有骑过马。影片中的枪战和追逐场面使观众激动不已。影片动作激烈,并成功地运用了平行动作镜头的交叉剪辑技术。这部仅8分钟的影片十分受欢迎,成了全国"五分钟影院"的开幕节目。《火车大劫案》是美国第一部真正意义上的故事片,对其他导演产生了很大的影响,随后拍摄了一批"西部片"。此后,

八、应该为眼睛做点什么

故事片的制作得到了迅速的发展。世界电影发展史告诉我们,如果欧洲和美国的初期电影工作者没有发现电影在叙事方面的巨大潜力,电影可能只是流行一时而已。

美国的电影事业出现了初期的繁荣。"电影专利有限公司"想维护其垄断地位的企图,相反却间接地促进了电影艺术的发展。电影制片商和发行商极不满于专利公司的控制和强性索取。比沃格拉夫影片公司绕过爱迪生的专利,生产了摄影机,他们摄制的影片因其质量不错而受到公众的欢迎。在伊利诺斯和威斯康星,艾特肯兄弟的发行公司也开始生产影片。他们从爱迪生的制片厂挖走了格里菲斯,并筹集资金帮助格里菲斯拍摄了一部在美国电影艺术史上产生重大影响的好影片,这就是《一个国家的诞生》。这是一部反映内战与重建的影片,艺术性与拍摄技巧得到了很好的结合,取得了极佳的艺术效果。

电影事业的初期繁荣,也促使伊斯曼·柯达改变了态度,他开始向不属于专利公司的制片人出售胶片。

这时,每年以百万之众来到美国的移民,也促使影片量急增,刺激了电影事业的发展。20世纪初,涌向美国的移民出现了高潮。这些移民几乎不会说也听不懂英语,于是,他们从只需花几分钱的电影娱乐中了解这个陌生的国家。1905年,宾夕法尼亚出现了第一家"五分钟影院"——看一场电影仅五分钟。电影的生动、直观,简直令人不可思议。仅两年时间,犹如雨后春笋般涌现出来的这种小电影院已达5000余家。

在无声电影发展、完善的同时,爱迪生一直没有忘记制造真正"会说话的电影"的梦想。他

《火车大劫案》(1903年)是最早叙事电影之一,只有10分钟的内容,最后镜头里是一名歹徒使用枪对着观众。

爱迪生传

把留声机和活动电影结合起来,不断地研究调和声与影的问题。最感困难的问题,是收取远处细微的声音。他造出了很灵敏的收音器,凡距离40尺以内的大小音波,都能收取。把这种收音器连在高速照相器外,便成为有声活动电影的制片机。在拍摄时,演员一边做动作,一边讲话、唱歌,摄像和收音同时并进。放映厅后边的放影机和幕前的留声机中间用电线连接,只须一拨开关,便能操纵留声机,所以放映时,声音和动作便能妥切配合,没有先后快慢的毛病。

爱迪生在新世纪到来之际,在西奥兰治乡村俱乐部里进行了试验。来客都是周围的邻居。银幕上出现了一位穿夜礼服的人,他举起双手。观众看到了他双唇微动,像是要说话的样子,这时,声音便立刻传进他们的耳朵,而且形与声配合得很好。接着,一位姑娘演奏了小提琴曲《安妮·芬莉》,另一位演员唱起了《夏天的最后一朵玫瑰》。

一位观众高兴地说:"演讲者将一瓷盘摔在了地上,你不仅能听到落地时的破裂声,还能听见碎片溅开时发出的细微的动静。一名号手出现在银幕上,吹起了起床号,哨声响了……狗被领了出来,就在他们争先恐后地登上银幕时,我们可以清楚地听到猎狗的狂叫声。内容还不止于此,有诺曼底的钟声与场景,有政客演讲与背后提台词的声音与画面。"

尽管这次试验在声与影的配合上是成功的,但爱迪生并不满意,他认为离有声电影的成功还很远,留声机的音量也太小。他说:"最困难的是使留声机放出的

这是世界上第一部用"连续照片放映机"放映的短片电影。片中的明星便是爱迪生发明小组中的成员约翰·奥特。

八、应该为眼睛做点什么

声音传到一定的距离,而且不能把它放在放映机的视焦范围之内。让我来做个比较你就知道这是个多么困难的问题了——如果你站在留声机一米远的地方测定的音量为一百,那么到两米远的距离音量就是二十五了。"

爱迪生曾想到过使用字幕。他的日记本里有这样的记载:"我们常常使用跑表在不同类型的观众中试验字幕效果,以使确定出一种合适的字幕延续时间,使人们都能看清字幕的内容。我们选择的对象有孩子、老人、职员、技工、商人、个体劳动者、家庭妇女等,对他们使用不同字数的字幕进行试验。"但这种试验表明,字幕是不能代替声音的。

1908年10月,爱迪生改进留声机时,研制了一种叫做"琥珀油"的化合物,用这种"琥珀油"制作的辊筒录制的音和放出的音,质量特别好。1912年2月7日,爱迪生在纽约放映了用改进了的留声机为活动电影放映机配音的有声电影,琥珀油辊筒出色地为由莎士比亚悲剧改编的电影片断配了音。留声机改进后,虽然放音时间比原来持续的2分钟增加了一倍,但也只有4分钟。"会说话的"影片持续时间不超过七八分钟,中间因为更换辊筒还停顿了一会。所以这种有声电影在放映持续不少于一个小时的时间内,只能作为一个插入节目。再说它的音量仍不适应于大庭广众条件下的配音需要。显而易见,这种有声电影还不能把默声电影取而代之。爱迪生从开始研制电影至今,二十余年来一直沿着把留声机和电影机有机结合为一体的思路研究有声电影,但没有突破性进展。也许正是对留声机的偏爱,局限了发明家的思路。电影技术的发展,还得沿着声音的光学记录与活动景物相结合的道路走下去。到20世纪20年代,通过光学把声音记录在胶片上,才诞生了有声电影。

1927年10月23日,华纳兄弟电影公司第一次成功地拍摄了有声响、对白、音乐和歌唱的有声电影《爵士歌手》。电影第一次真的开口说话了。它宣布了默片时代的结束,拉开了电影有声时代的大幕。从此,人类又多了一片五光十色的奇妙世界。

爱迪生一开始就认识到电影技术在文化和社会生活中的重要作用,他不仅肯定了电影在艺术方面有重大意义,而且还是重要的教育工具和教学手段。爱迪生费了很大力气来专门研究电影,为电影事业的兴起和发展奠定了重要的、不可缺少的基础,但他仍谦虚地说:"对于电影的发展,我只是在技术上出了点力,其他的都是别人的功劳。"正如美国著名导演、电影史学家兼评论家刘易斯·雅各布斯所说:"电影,在实验室里诞生,被组合起来作为一种表达工具,用来作为广大群众的娱乐,又是在科学家、艺术家和实业家合作之下才获得发展的。各个方面的人们对电影的兴起,形成它的特色和加强它的效果,都做

1900年的一次乐队录音,为了效果好,最左边的乐师坐在三层架子上。

出了贡献。"电影的发明人虽不只爱迪生一个人,但他却真实地使电影走出了实验室。他留给电影界的至今仍有价值的遗产,是35毫米的标准规格和用以改进每幅影片画面的四个链轮齿孔的定位法。

九、在动荡的战争年代里

1. 生产短缺物资：建立11座工厂

1914年7月28日，第一次世界大战首先在欧洲爆发了。那年，爱迪生67岁。爱迪生热爱和平，他不希望发生战争，也不主张美国卷入欧洲战争。这次大战，是资本主义国家重新瓜分世界的战争，美国岂会置之度外。美国政府一则需要窥测参战时机，一则迫于国内强大的反战力量，暂时采取了"中立"的态度。

第一次世界大战爆发不久，远在美国直接参战前，它的工业的正常生产就已遭到了破坏。爱迪生也许比别人更早就感受到这场大战将会给自己的事业带来影响。

爱迪生的留声机和唱片厂需要一种化学原料——苯酚。爱迪生每天需要1.5吨苯酚，数量比美国任何一位工业家所使用的都多。

苯酚，俗称石碳酸，从煤焦油分离而成，也可用工业生产合成。在医学上用做消毒防腐剂，工业上用做合成染料和树脂的原料。苯酚还

到了老年，爱迪生仍然一人干两人的活。

是生产苦味酸的原料。苦味酸既是制造酸性染料和照相药品，也是一种烈性易爆炸药，军事上俗称黄色炸药。它可以与多种金属作用生成更易爆的烈性炸药，是制造地雷、炮弹、炸弹的爆破药。苦味酸的热水溶液与氨水中和便生成苦味酸铵，是一种对撞击不敏感的烈性炸药，是制造穿甲弹的原料。

> 我既然在寻找世界上需要的东西，我就一直寻找下去，并且试着创造它。
>
> ——爱迪生

爱迪生需要苯酚，用它来制造音乐唱片；战争也需要它，用它来制造杀人武器。第一次世界大战在欧洲爆发后，苯酚的需求量急剧上升，并被列入严格禁运的军用品。

美国所用的苯酚，一直是从英国和德国进口的，国内并不生产。化学药品公司说："现在开始从事研究，要想苯酚上市最少得等到一年以后，而且谁也没有把握。"

不仅是苯酚，战争所造成的从欧洲进口（首先是从德国进口）的中断，引起了一系列重要化学产品的短缺。1914年9月，美国苯酚和苯的储量已不够使用一个月。诸多工业部门给科学家、发明家提出了紧迫的任务。

爱迪生毫不犹豫地决定自己制造苯酚。他绝不相信专家们的武断：也许在美国根本无法生产苯酚，即使能够生产，成本也将十分昂贵，而且用不上几个月的工夫，工厂就得停产。

爱迪生聘请了40名化学家和绘图员，把这些技术人员和工人分别分成三组，每组工作8小时，一边进行实验、确定生产方法、生产工艺、设计工厂，一边抓紧修建厂房。爱迪生自己则吃住在实验室，不分昼夜地工作。爱迪生仔细研究了五六种合成苯酚的方法，最后将选择缩小到两种，并亲自做了实验，最后决定采用苯酚酸分解法合成工艺。

三班工人夜以继日地奋战，仅用了18个昼夜，一座新的、美国第一家合成苯酚工厂即交付使用。一个月后，日产量超过1吨，6个月后，日产量达到6吨。爱迪生几乎被大批订单埋了起来。对苯酚的需求量如此之大，爱迪生不得不决定建第二个工厂。第二个工厂也在短期内建成了，日产量也达到了6吨。陆军部和海军部同爱迪生签订了大量购买苯酚的合同。

九、在动荡的战争年代里

苯酚工厂开工不久,便又出现了苯及其他一些合成品供应不足的现象,而苯是合成苯酚必不可少的原料。苯主要由焦炉气及煤焦油获得,也可乙炔合成。美国生产苯的数量极为有限。爱迪生刻意识到,如果他不能得到足够的苯,苯酚生产必定受阻,甚至停产。难道真被那些专家们说中了?而这个时候,纺织工业的代表向他提出了生产苯胺油的要求,苯胺油是合成染料不可缺少的中间剂。看来,必须组织苯的大规模生产。按照老办法,爱迪生先研究有关生产苯的有关资料,研究它的生产工艺。接着,他向冶金厂建议,把苯工厂建在炼焦炉旁边,以便就近利用炼焦炉的焦炉气和煤焦油。爱迪生提出,建厂经费由他承担。此外,他还答应每提炼出一加仑(4.543升)苯、甲苯或二甲苯,支付其价值的1%给冶金厂。而在这以前,冶金厂是把这些生产苯的原料白白地排放到大气中去的。

爱迪生制定了在60天内建成,而在通常情况下需要90个月时间才能建成苯工厂的计划。爱迪生非常清楚从哪里能搞到设备和仪器,他有丰富的经验和常人没有的干劲。1915年1月18日,在签订了于约翰斯敦市建立第一个苯工厂的合同后仅一个小时,马上就动工了。仅仅用了45天,就提前建成了工厂并立即投入生产。第二个工厂建在远离出售设备的伍德沃德市,因此它用了两个月的时间。

建立在远离伍德沃德市的工厂。

在获得了苯的保证后,爱迪生设计了日产两吨的苯胺油工厂,45天后,苯胺油工厂建成投产。而在这之前,许多工厂主就已经和爱迪生签订了购买苯胺油的合同。

对二氨基苯是染制皮毛的颜料,也是生产留声机唱片所必需的。1914年以前从德国进口。爱迪生发明了提炼这种化学品的方法,在西奥兰治实验室附近建立了一个小工厂,日产对二氨基苯25磅。染工们知道后便来恳求爱迪生把剩余的对二氨基苯让给他们,爱迪生便把全部剩余分给他们,但根本不够。于是,爱迪生便建立了一个日产150公斤的对二氨基苯的工厂。产量日益提高,完全满足了需要。

此外,爱迪生还做出了其他一系列重要发明,解决了因战争而造成短缺的许多化工原料的生产方法和生产工艺,如米尔苯、苯胺盐、乙酰、苯胺、对消苯乙酰苯胺、对氨(基)酚、挥发油、甲苯、二甲苯、萘的结晶体等的提炼方法。这些化工原料都是美国纺织、橡胶等诸多工业生产所急需的,其中许多化工原料也是美国军事工业所急需的。为了生产这些化学产品,爱迪生在战争爆发后两年内亲自设计和建造了11座工厂。

爱迪生为特殊时期的美国工业做出了特殊的贡献。爱迪生以大工业生产规模,为美国化学工业的一些新部门求得了迅速发展,显示了自己化学工艺师的卓越才能。不久,爱迪生所深入研究的工艺方法便成了公共财产。那些惯于冷嘲热讽的专家们,面对这位67岁的发明家永不衰竭的智慧和才能,面对这位老人付出如此辛勤的劳动,他们还能说些什么呢!

2. 增强海军防务:提出45项发明

爱迪生不希望发生战争,但他并不反对增强纯粹用于防卫的武装力量。事实上,在他的发明活动中,也有过为军队提供先进装备的事例。

我们已经知道,爱迪生花费10年时间研制成功的镍铁碱性蓄电池,在军事方面也有广泛用途。但镍铁电池特别适用于潜水艇,这是爱迪生所未曾料到的。潜水艇下沉后,就由酸性蓄电池代替内燃机提供动力和照明用电。酸性电池排放的酸性烟雾在密封的潜水艇内,不仅严重危害人员健康,而且损害艇内设备和复杂的管道,致使部分因循守旧的军事家们对潜水艇的助战能力更生怀疑。了解到这种情况,爱迪生在1910年后,便开始研究把他的新型电池用于潜水艇。7月间,几名年轻的海军军官参观了西奥兰治实验室和其他的生产工厂。他们向爱迪生诉说了使用酸性电池造成氯中毒是潜水艇面临的主要危险。爱迪生的碱性电池有良好的密封性,一般情况下氢氧化钾溶液是不会泄露的。即使有气泡外逸,氢氧化钾本身便是

九、在动荡的战争年代里

极佳的消毒剂,对人无害,也不致损伤设备。在其后的两年里,爱迪生设计了一种供水下使用的碱性电池。当这种电池被装上潜水艇进行实地试验时,爱迪生对军官们说:"让它晃得更剧烈些,再倾斜一些,撞它一下。你想怎样考察就怎样考察,我已经做了各种试验,你不可能难住它的。"他还说,这种电池的寿命可长达4~8年。使用这种电池后,艇内再无有毒之虞。而且,还提高了潜艇的航程。

爱迪生还曾与人合作,制成了西姆斯—爱迪生鱼雷,它可以放在战舰前三公里远的海水中,用电遥控爆炸。

爱迪生还有许多改进武器的发明设想。比如,在1898年的美西战争中,他第一次与美国海军部接触时,就曾建议,在夜间使用一种特殊的炮弹来探照敌人的船舰。在炮弹弹药里加添一种碳化钙和磷化钙的混合物,这种炮弹落在水面爆炸后能燃烧数分钟,发出的火光可以照亮4~5海里的海域。

1915年5月,德国用鱼雷击沉了"露西塔妮娅号"客轮,1198名旅客,其中包括100名美国人全部遇难,美国开始做参战准备。5月30日,爱迪生在接受《纽约时报》记者采访时表示,他既不赞成提高大规模的常备陆军,也不主张建立大规模的常备海军,但应有足够的防卫武器,这样战争爆发后再投入行动也不晚。他说:"我不仅倡议建造无数艘潜艇,使它们处于临战状态,而且,要制造大批的港口护卫水雷和能在紧急情况下迅速布雷的船员。"

在这篇报道中,爱迪生还建议政府必须建立一所由海军、陆军、政府三方面控制下的科研机构。他说:"我认为,除上面谈到的这些,政府还应建立起处于陆军、海军和政府三方联合控制之下的巨大的研究实验所。利用这一研究机构,不断提高大炮的威力,发掘新型炸药的制造工艺,不用耗费很多的钱,就可使陆军、海军的技术不断进步。当我们这样做了,我们就能用它的研究成果,迅速造出最新最有效的大批战争工具。"

这位大发明家的建议立即得到政府、海军方面的高度重视。7月7日,海军部部长丹尼尔斯读到这篇报道,随即致信爱迪生,表示海军方面最大的希望就是发挥美国人的聪明才智,制出能应付新型战争的机器设备。为此,他正打算建立一个发明研究机构。他提出邀请爱迪生来负责这一发明研究机构。他在信中说:

"我觉得如果有一个举世闻名的发明天才能随时地帮助我们解决许多重要问题,那么我们相信我们的参战计划必将引起更多人的注意,而战争力量的后盾也一定更会大大的增加。我们认为你是最适合于这种需要的人,因为你最有能力把理想化为现实,你除了你那独特的智慧以外,在你的指挥下,还有着关于这种工作的世界上最优良的条件……

"我有很多事情要向你请教,但是遗憾的是现在除了海军部对你的感谢

装有爱迪生研制的碱性蓄电池的潜水艇。

以外,旁的一无所有。在我想到我们祖国和你对于她的责任感时,我相信你是一定会首肯的。"

爱迪生同意了。他说:"我很愿意把我的全部时间无条件地贡献给政府。凡是我能干的,将一切遵命。"7月13日,爱迪生的总工程师兼个人代表赴华盛顿,表明爱迪生的态度,与丹尼尔斯约定,爱迪生只以专家身份参加工作,不涉及行政管理事务,以免分散精力。爱迪生建议请美国航空学会、美国化学会、美国电化学会、美国电工学院、美国采矿工程学院、美国数学会、美国航空工程师会、美国土木工程师会、美国采矿工程师会、美国发明人同业会等11个专门团体和学院各推荐两名专家参与顾问委员会工作。

丹尼尔斯及其助手来到西奥兰治,同爱迪生讨论了与组织咨询委员会有关的问题。美国11家最大的科学协会也派来了具有卓越的技术思想的代表,他们是化学家尔·巴克连德和威利斯·惠特尼,电学家弗·斯普拉格和布·拉梅,数学家尔·伍德沃思和阿·韦伯斯特,建筑师亨特和格列

九、在动荡的战争年代里

文,仪器制造家埃利梅尔·斯佩里,汽车制造家赫·科芬等。

1915年10月7日,在海军部召开了"海军技术咨询委员会"成立大会,爱迪生当选为该委员会的主席。与会者同意,必须如爱迪生建议的那样,建立一个海军实验室。当时各海军演习场都忙于与自己有直接关系的工作,从那里,只能指望得到有限的帮助。爱迪生、巴克连德、惠特尼、伍德沃思和科芬等组成的委员会详细地订出了实验室的计划。实验室设在哥伦比亚州南边的波托马克河畔的贝尔维龙弹药仓库所在地。

1916年4月,联邦科学院向威尔逊总统建议,组织全国的科学人才资源,成立联邦科学研究委员会。不久,该委员会成立,并被授予全权作为美国国防委员会的科学研究部而行动。爱迪生领导下的海军咨询委

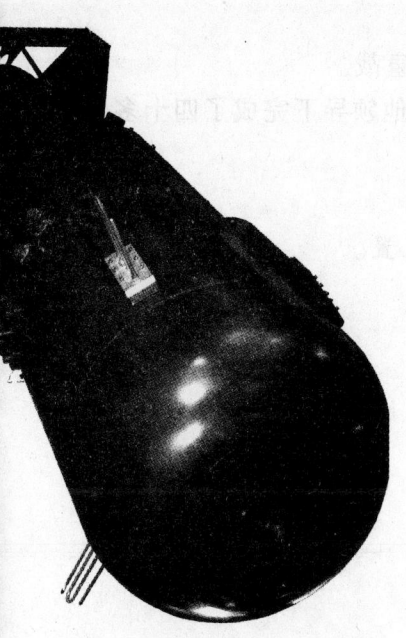

爱迪生与别人合作研制的西姆斯—爱迪生鱼雷。

员会即向全国科学研究委员会建议,为该委员会的发明处提供服务。

1916年美国国内参战的舆论逐渐上升。5月13日,纽约举行国民备战大示威。爱迪生表示要参加这次游行。反战人士立即发出呼吁,不让爱迪生参加示威游行。但爱迪生还是在秘密警察保护下,参加了游行。

1917年1月,即在美国参战前三个月,丹尼尔斯部长表示,希望与爱迪生在华盛顿进行一次紧急会谈。已经很清楚,美国直接参战已不可避免了。丹尼尔斯在会谈中要求爱迪生"为了拯救祖国"献身于对一系列问题的研究。这些研究任务包括了科学和工业的广大领域。爱迪生把自己的事务全部托付给自己的助手和同事,停止正在进行的其他实验工作,专心致力于海军防务。有将近50名经验丰富的机械师,在爱迪生直接领导下,制造供试验用的多种机器。在以后的两年中,军事方面的工作占去了爱迪生的全部时间和注意力。后来,丹尼尔斯写道:"爱迪生实际上已成了一名海军军官,在海军部或在大洋上航行中,度过了很长岁月,以便有可能接近那些

203

靠他来解决的问题。"

1917年4月6日,美国加入协约国,向德国宣战。

美国宣战后,爱迪生亲自设计完成,或在他领导下完成了四十多个项目。战争结束后,经有关部门统计,其中有:

1. 用以发现潜水艇和鱼雷的助听器。

2. 为避开水雷而快速改变军舰航线的装置。

3. 商船脱离水雷区域法。

4. 舰艇减震器。

5. 保卫商船避开潜水艇的折行避难法。

6. 油质烟幕弹。

7. 根据响声测定炮位的机器。

8. 迷惑敌方潜水艇的舰船迷彩系统。

9. 用潜水浮标防护海岸法。

10. 发现敌方潜望镜法。

11. 潜水艇用氢测量计。

12. 自空气中提取氮气法。

13. 投弹涡轮机。

14. 保持潜艇下沉后的电感平衡装置。

15. 引诱敌方潜水艇的专门用具。

16. 煤库灭火法。

17. 舰船用电话网。

18. 夜间使用的望远镜。

19. 涂蔽敌人潜望镜用的涂油。

20. 潜水艇及火炮防锈法。

21. 火箭弹。

22. 舰船观察员手册。

23. 火炮瞭望台使用的云梯。

24. 海洋测量弹。

25. 护送商船的航海灯。

26. 阻鱼电网。

九、在动荡的战争年代里

27. 水下探照灯。
28. 探照灯用的高速信号快门。
29. 飞机位置测量法。
30. 战舰专用反光镜。
31. 在德军占领的泽布鲁格港布雷法。
32. 迅速堵塞鱼雷穿洞的专用硬膏。
33. 防止水花遮蔽测远器法。
34. 瞭望员用器。
35. 强力鱼雷。
36. 浮动捕捉器("战船幻影")。
37. 冲撞垫。
38. 避水弹。
39. 保持烟幕中潜望镜效力法。
……

美国军队铁路装甲车上的大炮向德军阵地轰击。

1923年,爱迪生说:"在战争期间,我搞了大约45项发明,都是极好的发明,但都被搁置下来了。海军官员讨厌平民插手他们的工作。这些人形成了一个封闭的小圈子。"有一种说法是比较客观的,海军部只是想利用爱迪生的威望提高广大民众对政府的信任度罢了。

战争结束后,爱迪生是惟一获得海军部"特殊勋章"的平民。

爱迪生传

　　1918年11月，爱迪生卸去海军部技术咨询委员会的职务，重返西奥兰治实验室。71岁的爱迪生精神矍铄，他说："我的祖父、父亲都活到90岁以上，我到90岁，还有20年，从事于新的发明，有的是时间。"

十、"我能活多久，就工作多久"

1. 最后一项工作：从野草中提炼橡胶

1927年，爱迪生开始研究从野草中提炼橡胶，这是他漫长的发明旅程中的最后一项研究工作。那时，他已整整80岁了。他仍然不懈努力地工作着，他说："我能活多久，就工作多久。"有时，采访者会贸然问他准备何时退休，他会毫不迟疑地回答："葬礼之前。"有时他也会说："当医生搬来氧气瓶的时候。"当有人问他打算如何度过晚年时，他会很不高兴地说："不应该想到这些。我现在精力还相当充沛，应该继续勤奋工作才对。"他常对他的年轻助手们说："人生太短暂了，事情是这样的多，能不兼程而进吗？"

爱迪生和第二个妻子米娜结婚时，在佛罗里达买了一座别墅，但他很少在那里居住。只是到了晚年，爱迪生才在那里住了大半年。他的朋友亨利·福特也在那里买了座别墅，而且，两座别墅相毗连。

福特这个汽车大王，最关心的是橡胶。他的汽车轮子的内胎和外胎，离不开橡胶。

老年时的米娜。

虽然，他在巴西和利比里亚都拥有大量橡胶植物种植园，为他提供高质量的廉价产品，但是他十分担心，一旦发生战争，橡胶将难以运到美国港口。

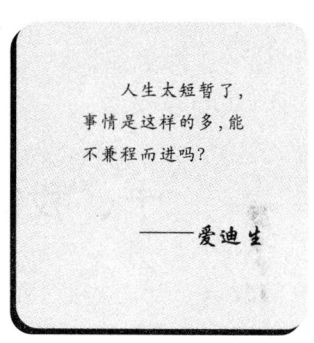

> 人生太短暂了，事情是这样的多，能不兼程而进吗？
> ——爱迪生

橡胶，不论是战争年代，还是和平年代，都是工业的许多部门的重要原料，特别是迅速发展起来的汽车工业和电气工业，更需要橡胶。因此，橡胶就成了英美两国为争夺工业霸权而进行的夺取原料斗争的象征。橡胶的世界市场控制在英国和荷兰手中。所以，橡胶不仅是福特十分关切的问题，更是美国政府煞费苦心急于要解决的问题。

爱迪生也意识到，一旦战争爆发，在所有奇缺的原料中，橡胶是最为重要的原料。

福特劝说爱迪生研究在美国气候条件下能否种植橡胶植物。爱迪生没有马上答应，因为这是个全新的课题，他还需要观察是否能找到解决实际问题的办法。于是，他在佛罗里达建了一个实验室，请植物学家来选种、进行杂交试验。有一天，爱迪生与福特和"橡胶工业大王"哈尔韦·费尔斯通一起去拜访加利福尼亚著名的植物栽培学家柳捷尔·伯班克。几年来，爱迪生一向仰慕这个植物学的魔术家。爱迪生认为，他们两人的研究方法有许多共同点。他说："伯班克想研究一种植物时，先种上一亩地，等它们抽芽长成

晚年的爱迪生常与老友福特一起交谈。

十、"我能活多久,就工作多久"

后,他便仔细地从中选出一枝来,再从这一枝的种子着手,进行研究。这也就是我的研究方法。"

伯班克拿出一本精致的签名册,请这几位名声显赫的贵宾签字。其中有一项是"爱好",爱迪生用他那清秀的笔法写道:"一切事物。"爱迪生参观了伯班克的苗圃,仔细地询问植物杂交的方法和细节,爱迪生看到了杂交所揭示出的巨大可能性。

第一次世界大战爆发后,美国利用欧洲国家忙于战争之机,控制了拉丁美洲市场,积极向加勒比海和南美扩张,加紧从巴西输入橡胶。因此,橡胶问题并未像最初预想的那样严峻,只是价格上涨,并未出现危机。如前所述,整个大战期间,爱迪生忙于化学原料的生产和海军防务工作,没有考虑橡胶问题。

战后,福特大大扩充了他的汽车工厂。他邀请爱迪生前往底特律参观他的汽车工厂,他对爱迪生说:"制造汽车的器材,全都可以在美国生产,只有橡胶需要输入。今后汽车一天天增加,替代美国人的双脚的日子就在眼前,可是制造轮胎的橡胶,却非得从外国进口不可,这对美国确是一个大问题。"

1924年至1925年间,英国制定了限制从东南亚国家出口橡胶的政策,橡胶价格再度上涨。在大战期间,德国曾成功地研制出人造橡胶,这种方法被当做战略机密而不曾公开。在美国研究人造橡胶,需进行新的研究和试验,需要制造新的试验装置。美国的主要橡胶用户福特和费尔斯通再次建议爱迪生研究在美国种植橡胶问题,并答应提供研究经费。爱迪生接受了他们的建议。

美国画家的一幅爱迪生象征性肖像,它全部由他发明的东西组成。

爱迪生传

1927年，成立了"爱迪生植物研究公司"，福特和费尔斯通提供了将近20万美元。爱迪生在佛罗里达的迈尔斯堡买了一块地皮作为种植园，新建了实验室，从西奥兰治抽调了7名助手。爱迪生从收集图书资料开始他的研究工作。为了研究有关橡胶的各种文字的书籍，爱迪生请来了通晓数国语言的语言学家巴鲁赫·焦纳斯，由此爱迪生了解了300年来所发表的有关橡胶的西班牙资料、葡萄牙资料、德国资料和其他国家的资料。

爱迪生想，橡胶树以外的植物，没有办法生产同样性质的东西吗？橡树需要经过很多年才能采到橡胶，如果像杂草那样，每年都能采到同样性质的东西，那就好办了！

经过初步研究，爱迪生弄清了获得橡胶的主要来源是巴西的三叶胶。这种树马来西亚、锡兰和非洲已成功地培植起来了。在其他植物中，包括生长在亚热带、温带的杂草、蕨、蔓生种和灌木种中也含有乳状汁。这些植物许多是野生的，需要水分极少，适宜于种植在荒漠地区和干旱区。还查清了欧洲夹竹桃、芬香金银花和大戟，也都能分泌出乳浆来。爱迪生需要的，是能在美国气候条件下生长的橡胶植物。于是，他把迈尔斯堡实验室的植物专家们都派出去，寻找可以提取乳胶的植物。他要求采集的植物生长期要尽可能短，每隔一年到一年半就能收获一次，并能用机器收割。他甚至已经想到，取胶工艺也将机械化，尽量少用手工劳动。

要达到这样的要求并不容易。爱迪生的夫人米娜说，那时全家一心想的就是橡胶。"我们一家大小无时不在谈论橡胶。我们说的、想的、梦见的都是橡胶。因为除此之外，爱迪生先生不许我们做其他事情。"

不到一年，采集了约3000多种生长在美国中部地带的野生植物和灌木。到第二年末，研究和试验了14000种植物。其中有7%能产生多种性能和数量不等的乳浆。有几种菊科植物的优质乳浆引起爱迪生的特别注意，认为有可能符合要求。有一种叫做"一枝黄花"的高茎多年生植物，有一个开满金黄色花朵的圆锥形花序的花冠，平均含乳浆量为5%，而"一枝黄花"品种极多，含乳浆量可达12%。爱迪生在佐治亚州买了一大块地来种植一枝黄花。1928年，经过杂交，爱迪生培育出高达几英尺的一枝黄花的新品种，经初步试验，每公顷可以获得125公斤到200公斤乳浆。爱迪生给费尔斯通送去一大批一枝黄花。费尔斯通用这种植物提炼出的橡胶制作了福特牌旅

十、"我能活多久,就工作多久"

行车的4只轮胎赠送给爱迪生。经试验,这种橡胶的质量差于进口橡胶,而价格却要高出4美元。爱迪生相信,经过进一步研究,产量还能提高,价格也能够降下来。但需要时间,他说:"再给我5年时间,我一定让美国出现常年产胶的植物。"

我们从发明家的发明旅程中看到,特别是进入西奥兰治时期以后,爱迪生不仅能以正确的技术方法解决发明中的困难问题,并能以适宜的方法把他的发明立即投入工业生产,而且,他常能找到独特的办法来解决投入商业经营的困难。可以相信,爱迪生在进一步研究中,也可能把本国橡胶的质量加以提高,并把价格降下来。然而,年老体弱的爱迪生已力不从心。到了1929年,疾病迫使82岁的发明家不得不停止他的研究工作。

2. 与世长辞:永不消失的光辉

1879年10月21日,爱迪生点亮了给人类带来光明的第一盏白炽灯,那盏灯连续亮了40个小时。

1929年10月21日,是电灯诞生50周年纪念日。

这一天,美国邮电部特别发行了印有最初的碳丝电灯的纪念邮票,上面写着"爱迪生的第一盏灯"。

这一天,亨利·福特在他复制的门罗公园门口,等候那个50年前在此工作的主人来"旧地重游"。

这一天,美国总统胡佛夫妇,世界上和美国的著名科学家,在这里纪念那个让世界充满光辉的日子。

亨利·福特在密歇

1929年10月21日,是电灯诞生50周年纪念日。美国邮电部特别发行的印有最初碳丝电灯的纪念邮票,上面写着"爱迪生的第一盏灯"。

爱迪生传

根州迪尔本重新建造了门罗公园——现代照明技术的发源地,爱迪生的第一座发明工厂——的全部建筑物。那教堂式的长形实验室,狭小的办公室,低矮的机器厂,吹玻璃室,烧炭棚……以及树木,全都被搬到了这里,连同屋内的摆设,全都和当年的门罗公园一模一样。

当爱迪生走进门罗公园的大门,心情无比激动。他的实验室就矗立在眼前,周围白色的篱笆,与50年前他在门罗公园扎的那道篱笆一模一样,真伪难辨。铺在地上的红色黏土,也是用数辆卡车从门罗公园运来的。爱迪生叹道:"这是新泽西可爱的黏土。"

"当爱迪生走到一把椅子前坐下时,"《底特律自由新闻》的记者写道,"他身边的人都原地不动,离他几英尺远。都保持着肃静,都好像意识到了此情此景的庄严,意识到了他们面前这位82岁的老人正沉浸在潮涌般的回忆之中。"

"爱迪生不时地四下张望一下,他的双眼闪现着泪光。后来,他清了清嗓子,这才打破了沉寂。"

福特取出一只爱迪生用过的老钵,这是他从废墟中捡出的碎片复原而成的。爱迪生抚摸着这只钵说,整个建筑及其内部陈设准确到了9/10。福特问还有什么地方不对,爱迪生又来了幽默感:"我们当时的地板从来没有这样干净过。"

不一会儿,总统夫妇的专车到了。爱迪生和妻子前往迎接。随后,陪同总统夫妇乘坐上个世纪用木头作燃料的列车前去福特创办的历史博物馆参观。在短暂的旅途中,爱迪生仿佛记起了

1917年,爱迪生在自家的宅院中悠闲地看书。

十、"我能活多久,就工作多久"

童年生活。他拿起一只列车服务员使用的篮子,用微弱的嗓音向他的同行者吆喝起来:"糖果、报纸!"

晚上,当客人们在昏暗的灯光下回到实验室时,全美有数百万听众早已等在收音机旁,等待着收听现场播音员的实况解说。因为,爱迪生马上就要在这里表演他半个世纪前点燃第一盏电灯的情景。

"开始,弗兰西斯!"爱迪生对站在真空泵旁的弗兰西斯·杰尔命令道。一会儿,弗兰西斯把一只刚刚抽成真空的白炽灯泡交给了爱迪生。爱迪生把它接上灯头,接通电源线,然后,轻轻地合上电闸,灯亮了。与此同时,"门罗公园"所有的电灯也"唰"地一下全部打开。这时,美国各地数十座城市也为纪念爱迪生的功绩,而让所有的电灯大放光明。

宴会开始了。总统夫妇执意让爱迪生夫妇坐在为总统夫妇准备的首席上,总统发表了热情洋溢的演说。他把科学家和发明家称做国家的最可贵的无价之宝,他说:"他们的努力促使了我们的进步,这种伟大的贡献是无法估价的。"总统高度评价了爱迪生的发明活动,他说:"爱迪生先生凭借了他的天才的创造从平凡的开端跻入了世界伟大人物之列。他的生活给予了我们一种新的信念。"总统形象地把人类文明比做一个花园。他说:"这个花园的优劣是以花朵的品质来决定的。在栽培时我们花了多少的精力使它肥沃,我们花了多少的力量去防御破坏力的侵袭,那么我们就能收获多少的花朵;而由于这些生命的芬芳馥郁,更激励我们去从事新的努力,给予我们以新的力量,加强我们对未来的信念。"

大约有500名来宾参加了纪念

1925年,爱迪生坐自己的纪念碑前。纪念碑是人们为感谢他的功绩建立的。

活动。其中有镭的发现者居里夫人,飞机发明者奥维尔·莱特,影片工业巨头海斯,银行家卡恩,电机工程师亚历山大孙,钢铁制造家瓦勃,通用电气公司经理斯窝普,美国总工会主席格林……此外,英国的太子,德国的总统,还有其他许多人,从遥远的地方发来了贺电。伟大的科学家阿尔伯特·爱因斯坦通过电话传来了他的祝愿。

在总统演说之后,爱迪生站到讲台上,简短地讲了几句。突然,他脸色骤变,几乎倒下。总统的随行医生立即给他注射强心剂。休息了一阵,他才渐渐地好转了。

从此之后,爱迪生的身体每况愈下。他已不可能再去实验室工作了。西奥兰治的事务渐渐地转给了助手,但他还坚持着尽量由自己为公司做出决策。

1931年,美国正处于经济大萧条之际。6月11日,当爱迪生获悉正在大西洋城举行全美电气照明协会会议时,便拍去一份充满热情的电报。他在电报中向代表们说道:"我要对你们说的是要勇敢些,我度过了漫长的岁月,我看到了历史的数次反复——工业的多次萧条。……你们一定要像父辈那样勇敢,满怀信念,勇往直前。"

8月1日,爱迪生病情加重,医生诊断出布莱特症、尿毒症和糖尿病等多种症状。他的体力越来越弱,除了接受妻子的喂食外,他不愿接受任何人给他的食物。

9月初,爱迪生的病情再次进入危险期。10月4日,医生断定他的病已无法挽回了。医生在叙述他在世的最后几天情况时说:"如果他不能有成效地工作,那么对他来说,生命已没有任何意义,他清清楚楚地意识到这一点,并且勇敢地准备去迎接死亡。"

每天每时都有世界各地的人发来大批慰问信和电报。教皇两次发来电报询问他的健康。胡佛总统关照每天把爱迪生的病情用电话告诉他。迈尔斯堡商会决定10月4日为祈祷爱迪生康复日。

爱迪生最后的日子是绝对宁静的。在他醒着的时候,他透过窗子向山谷望去,那里曾是他与孩子们嬉戏的地方。他自言自语地说:"那里真美啊!"

他在弥留前不久,对妻子说:"我走完了我的人生之路,我奉献了我所能奉献的最好的一切。"

十、"我能活多久，就工作多久"

几乎是在爱迪生生命垂危之际，他还会见了费尔斯通，他带着胜利的笑容向费尔斯通示意放在屋里的用一枝黄花提炼的橡胶制成的那四只轮胎。

他陷入了昏迷。他的力量慢慢地消失了。

1931年10月18日凌晨3时24分，托马斯·阿尔瓦·爱迪生与世长辞，终年84岁。

西奥兰治著名的实验室里，时钟的指针停止不动了。

报纸出版了号外和一系列专刊。电报把爱迪生去世的消息传到了全世界。

清晨，普普通通一群人的行列，行进在通往卢埃林庄园的小路上，他们最后一次按照爱迪生通常上班的时刻，早晨7点，把他的灵柩送到他的实验室的图书馆，安放在离他休息过的床铺不远的书桌旁。

两天两夜，人们络绎不绝地前来向爱迪生的遗体告别。长长的队列彻夜站在那里，其中有福特、费尔斯通、早期的报务员、爱迪生的"先驱者"、他的同事们——门罗公园、西奥兰治一起工作过的人。

1931年10月21日，正好在爱迪生第一盏白炽灯问世52周年那一天，这位伟大的发明家被安葬在离格伦蒙特他家不远处的一棵大橡树下。乐队演奏贝多芬乐曲和德国作曲家瓦格纳的作品《太白星之歌》。在瓦格纳的作品中，爱迪生喜欢的只有这一首。

当天，美国人民以一种特别的方式向这位伟人告别：人们关掉了所有的电灯，持续一分钟，以示哀悼。

这一分钟之内，芝加哥、加利

爱迪生创造了一个时代的神话故事，但这些却并非虚构。在那没有停歇的超越的旅程中，他掀起了无数次的科技革命，留给了后人难以估量的财富。

福尼亚、波士顿、纽约一片黑暗,整个美国一片黑暗。接着,从东海岸到西海岸,从城市到乡村,灯火通明,亮如白昼,世界又是一片光明。

雪片般飞来的唁电,带来了世界人民哀痛的心情。这心情化成无数越来越亮、越来越先进的灯。地上的盏盏明灯,与天上的点点繁星交相辉映,生成永不消失的光辉。

3. 卓越的劳动:永远活在人们的记忆中

1947年,在中国电机工程学会上海分会纪念爱迪生诞辰100周年的大会上,一个中国工程师说:"爱迪生终身可称是一个发明家,他竭尽才智,耗尽精力,都是为了发明,发明是他的志愿,也是他的事业。"

为了造福于人类,爱迪生说:"我奉献了我所能奉献的最好的一切。"

爱迪生一生的发明,在美国共获得了1098项发明专利许可证,此外,他还在34个国家获得了发明专利许可证。有人统计,爱迪生一生获得的专利权,抹掉零头也足足有3000项之多。诚然,其中有许多是同一项发明同时在几个国家被授予发明专利许可证,也有许多是为了保护主要发明专利不受侵犯而申请的专利许可证。即便如此,爱迪生一生拥有的电报机、电灯、强动力装置和三线配电系统、留声机、碳精送话筒、电影放映机、碱性蓄电池、电磁选矿机、鱼雷探测器、战舰稳定器等等重大发明,以及水泥、苯、苯酚等一系列工业生产的新工艺的发明,其数量之多,也是举世罕见的。

爱迪生的科学技术发

爱迪生建立的实验室,改变世界的活动从这儿开始。

十、"我能活多久,就工作多久"

明,已经深入到多个科技领域和工业生产中,已成为人类生活不可缺少的部分。他的卓越劳动,在人们的记忆中占有牢固的地位。

据统计,爱迪生在世时,美国全国已广泛使用白炽灯:占美国人口总数70%的8650万人住在有电气照明的住宅里。强动力装置已增长到3900个,它们所发出的电能供2500万户家庭使用,可供居民使用1960万只电熨斗、1750万台收音机、740万台洗衣机、750万个电烤箱、575万台电扇、575万只电咖啡壶、320万个电加热器、190万台电冰箱、880万个电炉。

爱迪生生前,电话通话量为280亿次/年,而电话机仅在美国就已增加到3550万部,电话线总长度已达2亿公里,它足够绕地球5000多周。美国全年拍发电报达到23500万次,电报线总长度达到1120万公里。

自从爱迪生在西奥兰治创建第一家电影摄影棚和建立首批小型电影院之后,电影工业在爱迪生在世时已发展到这样的程度:只在美国,每昼夜的电影观众可达1200万人,电影院已有21000个座位。

1922年,美国国会统计,爱迪生使美国政府在50年内的税收增加了15亿美元。

我们不厌其烦地列举这些数字,是想表明使用爱迪生的发明专利,为美国工业带来了多么迅速的增长,这些数字还生动地表明,美国人民的生活有了多么大的变化。

爱迪生将丰硕的物质财富赐予了后人。他是美国技术发展史上转折的标志,只是在他以后,一直照搬欧洲技术的美国才有了属于自己的技术。美国,以爱迪生为荣。但是,爱迪生的创造发明决不仅仅局限于美国,整个世界都因他而发生了巨大的变化。

我们还将引用一些数字。1928年的一次调查发现,全世界的资本用在与爱迪生的发明有关的事业上的数目是:

电车65亿美元

电灯50亿美元

电影12.5亿美元

电话10亿美元

电力输送8.57亿美元

电报3.5亿美元

爱迪生传

　　铁筋工业2.71亿美元
　　车辆工厂1.9亿美元
　　留声机1.5亿美元
　　电动力1亿美元
　　电气装置3700万美元
　　无线电报1500万美元
　　蓄电池500万美元

　　合计为157.25亿美元。这个数字足以表明爱迪生对现代物质文明的影响，也足以表明他在20世纪中的地位。

　　爱迪生属于全人类，他的发明创造是人类的共同财富。全世界都不会忘记这样一位造福于人类的伟人。

　　在人们深切悼念这位伟大的发明家的时候，胡佛总统说："我们不仅生活上接受他的恩惠和利益，最重要的是我们继承了他的精神遗产！""爱迪生教我们：只要不懈地努力，必可达到目的。这就是他赐给我们的最宝贵的遗产！"

　　人们常常这样说，爱迪生是他那个时代最伟大的天才，历史上只有为数有限的几个人，能像第一盏电灯的发明者一样大大地改变了人们的生活。但是，爱迪生自己从不承认重大成就仅仅是靠人的天才取得的。他的一句名言是："天才的百分之一是灵感，而百分之九十九是汗水。"有一次，约翰逊在交谈中，曾向爱迪生暗示他有天才。爱迪生立即反驳道："这可真是无稽之谈！我告诉您，天才的秘密，那就是工

爱迪生对一切科学都兴趣浓厚。天文学、化学、生物学、物理学、音乐、哲学、机械学等等这些书籍，只要是有关世界的进步的读物，他都不拒绝。爱迪生自己曾说："我读科学学会刊物，读商业新闻，读关于运动的东西……我因此得以理解世界。"

十、"我能活多久，就工作多久"

作、坚持不懈和健全的理性。"

爱迪生不尚空谈，他满脑子装的是工作，他的记事本总是画满了草图。他说，他要发明创造的东西足够他再工作100年，"人生太短暂了，事情是这样的多，能不兼程而进吗？""我能活多久，就工作多久。"他没有节假日的概念，也不知道今天是星期几，他甚至养成了睡无定时、食无定餐的习惯。当他耗尽脑力需要休息的时候，他会立即入睡。办公桌、工作室、椅子上，甚至是实验室的地板上，都是他养精蓄锐的地方。爱迪生是个非常珍惜时间的人，他从不瞎忙，他靠着丰富的想像力、周密的计划和专心致志来提高他的工作效率。他的大规模的水泥工厂，要安装的设备长达半英里，而他在一昼夜内就制定了详细的建筑设计图，提出了从原料运送到成品包装车间连续不断的工艺过程所必需的一切东西。他能同时进行几项发明的试验，而安排得有条不紊。他一开始工作，便会忘掉一切，他甚至忘了自己的新婚之夜而在实验室工作到午夜，把新娘孤零零地扔在新房里。所以，同事们称他为"工作狂"、"工作虫"。有人计算过："50年中，爱迪生在他的实验室里或工厂里，每星期6天，甚至7天，每天平均工作18小时。以多数人每日8小时的工作来计算，他在发明工作上所投入的时间，普通人要费125年的劳力。"爱迪生的发明，靠的是实实在在的勤奋工作，在他发明的旅程中流下了多少汗水，这是无法计量的。

爱迪生只上了三个月的学。也许，还没等他记全26个英文字母，便结束了他的"正规教育"。这与一个知识渊博的发明家之间，有着多么巨大的知识空白！爱迪生靠大量阅读完成了他的启蒙教育。他的令人尊敬的母亲教会了让他受用终生的阅读和记笔记的习惯。爱迪生毕生渴望学习，对学习是那样的刻苦，那样的乐此不倦。我们还曾记得，当他买到一本旧版《法拉第电学研究》时那种欣喜若狂的情景，这位电学奠基人的著作以及这位伟人相信实践、不知疲倦的顽强精神，深深地影响了爱迪生的一生。爱迪生只要有一分钱，便会分成二半，一半买实验材料，一半便用来买书，以满足自己对知识无止境的渴求。当他卖完报纸，坐在底特律公共图书馆里，按照书架上的次序一本接一本阅读的时候，他就下了决心，长大后一定要盖一座很大的、有很多藏书的图书馆。少年时代的理想很快实现了。爱迪生在门罗公园腾出一间房子作为他的图书馆。在西奥兰治高大的图书馆里，聚集了爱迪生多年收集的大约6万种图书和杂志，不仅有英文版的，还有法文版、德文版和意大利版的。虽然他不会讲这些语言，但他能读懂。爱迪生的阅读范围非常广泛，他说："我对于科学、艺术、企业及其他一切都有兴趣。天文学、化学、生物学、物理学、音乐、哲学、机械学什么都读。只要是有关世界进步的，什么学问都不憎恶。我读科学学会的刊物，读商业新闻，又读戏剧方面的东西，读关于运动的东西，我因此得以理解世界。"他把全世界都纳入到他的面前，接触多种思想观点。他觉得世界上最有趣味的题目，就是人类生活的研究，别人在做些什么，想些什么。

爱迪生深深感到自己在基本理论方面的不足，所以，化学、物理学、电工学等方面的著作尤其成为他须臾不离的必读书籍。爱迪生在学习方面的一个突出特点，便是善于在极短时间内通过学习精通一个方面的内容，把前人和当代人达到的水平掌握到手。每当开始一个新的发明，或者试验中要攻克一项难题，他总是先把可以找到的有关著作和资料集中起来，集中时间和精力一本一本地啃，然后再做试验。这种例子是非常多的。他的

一个助手讲过一件他亲历的事：在研制打字机的一个部件时，爱迪生从图书馆找来了所有有关打字机的图书，集中精力学习了一个晚上。第二天便头头是道地讲了起来，这里应该怎么改进，那里又该如何设计，并且边讲边画图示意。后来，这个助手把爱迪生那晚读过的书借来通读一遍，竟用了11天的时间。在电灯发明工作中，为了找到一种既能发光又不会立即被烧掉的灯丝，爱迪生在

20世纪20年代，爱迪生获得了美国国会授予的金质奖章，成为美国科学院院士；并被选为美国当代十二大伟人之第一人。

十、"我能活多久,就工作多久"

图书馆查阅了数百种技术资料,做了200多本资料摘要。

勤奋的学习不仅使爱迪生成为知识渊博的人,而且使他十分明了科学技术发展的状况和创造发明活动的动态。爱迪生惊人的智慧和创造才能,他的发明灵感,来源于他的广博而深厚的知识积累,来源于他对世界的观察与思考。当他的种种设想经过试验变成了现实,便产生了一件件的发明,并立即得到社会的普遍承认。

爱迪生生活的那个时代,是电力得到广泛应用的时代。以电的广泛应用为标志的人类第二次科技革命,自19世纪六七十年代开始,到20世纪初期,已基本结束。第二次科技革命促进了电工技术的迅猛发展和电气化时代的到来,人类社会的生产力提高到前所未有的新高度。

电力技术的发展,是从弱电技术即电报、电话起步的。1844年,莫尔斯在华盛顿与巴尔的摩之间架设了第一条有线电报线路,接着电报在其他国家也进入实际应用。1862年,15岁的爱迪生开始学习电报技术,踏上了科学的征途。10年后,发明了四通路电报机。1875年,贝尔发明了电话。两年后,爱迪生发明了碳精送话器,改进了贝尔的电话,使电话走出实验室,成为真正实用的通讯工具。强电技术即发电机、电动机的问世,直接导致了第二次科技革命,即电力革命,电力成为真正能普遍采用的能源。1866年西门子发明了自激磁场式发电机。用电机带动的多种机床、电车、起重机等纷纷诞生。1879年,爱迪生点亮了第一盏白炽灯。1881年爱迪生在门罗公园发明了电力牵引的电车。电机的普遍应用,要求把电输送到远离电站的地方。1882年,德普勒成功地进行了高压直流输电试验。1882年,爱迪生发明了三线配电系统,建立了第一座中央发电站,并发明了供照明系统使用的一系列附件。爱迪生的电照明系统和公用电站很快被推广到世界各地。1891年,爱迪生发明了活动电影放映机,使电影从实验室走向实际使用。20世纪初,随着物理学的进步,弱电技术又一次取得重大突破。1904年,弗莱明发掘了爱迪生于1883年发现的"爱迪生效应",发明了二极管,开创了无线电工业,出现了无线电广播和电视。在这期间,爱迪生在开发电力为人类服务方面,还做出了一系列发明。

显而易见,在爱迪生一生的发明工作中,他的绝大多数的研究工作,他的精力和设计才能都是用来寻找使用电的新领域,并在已有的设计领域中

进行改进,他的研究工作的趋向是与第二次科技革命的发展趋向相一致的,这就是使全世界震惊的他的研究工作能取得卓有成效的原因之一。

18世纪以后,美国和西欧的生产社会化虽然有了明显的进展,但科学研究的方式还停留在陈旧的各自为政、分散研究的状态之中。科学家、大学教授和科学院的活动家在各自的实验室里独立地进行研究,没有一个统一的有组织的机构,科学研究与技术的实际利用也不发生任何联系。这种陈旧的与生产相脱离的研究方法已越来越不能适应19世纪以来电力革命的需要。围绕探索电力在技术上的应用,电学、机械学、化学等学科相互渗透,一项科研成果往往是许多学科的综合体。

爱迪生抛弃了陈旧的研究方式,率先采取了全新的、与工业生产紧密结合的集体研究方式。1876年,爱迪生在门罗公园建立了世界上第一个工业研究实验室,他称之为"发明工厂"。研究课题不仅来自于电力学界提出的新项目,而经常是直接来自于工业生产中的新问题。研究人员常常也是新技术的生产人员。他们在爱迪生统一领导下,以项目为中心分工合作进行集体研究。1881年,爱迪生又创设了培训班,为自己培养技术骨干和熟练工人,提供了创建照明系统的技术力量,使新的照明系统很快在美国得到普及。当门罗公园实验室已不再适应电力技术发展的需要时,爱迪生及时地扩充了研究规模。1887年,他在西奥兰治建立了一个大规模的、设备更完善、研究力量更充实的工业化研究中心,同时按工业化生产方式建立了一批规模很大的工厂和一批商

爱迪生明确地结束了理论科学家同实用科学家的区别,使我们今天一想到科学上的发现时,总联想起这些发现可能在现代或将来应用于人类的需要。

十、"我能活多久，就工作多久"

业性公司。一大批科学家、工程师、技术人员按照更为明确的专业分工被组织起来，他们集体研究的成果，立即投入工厂成批生产。与工业生产和商业经营的紧密结合，为他不断的发明活动提供了足够的资金保证。

爱迪生不仅开拓了电力的广泛应用，而且发明了与之相适应的研究方式。正是这种先进的研究方式，保证了爱迪生的发明思想能够很快变成现实，并在发明行列中经常处于领先地位。在第一次世界大战期间，爱迪生的研究项目直接来自于工业生产的急迫需要。按照爱迪生设计的新的生产工艺，一两个月便有一座新的工厂投入生产，不仅满足了这些短缺化工原料的战时需要，还为美国工业提供了新的生产部门，其速度之快，实属罕见，令人吃惊。科学研究与工业和技术工作的紧密合作，像一根红线贯穿在爱迪生的研究工作中。事实证明，没有这种结合，技术和工艺就不能进步。正是这种结合，使爱迪生的发明成果转化为社会生产力，促进了社会文明的发展。这种结合产生的惊人效果，成为越来越多的人仿效的范例。到19世纪末，随着资本主义生产中垄断组织的出现，越来越多的大型研究中心出现在各大公司中。

我们还记得，儿童时代的爱迪生就在他父亲的地下室里布置了一个小小的实验室。进入少年时代，他又建立了也许是世界上第一个列车实验室。当他踏上科学的征途以后，实验变成他发明的重要方法。就像他离不开阅读一样，他离不开实验。

有些科学家对此不以为然。曾经做过爱迪生助手的电工学家特斯拉，就尖刻地批评过爱迪生的工作方法。他说："如果他需要在干草堆中寻找一根针的话，他不是把时间用到确定针最大可能在什么地方，而是马上以蜜蜂那种极其勤奋的劲头开始一根稻草一根稻草地检查，一直到找到其所需要的东西为止。"这种批评经常被人们不加分析地加以引用。实际上，这种批评完全是一种误解，他完全没有注意到爱迪生研究方法的本质，而只是从现象上作武断地指责。

爱迪生的出色之处，正是他在解决某项研究课题时总是选择自己所独有的途径和方法，但同时也不轻视或抛弃他的前辈所已经采用或已经取得的成果。爱迪生经常自称是"纯实践家"，通常对为了知识而知识的"纯科学"不感兴趣。确实，他有时候倾向于夸大经验知识的作用，但他从未否定理论的作用。因为他本身具有广泛的求知精神,所以他从不否认任何领域的知识。他对研究所谓"纯科学"的人仍然给予应有的评价。他不感兴趣,但绝不轻视"纯科学"。

作为一个职业发明家,爱迪生在他的工作中总是以科学资料为依据,并把自己的劳动建立在科学和科学实验的基础上。爱迪生在开始着手做某项工作时,他首先如饥似渴地研究与这项工作有关的所有书面资料。他同时要了解在他之前人们所做的一切,但他决不认为已经取得的成果是最终的成果。正是这样,爱迪生的一切实验,都是经过深思熟虑后,按照确定的规划进行的。他从不采用"尝试、尝试、再尝试,最后总会有所得"这样的方法。他对同事们的指示,从来都是既明确,又准确,而且必须遵循他的指示系统地进行研究,以期在限定的时间内取得预期的成果。

爱迪生的一切成就应归功于他自己的才能、丰富的想像力、勇敢果断、判断准确以及他在进行大量试验过程中所表现出的坚韧不拔的意志。导线在电流作用下受热发光,这是白炽灯的工作原理。为了寻找合适的灯丝材料,爱迪生对1600种材料一一做了试验,终于取得了19世纪最伟大的发明。在对白炽灯的改进中,爱迪生发现用竹纤维的碳化物做灯丝能提高电灯的寿命,他决心要找到最好的竹子,他从全世界找来6000多种竹子,6000多次试验,白炽灯的寿命从第一盏灯的40小时,提高到1000多小时。在发明铁镍碱性蓄电池时,有记录的试验就达20000余次。为了探寻从野草中提炼橡胶,爱迪生对16000种植物做了试验。爱迪生说:"要干,一直干到底,不成功绝不罢休,要有毅力才行。"

严谨缜密、重视实践的科学态度,不畏艰难、不怕失败的顽强意志,是一位有作为的科学家必备的优秀品质。爱迪生所取得的成就,是那些只尚空谈,跟在前人后边亦步亦趋的人们所无法企及的。

爱迪生的成功,还得益于他的助手们卓有成效的辛勤劳动。善于聚集人才、培养人才,是爱迪生成功的重要条件。在这个问题上,爱迪生也为人们提供了十分有益的启迪。

《美国企业史》的作者塞利格曼写道:爱迪生"聚集了一批技术高超的人才……并鞭策自己和手下的人在技术领域里攀登新的高峰。他雇用了一些训练有素的科学家。"爱迪生非常爱才,欢迎学有所长和有实际工作经

十、"我能活多久，就工作多久"

在发明的领域中，爱迪生的名字令人振奋，他是这个世界上最伟大的发明家之一。

验的专家到他的实验室工作，并尽可能地为他们提供一流的工作条件。爱迪生是绝对的领导，不允许助手们在工作中把他的指示当耳旁风，但他绝不束缚他们的主动性和创造思想，对各种能改进工作的独创和合理的建议持爱护的态度。爱迪生十分了解自己的工作人员，清楚他们的专长和爱好。他分配任务时从不交代具体做法，他知道谁会更好地完成任务，他力求最合理和最大限度地发挥他们的特长。爱迪生认为，助手们在其任务范围内，应该发挥创造性、主动性，寻找独到的解决办法。爱迪生本人工作效率极高，他不欢迎动作迟钝的人，他要求助手们节省时间快速工作。只要工作需要，他也会迫使他们连续加班，直到完成任务。爱迪生实验室的所有人员都实行计件工资，对于优秀者，他经常给予奖励。他和同事们相处融洽，关系友好。在休息时，或者当一项发明成功时，他会和同事们一块唱歌、跳舞，请同事们到外边去吃饭。爱迪生的助手们也非常了解他的严于要求的性格、艰苦卓绝的精神，钦佩他的智慧才能和远见卓识，更为他的勤奋所感动。所以，他的绝大部分助手在几十年间都能不断地与他一起工作，形成了一个精诚团结的集体。在爱迪生领导下，这个集体通力合作，完成了一项又一项的发明。这个集体中的许多人，也成了"爱迪生式的发明家"，成了公司的董事长、技术顾问、总工程师、设计师、机械师。

爱迪生在录用人才时的观察方法，也是很有特色的。我们不妨举两个例子。

韦尔说:"我为了找工作来到门罗公园发电机厂,爱迪生把我领到一大批杂乱无章地放在墙角的机器零件前,对我说:'把这些零件装配起来,并告诉我什么时候能开动它。'我不知道这都是些什么东西,但这项任务对我来说是上了一堂很好的课。原来摆在我面前的是一堆发电机零件,我最终把它装配好并开动起来。于是,我被分配到我所希望的岗位上。"

奥特也有同样的经历,他请爱迪生给找个工作。

"您能开动这机器吗?""可以。""您对这件事有信心吗?""如果我完不成这项工作,您一分钱也别给我。"

奥特完成了指定的工作。两周后,他被任命为车间主任。

爱迪生在晚年组织了一次竞赛,他想在竞赛的优胜者中,挑选一位最有天赋的青年人,经过培养之后,能胜任他所组织和巩固起来的发明创造系统接班人的任务。为此,爱迪生编制了一份问题汇编,它由四部分组成,共有57个问题。前三部分包括物理、化学和数学方面的问题。参赛者靠死记硬背书本上的知识是回答不出这些问题的。例如,物理学方面的问题有:"噪音和乐音的区别是什么?""如果教堂的管风琴因为没有暖气,那么在冬天它就不能演奏,为什么?"

爱迪生重视的是综合素质的考核,他特别注重那些可以判断被考者德育智育全面发展情况的问题。问题汇编第四部分是常识问题,是他亲自编写的。比如:

"您为了获得成就而牺牲什么:幸福、舒适生活、名声、自尊心、荣誉、身体、金钱、爱情?"

"您率领的一个考察队在荒漠中遭到不幸。你们现存的食物和饮用水只能供三个人勉强走到一个有人烟的地方。而其余的人只得渴死和饿死。您的同行者有:60岁的卓越的科学家;两个向导,分别是41岁和32岁;39岁的科学家的妻子,她只是一位热衷于社交的夫人;她的6岁的儿子;一位姑娘即您的未婚妻;您的一位挚友,和您同岁。您选择谁逃生,您要牺牲谁?为什么?"

"如果您在临终时回顾往事,那么您将根据什么样的事实来断定,您的一生是成功还是失败?"

1929年,由各州州长担任主席的专门委员会挑选出来的49名优胜者来

十、"我能活多久,就工作多久"

爱迪生的传记《托马斯·爱迪生——开创电的时代》一书中译本封面。

到西奥兰治,由爱迪生主持复试。一个叫做赫斯通的16岁少年获得了92分,他和其他三个优胜者由爱迪生提供奖学金,都进了大学学习。

教育问题专家莫克拉林博士说:"我们都要感谢爱迪生……因为他自己就是培养了整整一代人的第一流导师。他以自己在全国的影响力,激发了人们要用科学的成就去无止境地造福于全人类的崇高情感。"

爱迪生一生勤奋好学,勤奋工作。他不畏艰难、坚韧不拔的精神,严谨缜密、重视科学实践的态度和他的全部发明一样,是他留给人类的珍贵财富,他对人类做出的重大贡献将永垂史册。

托马斯·阿尔瓦·爱迪生,永远活在人们的心中。